本书为中共中央宣传部 2015 年度马克思主义理论研究和建设工程
重大项目暨国家社会科学基金重大项目成果之一
课题批准号：2015MZD037

地震灾后绿色重建手册

地震灾后建筑修复加固与重建技术

仇保兴　主编

中国建筑工业出版社

图书在版编目（CIP）数据

地震灾后建筑修复加固与重建技术/仇保兴主编 .
北京：中国建筑工业出版社，2016.12
（地震灾后绿色重建手册）
ISBN 978-7-112-20072-6

Ⅰ.①地… Ⅱ.①仇… Ⅲ.①地震灾害-灾区-重建-
研究 Ⅳ.①D632.5

中国版本图书馆 CIP 数据核字（2016）第 269755 号

本书为《地震灾后绿色重建手册》之一。本书主要包括震损建筑恢复重建决策和基本技术措施，震损建筑鉴定、修复和加固技术，村镇民居震后恢复重建技术，地基基础鉴定、加固和抗震技术，建筑抗震新技术应用指导，震后建筑垃圾综合利用技术，滑坡崩塌地质灾害易发区城镇工程建设安全管理，日本建筑抗震改造技术等内容。

本书主要面向从事地震灾后房屋建筑和市政工程修复、加固与重建中，参与决策、设计、施工、管理的工程技术人员以及村镇干部和居民等。

责任编辑：于 莉 田启铭
责任设计：李志立
责任校对：李美娜 关 健

地震灾后绿色重建手册
地震灾后建筑修复加固与重建技术
仇保兴 主编

*

中国建筑工业出版社出版、发行（北京海淀三里河路 9 号）
各地新华书店、建筑书店经销
唐山龙达图文制作有限公司制版
北京建筑工业印刷厂印刷

*

开本：787×1092 毫米 1/16 印张：18½ 字数：446 千字
2017 年 1 月第一版 2017 年 1 月第一次印刷
定价：**58.00** 元
ISBN 978-7-112-20072-6
（29534）

《地震灾后建筑修复加固与重建技术》
编委会

主　　编：仇保兴
编委会成员：（以姓氏笔画为序）

王　俊　　王素卿　　王清勤　　方鸿琪　　朱长喜
李朝旭　　陈　新　　陈宜明　　武　涌　　林海燕
周锡元　　赵　晖　　赵基达　　袁振隆　　徐培福
黄世敏　　滕延京　　戴国莹

编写单位：中国建筑科学研究院
编写组人员名单：
工程抗震研究所：杨　沈　　葛学礼　　薛彦涛　　唐曹明
　　　　　　　　常兆中　　朱立新　　毋剑平　　赵国扬
建筑结构研究所：王翠坤
地基基础研究所：高文生　　朱玉明
建筑材料研究所：赵霄龙　　冷发光

参编人员：
哈尔滨工业大学：李　惠
建设综合勘察研究设计院：周载阳　　周　红
中国科学院成都山地灾害与环境研究所：王成华　　孔纪名
北京建筑大学：陈家珑
浙江大学城市学院绿色建筑研究所：龚　敏　　应小宇　　胡晓军
浙江杭萧钢构股份有限公司：杨强跃　　徐　俊　　叶再利
上海市环境工程设计科学研究院：张　益　　王　雷

修订组成员：宗　亮　　史铁花

3

《地震灾后绿色重建手册》丛书序

城镇是"人工与自然复合的复杂结构",这种复杂结构是人类最富想象力、最雄伟的创造,同时也是人类自我创造的最危险的家园。人类社会发展已经步入"城市时代",全球有超过一半人口已经居住在城镇。人类的居住方式从分散化转向集中的同时,也伴生着环境、安全、能源、社会、水资源等方面的危机。我国贯彻保护耕地、节约资源的原则,选择了以紧凑型城镇为主的城镇化模式,所有城镇每平方公里建成区的人口控制在一万人左右,紧凑型城镇有利于节约宝贵的耕地和节能减排,但也更容易放大各类灾害的效应。我国大陆处于地震烈度 6~9 度的地震区占国土面积的 60% 以上,2/3 的人口达到百万以上的城市处在地震烈度 7 度以上的高危险区。这就要求我国的城镇化策略更要注重城镇生态和安全的建设,对地震灾后的城镇推行绿色重建。

地震灾后绿色重建就是要总结国内外地震灾后重建的历史经验教训,以创新的精神和科学的思路来进行"创造性"的重建。这意味着要在充分认识灾区生态地理条件、地质地貌现状和原有经济社会发展特征等方面的前提下,从长远发展的角度来谋划城乡重建规划。这不仅仅意味着高效率地恢复城镇功能,更重要的是在原有的基础上赋予城镇新的发展理念和增添新地区价值。地震灾后绿色重建的目标,就是重建的城镇应该成为生态城镇,更加安全、舒适、有活力、更具有可持续性。

地震灾后绿色重建不仅需要怜悯、关切、激情,更重要的是需要冷静、科学的态度和理性的思考:要以更加开放的胸怀,更具创新性的理念,更广泛地调动各种各样的积极因素来帮助重建;要更加尊重生态自然环境,尊重普通民众的根本利益,尊重本地的传统文化和社会资本;要更加明确重建的目标、项目、步骤,不仅要为灾后的幸存者建造更安全、舒适的生态城,同时也要着眼于他们的子孙后代的生活更美好;重建后的城镇不仅仅具有生态城市的典范影响,而且具有可复制、可改进、可推广的深远意义。

弹性地建设城市系统、让城市能更好地适应各种环境变化,这一理念近年来成为学界研究的热门领域。对于地震灾后重建而言,借鉴弹性理念的绿色重建模式,是更加尊重自然、顺应自然的建设模式,也是适应力和恢复力更强并拥有学习和发展能力的韧性系统。"危机"意味着危难但同时也是机遇,遵循弹性设计与建设原则的修复和重建,可使受灾城市有更好的韧性来抵御后续次生灾害的冲击,并能够改变原先的演进轨道,跳跃性地获得抗灾害能力、系统的自主适应性和发展的可持续性,在修复重建的同时增强其对未来灾害的抵御能力。

在 2008 年汶川地震修复重建期间,我们组织相关专家编纂了《地震后重建家园指导手册》,为当时的灾后重建工作提供了强有力的技术支撑。2009 年,经过对内容的修订与扩充,我们又编写了《地震后重建技术丛书》。自 2014 年始,我们组织了中国城市科学研究会、中国建筑设计研究院、四川大学灾后重建与管理学院、中国城市规划设计研究院等单位相关专家,重新修订了《地震灾后生命线工程修复加固与重建技术》、《地震灾后建筑修复加固与重建技术》、《地震灾后乡镇典型调查分析》等册，增补了《地震灾后重建案例分析》中的内容，增加了《地震灾后过渡安置与管理》、《地震灾后恢复重建模式》等册，并为了突出"绿色重建"理念，将丛书名改为"地震灾后绿色重建手册"，是中共中央宣传部 2015 年度马克思主义理论研究和建设工程重大项目暨国家社会科学基金重大项目"生态文明背景下的绿色城镇化研究"（课题批准号：2015MZD037）成果之一。近几年间，又有玉树、芦山等部分地区遭受了不同程度的地震灾害。在这些地区救灾和恢复重建的过程中，也积累了一些宝贵的经验教训，这些也成为本丛书修订增补的重要内容。

愿本丛书能成为今后指导地震灾后重建的重要技术参考，谨以此书献给为历次地震灾区救援与重建贡献力量的人们。

国务院参事、中国城市科学研究会理事长、

原国务院汶川、玉树地震灾后重建协调组副组长

仇保兴

2016 年 12 月 5 日

目　　录

第1章 震损建筑恢复重建决策和基本技术措施

1.1 地震灾后建筑修复、加固和重建经验教训

地震灾难发生后，抗震救灾工作要求我们尽可能快地重建家园，刚刚经历过的沉痛的事实要求在重建中必须考虑抗震要求，使血的教训今后不再重演。对于灾后建筑修复、加固和重建来说，不仅要了解建筑技术本身的问题，而且还应考虑有关地震破坏和地震危险方面的资料。本节是总结国内外强震后重建经验，为灾后建筑修复、加固和重建提供基本措施。

1. 邢台地震（1966 年）

1966 年 3 月 8 日和 22 日，河北省邢台地区相继发生了 6.8 级和 7.2 级强烈地震，震中烈度分别为 9 度和 10 度，80 个县、市受灾，其中隆尧、宁晋、巨鹿三县灾情最重。地震造成 8064 人死亡，38451 人受伤，损坏房屋 508 万间（其中 262 万间倒塌或严重破坏），破坏桥梁 101 座。3 月 8 日地震后的 35d 内，共发生火灾 383 起，烧死 36 人，烧伤 52 人。

震后调查表明，房屋倒塌主要是由于材料、设计、施工和房屋本身质量差（1963 年大水浸泡）等原因所造成。这些均可通过设计、施工解决，因而震后均在原地重建，没有变更土地利用。在重建规划里注意了场地选择，街道和胡同宽度，以及防洪、防碱等问题，采用砖墙或砖柱承重房屋代替土坯房和外砖内坯房，房屋高度减少到 2.4m 左右。每个村庄都作了统一规划。

1966 年邢台地震后统一重建，在 1981 年 5.8 级地震中损坏轻微。如图 1-1 所示。

图 1-1 某四层砌体结构抗震加固后，在地震中房屋完好

2. 海城地震（1975 年）

1975 年 2 月 4 日，7.3 级地震使辽宁省海城和营口两县的一些村镇遭到严重破坏，鞍山市受到波及。这次地震震前虽有预报，但人造工程破坏仍很严重。城镇房屋破坏 500 万 m²，城镇公共设施破坏 165 万 m²，农村房屋损坏 1740 万 m²，城乡交通、水利设施破坏 2937 个，经济损失达 8.1 亿元。

海城地震时值冬季，防震棚内缺乏防寒、防火设施，由于冻灾、火灾造成的伤亡占地震造成伤亡的 45%。震后烧死、冻死、捂死者计 713 人，为震时死亡人数的 54%。由海城地震时及地震后人员伤亡情况可见，震后重建过渡阶段简易住房的防灾十分重要。

3. 唐山地震（1976 年）

1976 年 7 月 28 日，7.8 级强震袭击了河北省唐山市区，天津市和北京市亦受波及。地震造成 24.2 万余人丧生，16.4 万余人重伤，经济损失近 100 亿元。唐山市区损失极为严重，死亡 14.8 万人，重伤 8.1 万人；一般民用建筑的 94%、工业建筑的 90% 遭到破坏；市政公用设施破坏严重，全市供水、供电、通信和交通全部中断。

地震前，唐山市分为东矿区和老市区两大片区，老市区又分为路南、路北两个行政区，其间以铁路为界。震后规划面积为 73.22km²，人口 76 万人。全市分为老市区、东矿区和新区三大片区，各片区相距 25km。原路南区位于活动断裂带上，地震动十分强烈，且地下压煤，故决定将区内主要工厂、企业和居民迁至新区。原路南区则以发展风景区为主，并安排一些仓库、堆场和无污染的小型工业。老市区在原路北区旧址恢复重建，东矿区仍在开滦各矿原址重建。新区则在丰润县城关东侧建设。新区建成后，迁移工厂、企业和居民十分困难。

唐山地震后的十年内，唐山市的所有建筑都严格按唐山大地震后修订的《工业与民用建筑抗震设计规范》TJ 11—1978 设计，直至《建筑抗震设计规范》GBJ 11—1989）开始实施。其中，唐山市地震基本烈度取为 8 度。在编制居住区规划时，在 Ⅰ、Ⅱ 类场地土上一般建 4～6 层住宅；在 Ⅲ 类场地土上建 1～3 层住宅，如有可能，则尽量避开这类场地。居住区建筑密度为 21%～27%，人口净密度为 800～1000 人/hm²。建筑结构则主要采用"内浇外挂"（内部纵、横墙为现浇钢筋混凝土，外墙为钢筋混凝土预制墙板）、"内浇外砌"（内部纵、横墙为现浇钢筋混凝土，外墙为砖砌筑）、砖混结构加钢筋混凝土构造柱以及框架轻板四种抗震结构体系。

4. 溧阳地震（1979 年）

1979 年 7 月 9 日，江苏省溧阳县发生了 6.0 级地震。地震造成 41 人死亡，654 人重伤，2305 人轻伤。溧阳县倒塌房屋 6.66 万间，严重破坏的近 5 万间，全县损失 19450 万元，比全县工农业年总值一半还多。

这次地震震级相对较小，基本上在原地修复重建，而未作大的土地利用变更。地震后，作了统一规划，以极震区内的上沛乡万家边村和新昌乡姜笪村为规划试点。经反复研究决定万家边村迁址，姜笪村房屋改向。为帮助农民做好重建工作，印发了"农村房屋抗震措施"，提供了数套图纸，并选定了 6 户住房为抗震试点工程，取得经验后，在全县推广。

1974 年 4 月 22 日，在这次地震影响区内曾经发生过 5.5 级地震，两次地震的宏观震中仅相差 3km。但是，由于思想麻痹和资金、材料短缺，在重建中，绝大多数房屋仅做表面修补，没有考虑抗震要求，致使那次地震后修复和重建的房屋缺乏抗震能力。这次地震损失严重，重蹈以前覆辙，教训极为深刻。

5. 圣菲尔南多地震（1971 年）

1971 年 2 月 9 日，6.4 级强震袭击了美国加州洛杉矶县的圣菲尔南多（San Ferando）盆地，造成 64 人死亡，5 亿美元（当年货币值）财产付之东流，18 座学校、4 所医院、465 栋独户住宅、62 座公寓建筑、372 栋商业用房遭到破坏而不能使用，公路、桥梁和公用设施系统遭到严重破坏。圣菲尔南多坝濒临倒塌，迫使下游 8 万人紧急疏散，离开自己的家园。震后花了 5 亿多美元，经历 2 年的努力才医治了地震的创伤。

在震后重建中，只有退伍军人管理局医院迁走，原地则作为公园，其他地方的土地利用未作任何改变。受到破坏的独户住宅区虽横跨圣菲尔南多断层，但仍在原地修复后重新住人。严重破坏区内的公共设施和住宅也是原地修复使用，虽然这些地方易受洪水和地震危害，但并未考虑迁移。提高城市地震安全则主要靠改善建筑结构设计与施工来解决。地震后，加州政府颁布了新的医院和公路桥梁设计标准，就是这方面的重要措施。有些位于市区的倒塌和严重破坏的砖结构建筑，则拆除后按新规范设计，并在原地重建。

圣菲尔南多盆地少年宫和 Olive View 医院遭到严重破坏和倒塌，这些建筑和退伍军人管理局医院均位于山脚部位，该处地震动特别强烈，少年宫位于土壤液化区。起初曾考虑将少年宫和 Olive View 医院也迁移他处，但经过研究否定了这个方案，因为只要细心设计好基础和上部建筑，仍可在原地重建。

1.2　震后修复加固水准考虑

地震发生后，建筑物因其抗震能力的差异而遭到不同程度的破坏。从尽快恢复人民正常生活、生产或经济的角度来看，在遭到破坏、损坏的建筑中有相当一部分可通过修复加固而继续使用。哪些建筑可修复，哪些建筑可修复加固，哪些建筑不需修复加固就可使用，是震后急需解决的问题之一。由于修复加固可能性的原则受到政治、经济及技术等因素的约束，故对不同类型的建筑，应区别加以考虑。

建筑震后修复加固除了对原有建筑损坏部件的全部修复外，还包含使结构经加固后达到期望的抗震能力的目的。众所周知，某一地区建筑的地震影响可能有如下三种情况：（1）重建设防烈度低于遭遇烈度；（2）重建设防烈度等于遭遇烈度；（3）重建设防烈度高于遭遇烈度。对于这三种情况，如果统一采用遭遇地震烈度进行震后加固，显然是不合理的。因此，建筑修复加固设防烈度要严格按照国家批准发布的《地震动峰值加速度区划图》来确定。具体修复加固原则见表 1-1。

震后建筑修复加固的方案　　　　　　　　　　　　　　　　　　　表 1-1

重建设防烈度	建筑地震破坏等级				
	基本完好	轻微破坏	中等破坏	严重破坏	倒塌
低于遭遇烈度	A	B	C	D 或 E	F
等于遭遇烈度	A	C	D	E	F
高于遭遇烈度	X	D	D 或 E	E	F

注：A—不需重新鉴定，不需修复就可以使用；B—不需重新鉴定，需要修复；C—以修复为主，抗震鉴定后局部加固为辅；D—应鉴定修复、加固；E—无修复价值的应拆除；F—拆除；X—按震前鉴定，并进行处理。

1.3 设防标准决策选择

确定震后建筑的修复加固水准后,设防标准的选择是震后建筑鉴定、修复加固首先需要解决的问题。

具体设防标准决策选择如下:

(1)按《建筑抗震设计规范》GB 50011—2001 设计的建筑,建造于 2002 年以后的建筑,其抗震鉴定应按现行《建筑抗震设计规范》GB 50011—2010 的相关要求进行。

(2)按《建筑抗震设计规范》GBJ 11—1989 设计的建筑,建造时间在 20 世纪 90 年代至 2001 年的,其抗震鉴定应按《建筑抗震鉴定标准》GB 50023—2009 中 B 类建筑的相关要求进行。

(3)除上述以外的建筑,其抗震鉴定应按现行《建筑抗震鉴定标准》GB 50023—2009 中 A 类建筑的相关要求进行。这是设防标准目标的最低要求,条件许可时,可按《建筑抗震鉴定标准》GB 50023—2009 中 B 类建筑的要求进行综合抗震能力的鉴定和加固,以适当提高建筑的抗震设防目标。

此外,行业有特殊要求的建筑,应按行业的专门规定进行鉴定加固。

1.4 建筑修复加固的基本技术措施

建筑修复加固应符合以下基本技术措施:

(1)震损建筑的修复加固设计,应进行截面抗震验算。验算按《建筑抗震加固技术规程》JGJ 116—2009 的要求执行。此外,尚应符合有关的抗震构造要求。

鉴于修复加固烈度为 6 度时的大多数建筑,其地震作用在修复加固设计时基本上不起控制作用,故可不做截面抗震验算。但Ⅳ类场地上较高的高层建筑,由于 6 度的地震作用值可能大于同一建筑在 7 度Ⅱ类场地时的作用值,故仍需进行截面验算。

(2)宏观震害现象表明,同一建筑位于Ⅰ类场地上其震害程度相应比位于其他场地时轻得多,从经济的角度看,可采用降低构造要求以节约部分资金。

修复加固设防烈度为 6 度、7 度时,因尚有可能发生更高烈度影响的情况,故对轻微破坏的规则建筑可适当降低构造要求。

(3)某些建筑其震损产生的主要原因是结构体系受力不合理,在修复加固设计时如继续采用这种体系则较难达到修复加固烈度水准的要求,此时应采用改变结构体系的修复加固方案,以使其受力明确,增强其抗震能力。

1975 年辽宁海城地震时,海城县招待所因纵墙承重遭到较重的破坏,震后修复加固时,针对纵墙承重不利的弱点,增设抗震横墙,改变其承重方式为纵横墙承重,以提高其抗震能力。

(4)震前使用功能不合理的震损建筑,宜在可能条件下结合修复加固,适当改善其建筑使用功能。

(5)震损建筑经修复加固后,质量和刚度宜均匀对称,不应存在因局部加强或突变而形成新的明显薄弱层或薄弱部位。

建筑遭遇破坏性地震影响后，其抗震薄弱环节暴露出来，为此有些修复加固仅针对已遭破损部位进行，其结果有可能使整个建筑的质量和刚度不均匀或不对称，甚至形成新的明显薄弱层或薄弱部位。如1976年唐山大地震时，8度区天津市区的第二毛纺厂一栋三层钢筋混凝土框架房屋遭受7.8级地震后对震损柱进行了局部加固（主要是二层），结果形成了新的薄弱部位，以至于在宁河6.9级地震时倒塌。这表明，在进行修复加固时，应从整个结构抗震能力出发，进行方案选择，而不应单纯对结构的某个部位或构件进行修复加固。

（6）从传力角度来看，新增设的砖墙、砖柱、钢筋混凝土翼墙、抗震墙等抗侧力构件应设置基础，以便将建筑的地震作用传到地基中去。

（7）修复加固建筑的抗震验算一般要求按加固形成的新的结构体系进行抗震验算。验算时应考虑加固对结构节点的约束影响、结构跨度的变化、荷载增加及分布的影响以及构件刚度变化对地震作用及效应分配的影响等。加固后结构总刚度和重力变化分别不超过加固前的10％和5％时，当未改变计算图式时，可不考虑其对地震作用效应及其分配的影响，但对刚度或重力增加超过20％的个别构件亦应考虑其影响。

（8）加固时增设构件与原构件的连接是保证新构件在遭遇下一次破坏性地震影响时发挥其抗震能力的重要措施，为此二者间应有可靠的连接，以使其共同工作。

（9）对已遭破损的女儿墙、门脸等装饰物能拆除的尽量拆除，确实还需设置的，可改为轻质的钢栅栏或钢木结构。出屋顶烟囱宜拆除或改为陶质土管。对位于出入口上部的非结构陶件应严格控制。

（10）因严重不均匀沉陷所引起的上部结构损坏往往较重，故对其加固可考虑以基础加固为主的方法。鉴于已有建筑的地基基础加固工程的难度，也可考虑通过加固上部结构提高结构物综合抗震能力的方法以弥补地基基础抗震性能的不足。

1.5 农房重建的基本技术措施

1. 场地基础要稳固

（1）易地重建选择建筑场地时，宜根据规划要求选择对建筑抗震有利的地段，避开不利地段，当无法避开时应采取有效措施；不应在危险地段建造房屋。

（2）同一房屋的基础不宜设置在性质明显不同的地基土上。

（3）当地基有淤泥、可液化土或严重不均匀土层时，应采取垫层换填方法进行处理。

（4）当地基土为湿陷性黄土或膨胀土时，宜分别按《湿陷性黄土地区建筑规范》GB 50025—2004或《膨胀土地区建筑技术规范》GB 50112—2013中的有关规定处理。

（5）基础材料可采用砖、石、灰土或三合土等；砖基础应采用实心砖砌筑，灰土或三合土应夯实。

（6）基础的埋置深度应综合考虑下列条件确定：

1）除岩石地基外，基础埋置深度不宜小于500mm；

2）当为季节性冻土时，宜埋置在冻土深度以下或采取其他防冻措施；

3）基础宜埋置在地下水位以上，当地下水位较高，基础不能埋置在地下水位以上时，宜将基础底面设置在最低地下水位 200mm 以下，施工时还应考虑基坑排水。

2. 房屋重量要减轻

（1）屋顶要轻

房屋建造应优先采用轻质材料做屋面，如果采用较重的泥土屋面时，应在满足防雨、保温等使用要求下，尽可能做得薄一点。

（2）围护墙要轻

围护墙宜做得轻些，尤其是高房的上部最好采用轻质墙。

（3）屋顶上不要做笨重的附属物

屋顶上的附属物，如女儿墙、高门脸等，既笨重又不稳定，应当尽量不做或少做这类装饰性的附属物，如果必须建造时，就要做得矮些和稳固些。

3. 总体布置要合理

房屋的平面、立面和结构布置，应符合各部分能够均衡地承受地震力作用的要求，避免局部受力或变形过大。

（1）房屋体形要合适

房屋应避免立面上突然变化，平面形状也宜简单、规则，墙体布置得均匀、对称些，使房屋具有良好的抗震性能。

（2）横墙要密些

横墙支撑着纵墙。限制纵墙的侧向变形，同时还承受屋顶、楼层和纵墙等传来的地震力，在满足使用要求的情况下，横墙应布置得密一些，一般居住用房屋以不超过两个开间为宜，如果使用上需要有更大的通间时，就要采用诸如加墙垛、圈梁等措施，来增强纵墙的强度和稳定性。

（3）墙壁上开洞要恰当

墙壁上开洞，削弱了墙的强度和整体性，墙壁上应尽量少开洞，开小洞。开洞时要均匀和合理，不要在靠近山墙的纵墙上或靠近外纵墙的横墙上开大洞。外纵墙上每开间若开两个窗洞则不如开一个较大些的窗洞好。

（4）新建房屋应注意结构体系的明确性，不应在同一房屋采用木柱与砖柱、木柱与石柱混合承重的结构体系，也不应在同一层中采用砖墙、石墙、土坯墙、夯土墙等不同材料墙体混合承重的结构体系。在加固过程中如遇此类混合承重的情况，应在加固的同时进行局部改建，明确结构体系。

4. 相互连接要牢靠

房屋各部分连接成牢固的整体，才能共同抗御地震的破坏。对于以墙承重的房屋来说，主要是檩条与屋架（梁）、屋架与屋架，檩条、屋架（梁）与墙，墙与墙之间的连接要牢固。对于以骨架承重的房屋来说，主要是骨架的各构件之间，骨架与围护墙之间的连接要牢固。

（1）檩条要固定，屋架之间要加设风撑

应将檩条与屋架（梁）固定牢，屋架之间也应该每相隔一间加设风撑。

（2）搁在墙上的檩条或屋架（梁）要锚固

除檩条与屋架（梁）、屋架与屋架之间要连接牢固外，檩条、屋架（梁）与墙的连接也要牢靠。还有，屋顶用出檐做法比用封檐做法稳定，这也是一种比较简单而有效的抗震措施。

（3）墙体之间结合要牢靠

纵墙与横墙结合牢靠，墙体之间相互依靠，方能共同发挥抗震作用。要使纵墙与横墙结合牢靠，就必须做到合理砌筑、精心施工。对于强度差或受力大的墙体交接处，有时还用附加拉结筋来增强其抗震能力。

（4）木骨架要稳定

木骨架承重房屋，除木料特别大、榫结合又很牢固的穿斗木骨架外，一般木骨架的屋顶梁（屋架）与柱之间要用斜撑等办法来增强其稳固性。

（5）围护墙与骨架要拉结

在注意骨架安全的同时，也要对围护墙采取与骨架拉结的抗震措施。

第 2 章　震损建筑鉴定、修复和加固技术

震损建筑修复加固前，应先进行抗震鉴定。在鉴定的基础上，应采取合理的方案进行修复加固设计。当然确保修复加固的施工质量也是极为重要的，修复加固施工与新建工程施工操作虽有相同之处，但由于修复加固有使新增设构件与原有构件成为一个整体的要求，故其施工操作尚有一些特殊要求。震损建筑修复加固设计施工除应遵守和执行国家和地方的新建工程的有关技术规定外，尚应根据修复加固自身的特点进行设计施工。下面给出修复加固方法及其工艺以及各类震损建筑鉴定、修复和加固技术的要求，以便在工程实践中加以参考。

2.1　修复加固方法及其工艺

对各类建筑进行修复加固的方法通常可分为两大类，一类是恢复其抗震能力的方法，一类是增强、提高抗震能力的方法。

恢复抗震能力的方法通常采用压力灌浆法和化学灌浆法。增强、提高抗震能力的方法有增强强度、提高延性法，加强结构整体性法和改变传力途径法。增强强度、提高延性法主要采用水泥砂浆面层法、钢筋网水泥砂浆面层法、钢筋混凝土面层法、型钢网箍法、喷射混凝土法、替换构件法和粘贴钢板法等；加强结构整体性法主要有加设圈梁法、加设构造柱法和加设拉杆（梁）法等；改变传力途径法主要有增设抗震墙法和增设支撑法等。值得指出的是，加设圈梁、加设构造柱、加设拉杆（梁）、增设抗震墙和增设支撑等法也可增强和提高结构的强度和延性。各加设构件与原构件通常可采用钢筋混凝土销键、干硬性水泥砂浆锚杆、108胶水泥砂浆锚杆、水玻璃水泥砂浆锚杆、树脂锚杆、楔缝式锚杆、普通螺栓和钢筋短拉杆等方法加强相互间的连接，以利于地震发生时，新老构件共同抵抗地震作用。对混凝土构件来说，增强与保证新旧混凝土的结合也是必要的，通常可采用增大结合面、严格清理旧混凝土表面和涂胶结剂等措施。

本节所介绍的修复加固方法只是目前较为常用的一些主要方法，在实际应用中凡有试验证明可靠的方法也应加以采用。

2.1.1　压力灌浆法

砌体房屋的墙体较为常见的震害现象是砌体上出现裂缝，此时可采用压力灌浆法进行修复，或先用压力灌浆法修复后再补强的方法进行修复加固。

压力灌浆法是用空气压缩机或手压泵将粘合剂灌入砖墙裂缝内，将开裂墙体重新粘合在一起。试验表明，按这种方法修复后的墙体均可达到原有的强度。这种方法的优点是设

备简单，施工方便，价格便宜，很适用于砌体裂缝不严重时的修复。

目前较常用的粘合剂有两种，一种是用108胶水泥砂浆作粘合剂，另一种是用水玻璃砂浆作粘合剂。108胶水泥砂浆，是用普通水泥、砂子和108胶（聚乙烯醇缩甲醛）三种材料按一定比例配制而成。掺入108胶的目的，是为了增强水泥砂浆的黏着力，提高水泥的悬浮性，延缓水泥沉降时间，但掺入量越大，强度相应越低。通常按照裂缝的宽度，分别配制相应的浆液，如表2-1所示。

108胶水泥砂浆配合比及主要性能　　　　　　　表2-1

编号	配合比	适宜灌缝宽度(mm)	悬浮(mm/30min)	流动度(s)	龄期(d)	抗剪($\times 10^5$Pa)		抗拉($\times 10^5$Pa)	
						红砖	白砖	红砖	白砖
1	水泥：108胶：水：砂＝1：0.2：0.5：1	5～15以上	1	13.3	7	4.42	8.97	2.12	5.54
					28	5.80	11.00	2.70	4.90
2	水泥：108胶：水＝1：0.2：0.6	1～5以上	1	19	7	7.18	6.33	3.90	1.65
					28	7.70	7.70	3.60	2.10
3	水泥：108胶：水＝1：0.25：0.9	0.5～1	2	12.5	7	3.34	3.54	1.68	1.69
					28	4.30	4.60	2.50	2.50

注：1. 水泥采用32.5～42.5级普通水泥；砂子粒径不得大于1.2mm；
　　2. 108胶固体含量为12%，pH值为7～8。

水玻璃砂浆是由碱性钠水玻璃、矿渣粉（水淬高炉矿渣磨细而成）、砂和氟硅酸钠四种材料按一定比例配制而成。分为1号浆和2号浆。1号浆用于砖墙裂缝很小者，此时水玻璃砂浆不易灌严，可沿裂缝打25孔，每个孔距250mm左右，将水玻璃砂浆灌入孔内，形成销键来抵抗剪力。2号浆用于墙体裂缝较大者，可直接将水玻璃砂浆压到缝里去，依靠水玻璃砂浆将裂缝粘成整体。水玻璃砂浆配合比及主要性能如表2-2所示。

水玻璃砂浆配合比及主要性能　　　　　　　表2-2

编号	配合比（质量比）						抗压强度($\times 10^5$Pa)		收缩值(%)		备注
	水玻璃			矿渣粉	砂	氟硅酸钠	3d	7d	4d	7d	
	相对密度	模数	质量								
1	1.52	2.30	1.50	1	2	8%	154	217	0.4	0.9	氟硅酸钠的百分比系对水玻璃之质量比
2	1.36	3.36	1.15	1	2	15%	108			0.9	

注：水淬矿渣（高炉）磨细度为4900孔筛余量10%～20%；砂粒径小于0.5mm，含泥量不得超过3%，含水量不大于2%，氟硅酸钠的纯度在90%以上。

压力灌浆流程如图2-1所示。其中空气压缩机工作压力为686～785kPa，储气容量大于0.15m³。压浆罐罐顶应设有进气口、排气口、进浆口及压力表，罐底应设有出浆口。压浆罐在使用前应进行试压，其压力不得小于588kPa。当墙体的修复面积较小时，可采用手压泵和浆液容器配套代替。手压泵可自制，应有压力表、进浆口和出浆口等装置，泵的工作压力应大于2×10^5Pa；浆液容器可用水桶代替。输液胶管长以2～3m为宜。

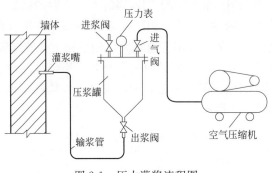

图 2-1　压力灌浆流程图

灌浆嘴如图 2-2 所示，可用金属或塑料制作，水平与垂直方向的布嘴间距宜为 0.5～1.0m。对 M0.0～M0.4 砂浆砌筑的墙体，嘴距以 0.5～0.8m 为宜。有裂缝的墙体，应沿裂缝每 0.8m 左右设置一个灌浆嘴。在裂缝的交叉点及裂缝端部也应设置灌浆嘴。墙体厚度大于 370mm 时，墙体的两面都应设置灌浆嘴。

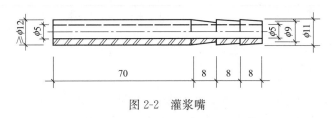

图 2-2　灌浆嘴

当原墙仅用压力灌浆修复时，应首先用水泥砂浆抹严墙面漏浆的孔洞与缝隙。清水砖墙砖缝不牢时，应先将松动部位清理干净，然后进行勾缝封闭。若原墙还需进行水泥砂浆面层或钢筋网砂浆面层补强时，则应先进行抹面，然后压力灌浆。

在设置灌浆嘴的位置上打孔，孔应放在砖缝上，孔深 40～50mm，孔径稍大于灌浆嘴的外径。孔用前先用水冲洗干净，然后用粘嘴砂浆（水泥：108 胶：水：砂子＝1：0.3：0.15：1，3d 黏附力在 250N 以上）固定灌浆嘴。

待裂缝处的砂浆封闭层 [可用水泥：砂子：108 胶＝1：3.0：（0.05～0.15）作封缝浆] 有一定强度后（常温季节一般 3d 即可），先往每个灌浆嘴注入适量清水（对 M0.0～M0.4 砂浆砌筑墙体，水量不宜过多），然后即可灌浆。

灌浆应自下而上循序进行，灌浆压力控制在 196kPa 左右，但不宜超过 245kPa，直至不再进浆或邻近的灌浆嘴溢出浆液时，即可停止，然后再依次移至其他灌浆嘴处继续灌浆。发现墙体局部冒浆时，应停灌 15min，且在冒浆处用干水泥堵塞。靠近楼板及基础附近的灌浆嘴如大量灌入浆液仍不饱满时，应增大浆液浓度，或停灌 1～2h 再继续灌严。灌浆后将灌浆嘴拔出，遗留孔洞用水泥砂浆堵严。每次灌浆后要及时清洗压浆罐、输浆管及其他容器。

压力灌浆法的质量要求是：浆液配比必须符合要求；灌浆过程中应经常检查灌浆压力，发现压力过低或过高时，要及时调整或检修灌浆机具；灌浆必须饱满。

2.1.2　化学灌浆法

钢筋混凝土结构房屋构件较常见的震损现象为不同程度的裂缝，此时，可采用化学灌浆法进行修复，或先用化学灌浆法修复后再补强的方法进行修复加固。

化学灌浆法是配制适当成分和性能的浆液，用压送设备注入钢筋混凝土结构的缝隙内，其原理如图2-3所示。

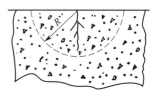

图2-3　化学灌浆原理示意图
（图中 R 为浆液扩散半径）

经实测，当黏度为 25～45s（涂-4 杯黏度）、灌浆工作压力为 0.2～0.5MPa、裂缝宽度为 0.3mm 以上时，浆液扩散半径为 280～360mm；施工中注浆嘴的间距为 200～250mm，因而可以保证裂缝和孔隙内充分注满浆液。

1. 化学灌浆用材料

通常应符合下列要求：

（1）浆液的黏度小，可灌性好；

（2）浆液固化后的收缩性小，抗渗性好；

（3）浆液固化后的抗压、抗拉强度高，有较高的粘结强度；

（4）浆液固化时间可以调节，灌浆工艺简便；

（5）浆液应为无毒或低毒材料。

通常灌浆材料主要有环氧树脂和甲基丙烯酸酯类材料。在工程中应用时，浆液应进行试配，其可灌性和固化时间应满足设计、施工要求。浆液配方可参照表2-3、表2-4进行。但在实施过程中也有采用表2-5的配方（唐山地震后陡河电厂工程的修复），其配制程序如图2-4所示。

环氧树脂浆液配方　　　　　　　　　　　　　　　　表 2-3

材料名称	规格	配合比（质量比）				
		1	2	3	4	5
环氧树脂	6101 号或 634 号	100	100	100	100	100
糠醛	工业	—	20～25	—	50	50
丙酮	工业	—	20～25	—	60	60
邻苯二甲酸二丁酯	工业	—	—	10	—	—
甲苯	工业	30～40	—	50	—	—
苯酚	工业	—	—	—	—	10
乙二胺	工业	8～10	15～20	8～10	20	20
使用功能		1d 后固化，流动性稍差	2d 后为弹性体，流动性较好	1d 后固化，流动性较好	6d 后为弹性体，流动性很好	7d 后为弹性体，流动性很好

甲基丙烯酸酯类浆液配方　　　　　　　　　　　　　表 2-4

材料名称	规格	配合比（质量比）				
		1	2	3	4	5
环氧树脂	6101 号或 634 号	100	100	100	100	100
糠醛	工业	—	20～25	—	50	50
丙酮	工业	—	20～25	—	60	60

続表

材料名称	规格	配合比(质量比)				
		1	2	3	4	5
邻苯二甲酸二丁酯	工业	—	—	10	—	—
甲苯	工业	30～40	—	50	—	—
苯酚	工业	—	—	—	—	10
乙二胺	工业	8～10	15～20	8～10	20	20
使用功能		1d后固化,流动性稍差	2d后为弹性体,流动性较好	1d后固化,流动性较好	6d后为弹性体,流动性很好	7d后为弹性体,流动性很好

某工程修复用浆液配方　　　　　　　　　表 2-5

配方	环氧树脂	糠醛	丙酮	苯酚	乙二胺
1	100	50	50	15	161
2	100	40	40	15	15
3	100	30	30	15	15
4	100	20	20	15	14

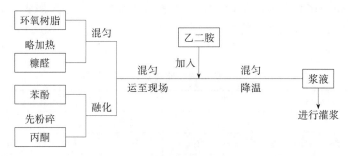

图 2-4　浆液配制程序

2. 灌缝用机具

主要有以下几种:

(1) 清理缝主要用钢丝刷、毛刷;钻孔用钻孔机;粘嘴和封缝时主要用油工刀;拌制环氧胶泥可用一般瓷制或铁制器皿;调制灌缝环氧溶液主要用铁皮桶等器皿。

(2) 灌缝设备包括:打气筒(或手摇双缸农药泵、兽医注射器、高压油枪)、注浆罐(或桶)、铜转心截门(可用农药喷射器上的)、抗压的透明塑料管、灌浆嘴子与乳胶管等。注浆罐及灌浆嘴子如图 2-5 所示。灌浆嘴子也有采用外径 10mm、壁厚 1mm、长 50～60mm 的无缝钢管在一端拍出一个宽 3～5mm 左右的法兰盘制作而成的。

3. 裂缝修复

对不同的裂缝状况,其修复可按以下方法采用:

(1) 裂缝宽度小于 0.3mm 时,为了满足使用要求,当裂缝浅而细且条数很多时,宜用环氧树脂浆液或水泥浆液进行表面封闭;当裂缝细而深时,宜用甲基丙烯酸酯类浆液或低黏度环氧树脂浆液灌注。

(2) 裂缝宽度大于或等于 0.3mm 时,宜用环氧树脂浆液灌注。

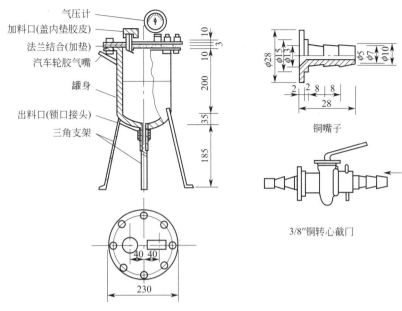

图 2-5 注浆罐及灌浆嘴子示意图

（3）裂缝宽度大于 1.0mm 时，可用微膨胀水泥浆液修补，修补前应在裂缝表面涂一层水泥浆界面剂。

化学灌浆工艺过程如图 2-6 所示。

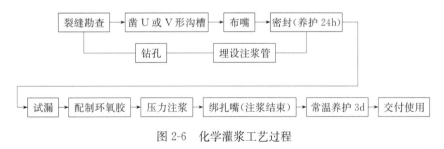

图 2-6 化学灌浆工艺过程

4. 施工要求

（1）施工前，应对拟实施化学灌浆的裂缝长度、宽度、走向做好勘查，并做好标记。

（2）灌浆前，应对裂缝进行处理，其处理方法可分为：

1）表面处理法。对于混凝土构件上较细（小于 0.3mm）的裂缝，可用钢丝刷等工具清除裂缝表面的灰尘、白灰、浮渣及松散层等污物；然后用毛刷蘸甲苯、酒精等有机溶液，把沿裂缝两侧 20～30mm 处擦洗干净并保持干燥。

2）凿槽法。对于混凝土构件上较宽（大于 0.3mm）的裂缝，应沿裂缝用钢针或风镐凿成 V 形槽，槽宽与槽深可根据裂缝深度和有利于封缝来确定。凿槽时先沿裂缝打开，再向内侧加宽，凿完后用钢丝刷及压缩空气将混凝土碎屑粉尘清除干净。

3）钻孔法。对于大体积混凝土或大型结构上的深裂缝，可在裂缝上进行钻孔；对于走向不规则的裂缝，除骑缝钻孔外，需加钻斜孔，扩大灌浆通路。钻孔直径一般风钻为 56mm，机钻孔应选最小孔径。裂缝宽度大于 0.5mm 时，孔距可为 2～3m；裂缝宽度小于 0.5mm 时，可适当减小孔距。钻孔后应清除孔内的碎屑粉尘，孔径大于 10mm 时，可用粒径小于孔径的干净卵石填入孔内以减少耗浆量。

（3）埋设灌浆盒（管）：

1）采用表面灌浆处理的裂缝，可用灌浆盒或灌浆嘴；凿 V 形槽的裂缝宜用灌浆嘴；钻孔内宜用灌浆管。

2）用油工刀把环氧胶泥（配合比见表 2-6）刮在已用甲苯擦净的灌浆嘴的底盘上，厚度为 1mm 左右，后将灌浆嘴的进浆孔对准裂缝按贴到所定的位置上，粘完的灌浆嘴在其自重作用下必须稳定，因此需要正确的安装。粘灌浆嘴时，应根据裂缝走向考虑布置灌浆嘴的位置，在一条裂缝上布置灌浆嘴时，最少应有进浆用和排气、出浆用的灌浆嘴，根据气流腾升原理，进浆嘴宜布置在下部，排气嘴宜布置在上部。灌浆嘴要粘在裂缝较宽处，并使灌浆嘴的进浆孔对准裂缝，保证灌浆嘴与裂缝连通。灌浆嘴的间距可根据裂缝的大小和结构形式而定。对形状复杂的裂缝，在裂缝交叉处、较宽处以及裂缝贯穿处可加设灌浆嘴，嘴子可多设几个；对贯通裂缝必须在两面粘灌浆嘴，且交错进行。当裂缝宽度小于 1mm 时，灌浆嘴间距可为 350～500mm；当缝宽大于 1mm 时，可为 500～1000mm。

环氧胶泥配合比　　　　　　　　　　　　表 2-6

材料名称	规格	配合比	
		I	II
环氧树脂	E-44(6101) E-2(634)	100	100
邻苯二甲酸二丁酯	工业	30	10
甲苯	工业	—	10
二乙烯三胺(或乙二胺)	工业	13～15(8～10)	13～15(8～10)
水泥		350～400	350～450

（4）封缝：封缝应根据不同裂缝情况及灌浆要求确定。其封缝方法可分为：

1）环氧树脂胶泥封缝。对于不凿槽的裂缝可用环氧树脂胶泥封闭。先在裂缝两侧（宽 20～30mm）涂一层环氧树脂基液，后抹一层厚 1mm 左右、宽 20～30mm 的环氧胶泥。抹胶泥时应防止产生小孔和气泡，要刮平整，保证封闭可靠。

2）粘贴玻璃丝布封缝。先在裂缝两侧（宽 80～100mm）涂一层环氧树脂基液，后将已除去润滑剂的玻璃丝布沿缝从一端开始粘贴密实，不得有鼓泡和皱纹。玻璃丝布可粘贴1～3 层。

3）水泥砂浆封缝。对凿 V 形槽的裂缝，可用水泥砂浆封缝。可先在 V 形槽面上，用毛刷涂刷一层（厚 1～2mm）环氧树脂浆液，涂刷要平整均匀，防止出现气孔和波纹，再抹水泥砂浆封闭。

（5）试漏：为了检查封缝情况和裂缝贯通情况，可进行通气试漏，并应在封缝胶泥固化后进行。试漏时可在封缝处涂肥皂水，从灌浆嘴通入 $1 \times 10^5 Pa$ 左右的压缩空气，若封闭不严时，肥皂水起泡。对不严处可用水玻璃快硬水泥浆（配合比见表 2-7）密封。操作熟练以后，也可以直接灌液不必试漏，当灌浆发生渗漏时，再用水玻璃快硬水泥浆堵漏密封。

材料名称	规格	质量比	备 注
水玻璃	工业	400	配好溶液的相对密度为 1.5 左右
硫酸铜	工业	1	
重铬酸钾	工业	1	
水			适量

注：1. 先将硫酸铜和重铬酸钾溶于适量的热水中，待冷却到室温后，将此溶液分数次倾入水玻璃中，充分搅拌均匀，即成防水剂，亦称二矾水玻璃；

2. 使用时，取出部分防水剂加入适量的硅酸盐水泥，即成水玻璃快硬水泥浆。

（6）灌缝：灌缝前，在灌浆嘴口上套好长约 80mm 的乳胶管，作为灌浆时进浆和封闭之用。灌浆机具、器具及管子在灌浆前应进行检查，运行正常后方可使用。然后把配好的灌浆液倒入注浆罐中，待加压至 0.2MPa 时，打开转心阀，使浆液注入裂缝中。此时需保持灌浆压力，保证浆液能充满裂缝内的空间。灌浆的顺序一般自上而下，从进浆嘴进浆直到从另一灌浆嘴出浆时，用细铁丝把出浆嘴口上的胶管封闭，继续加压灌浆，直到压力基本稳定后，再保持一定的灌浆时间，时间长短以裂缝大小和灌浆嘴埋设的间距而定，一般在 2min 左右。最后用细铁丝把进浆口上的胶管封闭，以保持裂缝内灌满浆液的压力，使固化后的浆体充满裂缝内的空间。施工时裂缝灌浆示意见图 2-7。

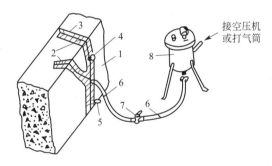

图 2-7 裂缝灌浆示意图

1—混凝土构件；2—裂缝；3—封闭层；4—钢嘴；5—乳胶管；
6—耐压胶皮管；7—铜转心阀门；8—注浆罐

注浆罐、输浆用的塑料管和转心阀门用完后，必须用有机溶剂清洗干净。若清洗得不干净留有树脂残液时，硬化后会堵塞，以至不能使用。

（7）打嘴与封口：待裂缝内的浆液反应到不流以后，即可将灌浆嘴打下，并用封闭裂缝用的环氧胶泥或掺入水泥的灌浆液把灌浆嘴处封好。取下的灌浆嘴用火烧掉固化的浆液，刮干净并用砂纸打磨一下灌浆嘴的底盘。这样可反复使用。

灌浆结束后，应检查补强效果和质量，发现缺陷应及时补救，确保工程质量。

（8）安全注意事项：配制灌浆溶液和进行灌缝时，应注意通风良好。操作人员应戴乳胶手套、眼镜和口罩，保证施工操作安全。配制好的灌浆液以及各种药剂，均应在阴凉通风的室内保存，并应加盖贮放。施工现场严禁烟火。施工中树脂粘在皮肤上时，可先用丙酮擦洗，后用肥皂洗净，要少用溶剂，以保护皮肤。

2.1.3　面层加固砖墙体法

按修复加固烈度水准要求需进行加固时，可在原有墙体外加面层来实现。目前，外加面层有水泥砂浆面层法、钢筋网水泥砂浆面层法、板墙加固法、钢绞线网-聚合物砂浆面层加固法。面层可以是双面的也可以是单面的。

1. 水泥砂浆、钢筋网水泥砂浆面层法

采用水泥砂浆面层和钢筋网水泥砂浆面层加固墙体时，钢筋网应采用呈梅花状布置的锚筋、穿墙筋固定于墙体上；钢筋网四周应采用锚筋、插入短筋或拉结筋等与楼板、大梁、柱或墙体可靠连接；钢筋网外保护层厚度不应小于10mm，钢筋网片与墙面的空隙不应小于5mm。原砌体实际的砌筑砂浆强度等级不宜高于M2.5。水泥砂浆面层法的砂浆强度等级宜采用M10，砂浆面层厚度宜为20mm。钢筋网水泥砂浆面层法的砂浆强度等级宜采用M10，砂浆面层厚度宜为35mm。钢筋网直径宜为4mm或6mm，实心墙网格尺寸宜采用300mm×300mm，空斗墙网格尺寸宜采用200mm×200mm。墙体单面加面层的钢筋网应用$\phi6$的L型锚筋，用水泥砂浆固定在墙体上；双面加面层的钢筋网应用$\phi6$的S型穿墙筋连接。L型锚筋和S型穿墙筋宜分别间隔600mm与900mm。钢筋网的横向钢筋，当遇有门窗洞时，单面加固的墙体宜将钢筋弯入窗洞侧边锚固，双面加固的墙体宜将两侧横向钢筋在洞口相连。底层的面层，在室外地面下宜加厚并伸入地面下500mm。

（1）施工操作要点

1）清理基层。为保证加固面层与原墙体粘结牢固，必须认真清理原墙面。

①原墙面上的粉饰、贴面等各种装饰层，除粘结良好的水泥砂浆外，均需铲除，并刷洗干净；保留的水泥砂浆抹灰层也须将油污刷净并凿毛。

②清水墙面如有油污、青苔等要清除干净，并凿毛或剔缝。

③原墙面上有油毡、沥青防水层时，应将防水层全部剔除，并刷去残留油渍，再用水冲净，然后将墙面凿毛。

④已破损部位，要进行局部修补或拆砌，如有裂缝应先修复。

2）在墙面上按设计要求的钢筋网格尺寸，沿墙和门窗口边缘附近，标出周边钢筋位置线，其余按不大于设计要求的钢筋间距，均匀分布，标出水平和竖向钢筋位置线。

由墙面四角向中央，根据设计要求间距，按梅花形标出拉结筋位置线。拉结筋必须布置在钢筋网交叉点上。

3）按标出的拉结筋位置，用电钻或电锤钻孔。穿墙孔径应大于钢筋直径10mm。

4）钢筋网按设计要求进行绑扎，当设计无特殊规定时，一般竖筋在内，水平筋在外。注意将拉结筋与钢筋网绑扎牢固。

5）钢筋网按贴墙面应用$\phi6$、$\phi8$的钢筋头垫出保护层，每平方米范围内至少垫一个。

6）钢筋网中的竖向钢筋穿过楼板或伸入地坪时，必须按照要求施工。如设计要求竖向钢筋必须穿楼板时，在预制板上凿洞不得伤肋。穿筋后所凿孔洞应以C20细石混凝土填实。

7）钢筋网中的钢筋接头，可采用搭接或焊接。门窗洞口周边的钢筋网应严格按设计要求施工。

8）在一个开间内的纵横墙同时设置钢筋网时，除在拐角处应加密定位拉结筋与墙体连接外，纵（横）墙水平筋应拐入横（纵）墙的钢筋网内。拐入长度不小于 300mm，并相互绑扎或焊接。

9）单面钢筋网的锚固筋与墙体锚固后，外露部分须待孔内锚固砂浆或树脂等锚固材料达到设计强度的 50%，或养护时间不少于 48h 以后才允许弯折，并与钢筋网上的纵横钢筋交叉点绑牢。弯折锚固筋时，严禁锤击，以防锚固筋松动。

10）水泥砂浆采用 32.5 等级水泥和平均粒径 0.2～0.4mm 清水砂。砂浆稠度宜为 70～80mm。

11）墙面充分润湿后，开始抹水泥砂浆，且分三遍：

①第一遍水泥砂浆。先在墙面刷水泥素浆一道，然后按钢筋网格逐格抹水泥砂浆，厚度约为 10mm。要求将钢筋网与墙体之间的空隙抹实。

②第二遍水泥砂浆。当第一遍水泥砂浆初凝后即可抹第二遍水泥砂浆，厚度可为 10～15mm。仍按钢筋网格逐格抹平、压实。要求砂浆将钢筋网全部罩住。如当日不能抹第三遍水泥砂浆，则须在第二遍水泥砂浆表面扫毛或划出斜痕，以利于与第三遍水泥砂浆粘结。

③第三遍水泥砂浆。第二遍水泥砂浆初凝后即可抹第三遍水泥砂浆，厚度可为 10mm 左右。如第二遍水泥砂浆已终凝，则须先刷水泥素浆一道，然后即刻抹第三遍水泥砂浆。抹时，先冲筋再抹灰，并用木杠推刮平顺，待砂浆初凝时，再压光 2～3 遍，以增强密实度，防止开裂。如墙面尚需做饰面工程，第三遍水泥砂浆压实后在表面上划出斜痕以利粘结。做钢筋网砂浆面层，宜先做样板间，经验收合格后再扩大面积施工。

12）抹水泥砂浆面层，要求环境气温为 5℃以上，并认真做好养护。室内墙面抹面后，要将门窗关闭，以免通风过强造成表面干裂。水泥砂浆终凝后，室内墙体面层每天浇水 2～3 遍；室外墙体面层每天浇水 3～6 遍。

13）分遍抹水泥砂浆时，各遍水泥砂浆的接茬部位必须错开，距离不得小于 400mm 或两个钢筋网格。

14）水泥砂浆面层可分两遍抹完，每层厚度约为 10mm。

（2）有关质量要求

1）原墙面应按要求清洗干净。

2）水泥、砂石、钢筋等材料的材质应符合设计及有关规范的要求。钢筋表面不应有锈蚀和油污。

3）钢筋网横、竖钢筋间距误差不得大于±20mm。所有拉结筋必须妥善绑扎在钢筋网纵、横钢筋的交叉处，否则须及时更正。

4）穿过楼板或伸入地坪的竖筋的锚固长度和纵、横墙加固层钢筋拐入另一侧长度及单面加固层锚固筋的锚固长度应符合设计要求。

5）松动的锚固筋，必须重做。

6）加固后的墙面要求平直，阴阳角处方正，无空鼓、干缩裂缝及露筋现象。

2. 板墙加固法

板墙厚度宜采用 60～100mm，混凝土强度等级宜为 C20，钢筋宜采用 HPB235 级或 HRB335 级热轧钢筋。可配置单排钢筋网片，设在中间，竖向钢筋直径可为 $\phi 12$（对于 HRB335 级钢筋，可采用 $\phi 10$），横向钢筋可为 $\phi 6$，间距 150～200mm。混凝土板墙与楼、屋盖应连接，可采用每隔 1m 将楼盖梁板钻孔，穿设与主筋等面积的短筋连接，短筋两端锚固长度均不应小于 40 倍直径，板墙与两端墙应连接，可采用沿墙高每 0.7～1m 设 $2\phi12$ 拉结钢筋，伸入混凝土板墙长度不宜小于 1m，另一端穿过原墙锚固。单面板墙与原墙体连接可用 L 型 $\phi8$ 钢筋，双面板墙可用 S 型 $\phi8$ 钢筋，在砌体中的锚固深度不应小于 120mm；锚拉点宜呈梅花状布置；锚筋的间距宜为 600mm，穿墙筋的间距宜为 900mm。板墙基础埋深宜与原有基础相同。

施工操作要点：

（1）墙面基层清理、钢筋的固定措施同钢筋网水泥砂浆面层加固墙体。

（2）浇筑或喷射混凝土采用 42.5 级普通硅酸盐水泥；采用粒径不大于 15mm 的碎石或卵石；砂子采用中、粗砂。浇筑用混凝土坍落度宜为 40～60mm。

（3）模板安装要平直、严密，充分利用原墙面做连接支承点。

（4）混凝土须连续浇筑。施工缝处应清除灰皮、浮石，用水湿润。浇筑混凝土前先铺设 20～30mm 厚与混凝土内砂浆同强度的水泥砂浆。

（5）浇筑混凝土墙的厚度≤100mm 时，应用直径为 30mm 的插入式振捣器进行振捣。振捣时不得触动模板。

（6）喷射混凝土配合比应符合设计规定。如设计无明确规定时，建议按下列比例配制，并进行试喷。

$$水泥：砂：石子：水＝1：2：2：0.45$$

喷射机械一般采用冶建-65 型、PH-74 型或 ZHP-2 型等型号喷射机。但单台喷射机的用气量不少于 $9m^3/min$。

（7）喷射时，喷射压力强度不得低于 147kPa。

3. 钢绞线网-聚合物砂浆面层加固法

钢绞线应采用 6×7 金属股芯钢绞线，单根钢绞线的公称直径应在 2.5～4.5mm 范围内；应采用硫、磷含量均不大于 0.03％的优质碳素钢制丝；镀锌钢绞线的锌层重量及镀锌质量应符合国家现行标准《钢丝镀层锌或锌－5％铝合金》YB/T 5357—2009 对 AB 级的规定；宜采用抗拉强度标准值为 1650MPa（直径不大于 4.0mm）和 1560MPa（直径不大于 4.0mm）的钢绞线。钢绞线网片应无破损、死折、散束，卡扣无开口、脱落，主筋和横向筋间距均匀，表面不得涂有油脂、油漆等污物。

聚合物砂浆可采用 I 级或 II 级聚合物砂浆，其正拉粘结强度、抗拉强度和抗压强度以及老化检验、毒性检验等应符合《混凝土结构加固设计规范》GB 50367—2013 的有关要求。

采用钢绞线网-聚合物砂浆面层加固，原墙体砌筑的块体实际强度等级不宜低于 MU7.5。聚合物砂浆面层的厚度应大于 25mm，钢绞线保护层厚度不应小于 15mm。钢绞线网-聚合物砂浆面层可单面或双面设置，钢绞线网应采用专用金属胀栓固定在墙体上，其间距宜为 600mm，且呈梅花状布置。钢绞线网四周应与楼板或大梁、柱或墙体可靠连接；面层可不设基础，外墙在室外地面下宜加厚并伸入地面下 500mm。

施工操作要点：

（1）面层宜按下列顺序施工：原有墙面清理→放线定位→钻孔并用水冲刷→钢绞线网片锚固、绷紧、调整和固定→浇水湿润墙面→进行界面处理→抹聚合物砂浆并养护→墙面装饰。

（2）墙面钻孔应位于砖块上，应采用 $\phi6$ 钻头，钻孔深度应控制在 $40\sim45mm$。

（3）钢绞线网端头应错开锚固，错开距离不小于 50mm。

（4）钢绞线应双层布置并绷紧安装，竖向钢绞线网布置在内侧，水平钢绞线网布置在外侧，分布钢绞线应贴向墙面，受力钢绞线应背离墙面。

（5）聚合物砂浆抹面应在界面处理后随即开始施工，第一篇抹灰厚度以基本覆盖钢绞线网片为宜，后续抹灰应在前次抹灰初凝后进行，后续抹灰的分层厚度控制在 $10\sim15mm$。

（6）常温下，聚合物砂浆施工完毕 6h 内，应采取可靠保湿养护措施；养护时间不少于 7d；雨期、冬期或遇大风、高温天气时，施工应采取可靠应对措施。

2.1.4 扁钢网箍加固法

遭破损砖烟囱可采用扁钢网箍进行加固，烟囱的砖强度等级不宜低于 MU7.5，实际的砂浆强度等级不宜低于 M2.5。扁钢厚度不应小于 5mm，竖向不应少于 8 根，并紧贴筒壁，同时每隔 1m 左右应与烟囱筒壁用锚筋连接；环向扁钢间距宜为 $1\sim2m$，并应与竖向扁钢焊牢。

1. 施工操作要点

（1）对裂缝或错动、酥碎部位进行修复或修补。

（2）按照设计要求标定竖向扁钢位置。可在筒体根部均分筒壁的外围周长，并做出标记，然后选定其一为基点，在筒体圆心和基点的延长线上架立经纬仪，用经纬仪测出烟囱的竖轴。沿筒壁高度每隔 $3\sim5m$，标出竖轴点，再以此向左右均分，同时标出均分点的位置。

（3）从筒体根部起沿筒高依次量出各道水平环箍的标高位置，每道环箍应标出 $3\sim4$ 个点。并量出每道环箍位置处筒壁的实际周长，自下而上依次编号，作为下料的依据。安装时，要对号就位。

（4）加固施工的脚手架可利用筒壁作为支承结构，尽量采用吊篮或外挂脚手架等施工。

（5）钢材应调直除锈，手工调直时，钢材表面不得有锤痕。

（6）竖向扁钢按设计长度下料。如需接长时，接头应采用剖口对头焊接或搭接焊接。钢材切割后要清除毛刺。如为剖口焊，端头应加工成坡口。埋入混凝土圈梁内的端头应劈成燕尾状。

（7）每道水平环箍的紧扣数量，若设计无具体要求时，一般为 $2\sim3$ 个。

（8）加工后的钢件，除埋入混凝土内的部分外，与筒壁接触的一面先刷红丹油一道，调合漆两道。

（9）地面下设有钢筋混凝土圈梁时，挖槽后需支立侧模，不得用槽帮代替。按标定的位置架立好竖向扁钢后，再浇筑混凝土。

（10）一般情况下竖向扁钢应放在内侧，水平环箍放在外侧。当竖向构件利用筒壁上原有的环箍时，则水平环箍在内侧。竖向扁钢与环箍的交叉处应焊接，施焊前应紧固环箍。

（11）筒体顶端及烟道上部应增设水平环箍一道。

（12）按设计要求做好钢筋网箍与筒壁的连接。如设计无具体规定，应设置倒刺钉或砂浆锚筋。上述锚件设置在竖向扁钢与环箍的交叉点处，按梅花状布设，每道环箍不少于3个，如图 2-8 所示。

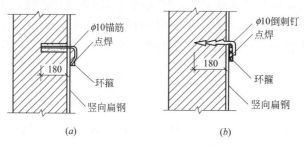

图 2-8　钢筋网箍与筒壁的连接示意图
(a) 锚筋做法；(b) 倒刺钉做法

（13）烟囱顶端若设计有新加钢筋混凝土圈梁，先将竖向扁钢伸入，再浇筑混凝土。竖向扁钢与烟囱顶端原有圈梁之间，应按设计要求妥善连接。

（14）砖筒壁有凸腰线时，应将腰线剔出小豁口，使竖向扁钢能直接通过。安装后用水泥砂浆将豁口堵塞。

（15）带有错台的筒壁，先将错台处用水泥砂浆抹成斜坡，竖向扁钢应紧贴斜坡放置，斜坡上下两端应各增设水平环箍一道（见图 2-9）。

（16）钢网箍安装完毕后，所有钢材外露表面，应刷红丹油一道，调合漆两道。

（17）烟囱上原有的避雷针及引线，如在加固时需临时拆移，加固完毕后须恢复接通。

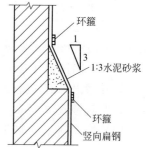

图 2-9　带有错台的
筒壁处理示意图

2. 有关的质量要求

（1）钢材材质、规格符合设计要求。

（2）竖向扁钢的接头，必须保证焊接质量。

（3）水平环箍必须箍紧，与竖向扁钢或筒壁之间无空隙、无松动现象。

（4）竖向扁钢的垂直偏差，全长不得大于 2‰。

（5）各水平环箍之间的距离，偏差不得大于 80mm。

2.1.5　喷射混凝土法

各类建筑的震损部分均可采用喷射混凝土法进行修复加固。喷射混凝土是借助喷射机械，利用压缩空气或其他动力，将按一定比例配合的拌合料，通过管道输送并以高速喷射到受喷面上凝结硬化而成的一种混凝土。

喷射混凝土不是依赖振动来捣实混凝土，而是在高速喷射时，由水泥与集料的反复连续撞击而使混凝土压密，同时又可采用较小的水灰比（常为 $0.4 \sim 0.45$），因而它具有较高的力学性能和良好的耐久性。特别是与混凝土、砖石、钢材有很高的粘结强度，可以在结合面上传递拉应力和剪应力。

在震损建筑上喷射混凝土主要是利用其同被喷构件之间的粘结力、镶嵌和咬合效应，将震损构件固结为一个整体，以提高其抗震能力。在实施中，也有采用同钢丝网、金属套箍、金属夹板、扒钉等联合使用，来提高其加固效果的做法。

原材料和配合比为：水泥采用42.5级普通硅酸盐水泥；石子为粒径小于15mm的石灰质碎石，软弱颗粒的含量不大于5%，含泥量不大于1%；砂为中粗石英砂；速凝剂约占水泥质量的3%～4%，水泥能在3～5min内初凝，10min内终凝。水泥：砂：石配合比为1：2：(1.5～2)。

喷射混凝土施工的主要设备有：混凝土喷射机、空气压缩机、干拌合料搅拌机以及上料机。干拌合料搅拌用400L普通鼓轮式搅拌机，往喷射机上料使用带有振动筛的小型皮带机。此外，当施工现场供水压力不能保证喷嘴处水压力在0.15MPa以上时，应配备水箱或水泵。喷射混凝土根据混凝土的搅拌和运输方式，喷射方式大致分成干式和湿式两种。通常多采用干式。图2-10和图2-11为这两种方式的工艺流程图。干式是用喷射机压送干拌合料，在喷嘴处加水；湿式则是用喷射机压送已经加入水的拌合物，在喷嘴处加入速凝剂。干式与湿式的比较见表2-8。

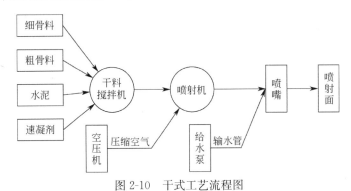

图2-10 干式工艺流程图

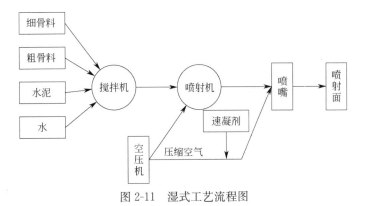

图2-11 湿式工艺流程图

干式与湿式的比较   表2-8

项　　目	干　式	湿　式
混凝土质量	拌合水在喷嘴处加入,混凝土质量取决于作业人员的熟练程度	能事先将包括水在内的各种材料正确计量,充分混合,故质量管理容易
压送距离	能进行远距离的压送	不适宜远距离压送

项 目	干 式	湿 式
粉尘	多	多
回弹	较多	少
机械设备	小型,轻型,购置费用低	较复杂,购置费用较高
适应性	宜加入速凝剂,可以在含水或自稳时间短的地下工程中采用,适应性广	不宜加入速凝剂,对于不同条件的适应性较差
喷头操纵	喷头脉冲现象少,操纵方便	常用脉冲现象,喷头操纵较费劲
保养	保养容易	保养较费事

近年来发展起来的造壳喷射混凝土工艺(或称水泥裹砂喷射法)不同于原有的干式及湿式工艺,它将喷射混凝土分为砂浆和干骨料两部分,分别以压缩空气压送至喷嘴附近的混合管处合流,再由喷嘴喷出(见图 2-12)。造壳混凝土工艺并不复杂,只需增设一台砂子湿度控制器,对砂子进行处理,使处理后的砂子表面含水率为 4%～6%。然后将砂子分成两部分,一部分作为干骨料与石子按比例配合;另一部分送入砂浆搅拌机配制造壳砂浆。国内外的工程实践表明,造壳喷射混凝土具有多方面的优点,如回弹率小,约为 10%～20%;粉尘少,约为 2～10mg/m³;早期强度高,早强型混凝土 1d 强度平均为 25～30MPa;混凝土变异系数低;容易配制高强混凝土(50～60MPa);压送距离长且每次喷射层厚度大。

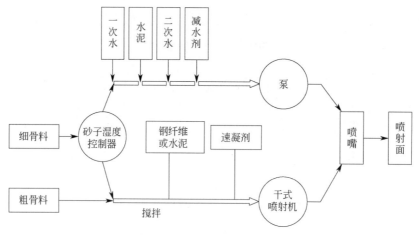

图 2-12　裂缝灌浆示意图

施工中应注意的问题是:

(1)喷射混凝土用的原材料要严格过筛,要认真清洗石子,要经常保持砂子有 6%～8% 的含水率,以减少喷射作业中的粉尘,防止或减少堵管事故,确保喷射混凝土的施工质量。

(2)钢纤维和速凝剂的掺量要准确,拌合要均匀,拌合料要随搅随用。因拌合料中掺速凝剂,其停放时间不应超过 20min,以免引起水泥预水化而降低混凝土的强度。

(3)施工前对贵重设备和仪表及电气设备等应加以保护。按设计要求在拟加固的建筑结构表面清除疏松的混凝土或抹灰层,做好在砖墙裂缝处凿缝剔槽、安设扒钉和夹板等工作，喷射前用高压风和水将建筑结构表面冲洗干净，并保持湿润。

（4）高空作业时，脚手架的工作平台宽不应小于 2m，层高不应大于 2.5m。输料、输水管应固定在脚手架上，高空作业人员应佩戴安全带。

（5）喷射作业对保证混凝土质量和减少回弹有重要影响。当喷嘴至受喷面的距离为 0.8～1.0m，喷嘴垂直于受喷面时，则回弹少，且混凝土硬化后强度高。但当穿过钢筋喷射时，则应稍偏一个小角度，以获得较好的握裹效果和便于排出回弹物。喷嘴应按螺旋形轨迹移动。

一次喷射厚度以喷射混凝土不滑移、不坠落为度，即不能因太厚而降低喷射混凝土的凝聚力和粘结力，又不能因喷层太薄而增加回弹。适宜的一次喷层厚度如表 2-9 所示。

喷射混凝土一次喷射厚度 表 2-9

喷射方向	一次喷射厚度（mm）	
	加速凝剂	不加速凝剂
向上	50～70	30～50
水平	70～100	60～70
向下	100～150	100～150

（6）喷射时，应先喷裂缝和空洞处，后喷一般的补强面。对于喷射裂缝和空洞或配筋的结构面，喷头与受喷面的距离宜缩小为 300～700mm，以确保喷射质量。

（7）回弹物中水泥含量很少，主要为粗集料，凝结硬化后则是一种松散的、多孔隙的块体。因此，应及时予以清除，不能使之聚集在结构物内。一般收集起来的回弹物也不能放进下批配料中，否则将影响喷射混凝土的质量。

（8）施工缝通常向薄的一边倾斜，当喷层厚度为 75mm 时，过渡宽度一般为 250～300mm。在一般情况下应避免直角缝，因为在其上易堆积回弹物和喷散物。然而当施工缝需承受压力时，直角缝或对角缝是需要的，不过必须清除接缝上的堆积回弹料。整个施工缝要清扫干净和保持潮湿，以保证喷射混凝土间的良好粘结。

（9）当喷射面自然整平过于粗糙时，可在混凝土初凝后，用刮刀将模板或基线以外的材料刮掉，然后用喷浆或抹灰浆找平。喷头应垂直墙面，喷头距离墙面 0.7m 左右。喷射层的厚度均匀，表面应平整，不出现流淌和干斑。喷射施工中的回弹料洗净后，可重新使用，但掺量不宜大于新砂石的 30%。

浇筑（喷射）混凝土，必须加强养护，保持墙面湿润。养护时间不得少于 7d。

有关质量要求是：

1）墙面清理和钢筋固定同钢筋网水泥砂浆面层加固墙体。

2）钢筋绑扎或焊接质量及模板安装成型偏差，应符合设计和有关规范的要求。纵筋保护层不应小于 20mm。

3）水泥、砂石和钢筋等材料的材质应符合设计和有关规范的要求。

4）混凝土表面应平整，不得出现龟裂、露筋等现象。

（10）喷射混凝土的水泥用量多，砂率较高，具有粗糙的表面，又常以薄壁结构存在，为了减少收缩裂缝，良好的养护就显得十分重要。一般应在终凝 2h 后即开始养护，每昼夜养护至少 3 次，养护时间不应少于 14d。

（11）下列情况下，最好暂不进行喷射施工：

1）大风妨碍喷射工作时；

2）天气变冷接近结冰，而工程不能得到保护时；

3）雨水会冲刷新喷面上的水泥，从而造成混凝土脱落时。

2.1.6 外加圈梁法

对于整体性不好的砌体房屋可采用加设圈梁来增加其整体性，一般有现浇钢筋混凝土圈梁和型钢圈梁两种。

1. 现浇钢筋混凝土圈梁

混凝土强度等级宜为 C20，钢筋可为 Ⅰ 级或 Ⅱ 级，截面尺寸不应小于 180mm×120mm，配筋 6、7 度时不应小于 $4\phi8$，8 度时不应小于 $4\phi10$，9 度时不应小于 $4\phi12$，箍筋不应小于 $\phi6$，间距不大于 200mm，且在外加柱和拉杆锚固点两侧各 500mm 长度范围内加密至 100mm。

外加圈梁应在楼、屋盖标高或紧靠楼、屋盖，且在同一水平标高交圈闭合。在阳台、楼梯间等圈梁标高变换处，应有局部加强措施。外加圈梁与墙体的连接可采用销键、螺栓或锚筋。

销键的高度同圈梁，宽度和伸入墙内深度均不应小于 180mm，配筋可用 $4\phi8$，箍筋用 $2\phi6$，销键宜设在窗口两侧，水平间距可为 1～2m。螺栓和锚筋的直径不应小于 $\phi12$。

（1）施工操作要点

1）按设计要求在墙面上弹线，标出钢筋混凝土圈梁及与其同时增设的相关构件和连接件的位置（如钢拉杆、锚杆或销键等）。

标定连接件位置，应根据原建筑开间尺寸，以不大于设计要求的间距均匀排列，使每开间的连接件数量、位置基本相同。

2）圈梁设置范围内，清水墙面的酥碱层、油渍污物等必须清除干净；混水墙面除结合牢固的水泥砂浆面层可保留，并应刷净凿毛外，其他饰面层均需剔除干净。

3）连接件的施工要求，见本章 2.1.14 节。

4）圈梁主筋在圈梁拐角处 1.5m 范围内，不宜有接头。必须搭接时，绑扎搭接长度应大于 $40d$，单面焊接搭接长度应大于 $12d$（d 为钢筋直径）。

5）圈梁如遇水落管等管线时，必须将上述管线局部拆除移位，严禁将管线埋入圈梁内。

6）设计要求圈梁与原有钢筋混凝土大梁端头连接时，施工中不得遗漏，并保证连接得有效和可靠。

7）圈梁沿钢筋混凝土挑檐板、雨罩或阳台下皮设置时，如设计无明确规定，应在这些构件上每隔 1m 左右凿一个洞，洞口尺寸约 150mm×150mm，以便浇筑混凝土。凿洞时，不得将原有钢筋切断。

在凿出的洞孔内，应设竖向吊筋，吊筋的上端与剔凿出的构件钢筋、下端与圈梁主筋妥善绑扎或焊牢。

8）当圈梁与阳台相遇时，应将圈梁在阳台处降低，使圈梁顶面紧贴阳台下皮通过，阳台两侧圈梁的搭接应严格按设计要求施工，保证连接质量。

9）在建筑物变形缝处，外加圈梁应与横向圈梁或钢拉杆妥善连接，使圈梁闭合。

10）当外加柱采用滑模施工时，如柱侧预留了水平短钢筋，则应将圈梁主筋与调平的预留短钢筋绑扎或焊接牢固；如柱侧预留的是连接钢板，则应将预留钢板表面的灰浆清刷干净，再将圈梁主筋端部弯成直钩，与钢板焊牢。

11）模板安装应平直牢固，拼装严密，符合有关规范要求。安装时，应充分利用原构件作圈梁模板支承点，并尽量采用简便脚手架施工。

12）钢筋的成型、绑扎或焊接应符合设计及有关规范的要求。

13）混凝土浇筑前，先清理模板内的杂物，再浇水润湿墙体和木模。

14）混凝土垂直运输宜使用浆桶，不得用铁锹倒运，以免水泥浆与砂石离析。

15）圈梁混凝土应连续浇筑，必须留施工缝时，可留在圈梁两支点间距的1/3处。施工缝须留直茬。二次浇筑混凝土前，接茬处要清理干净，用水润湿，再涂浇20～30mm厚与混凝土中砂浆配比相同的水泥砂浆。

16）混凝土须振捣密实，在销键、梁柱相交处和圈梁拐角处，要加密振点进行捣固。

17）拆模时，要及时拆除临时设置的连接件，并用砂浆将墙面上孔眼堵严。

18）混凝土圈梁顶面应抹泛水，底面做滴水线。

（2）有关质量要求

1）支模前，应检查圈梁位置的原墙面是否清理干净，不得有酥碱、油污或强度较低的饰面层等现象。

2）圈梁的标高，各连接件的位置、尺寸和数量要符合设计要求。

3）各种材料的材质、品种和规格应符合设计及有关规范要求。

4）钢筋的成型、绑扎或焊接，模板安装，混凝土的配比等，必须符合设计及有关规范要求。

5）圈梁外形必须平直、规整，不得有露筋或其他严重缺陷。

2. 型钢圈梁

型钢圈梁的规格应不小于 [8 或 ⌞75×6，并应每隔1～1.5m与墙体用普通螺栓拉结，螺栓直径不小于 φ12。

（1）施工操作要求

1）安设连接件。

2）型钢安装前必须调直、除锈、刷红丹油一道。

3）型钢圈梁上的孔位，应根据墙面上已安装好的各连接件（螺栓或锚杆）的实际间距确定。

4）型钢圈梁的连接应为斜角剖口焊接。圈梁拐角处的连接应为45°斜角剖口焊接。

5）型钢与墙体之间的缝隙，先用水湿润，再用1：2水泥砂浆塞严。

6）型钢就位后，拧紧连接件的螺栓，并刷防锈漆两道。

7）如外加柱系采用滑模施工，型钢圈梁应与柱两侧预留的钢板焊牢。

（2）有关质量要求

1）型钢的连接、焊缝质量必须符合设计及有关规范要求。

2）型钢圈梁安装后，对其上各连接件应进行检查，如有松动务必紧固。

3）型钢圈梁与墙面间缝隙内堵塞的砂浆必须严实。

4）型钢表面的调合漆应涂刷均匀。

2.1.7 加设拉杆（梁）法

砌体房屋震后外纵墙或山墙外闪、屋架或梁端外拨时，通常采用拉杆（梁）进行加固，以增强房屋的整体性。通常有钢筋拉杆和小尺寸钢筋混凝土拉梁。

1. 钢拉杆

直径不应小于$\phi14$，内横墙的钢拉杆应在两外纵墙间贯通并紧靠墙锚在纵墙上或外加柱或圈梁内。外廊房屋的钢拉杆不得直接锚固在外廊柱头，单面内走廊拉杆应在走廊两侧墙上都作锚固，内纵横墙端部布置的钢拉杆长度不得小于两开间。

（1）施工操作要点

1）钢拉杆应使用 I 级钢筋。

2）花篮螺丝可采用成品，但不得选用非建筑结构用品。花篮螺丝的直径必须比钢拉杆直径加粗一级。

3）花篮螺丝如无成品时，可参照图 2-13 所示的规格和尺寸自行制作。

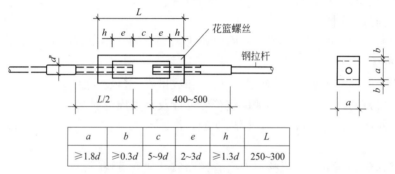

a	b	c	e	h	L
≥1.8d	≥0.3d	5~9d	2~3d	≥1.3d	250~300

图 2-13　花篮螺丝

4）钢拉杆端部的锚固应按设计要求施工。如设计无具体要求，可选用下列方法施工。

①当钢拉杆端部锚固在外加钢筋混凝土圈梁或柱内时，可按图 2-14～图 2-16 所示的做法进行锚固。

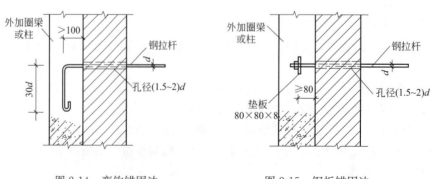

图 2-14　弯钩锚固法　　　　　　图 2-15　钢板锚固法

②钢拉杆端部直接锚固在砖墙上时，应采用矩形钢垫板锚固，其尺寸可参照表 2-10

选用。垫板与墙面之间须垫 10mm 厚的 1：2 水泥砂浆，如图 2-17 所示。钢垫板需卧入墙内时，可按图 2-18 所示的做法进行，此时封堵的水泥砂浆表面应做成假面砖。

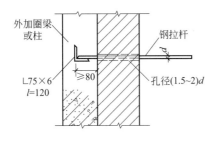

图 2-16　角钢锚固法

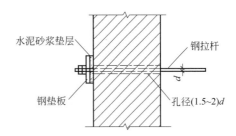

图 2-17　钢拉杆端部锚固方式一
（采用矩形钢垫板直接锚固于砖墙上）

钢拉杆端部垫板尺寸（mm）　　　　　　　　　　　表 2-10

类别	墙厚（mm）	砂浆强度等级	钢拉杆直径				
			$\phi12$	$\phi14$	$\phi16$	$\phi18$	$\phi20$
垫板紧贴砖墙体	240	M0.4	200×200×10				
		M1.0	150×150×10	250×250×12			
		M2.5	100×100×12	100×100×12	200×200×14	250×250×15	350×350×17
	370	M0.4	200×200×10				
		M1.0	100×100×10	150×150×12	200×200×12	200×200×15	300×300×17
		M2.5	100×100×14	100×100×14	100×100×14	150×150×16	200×200×19
埋入混凝土			80×80×8				

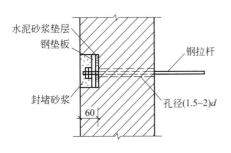

图 2-18　钢拉杆端部锚固方式二
（钢垫板需卧入墙内）

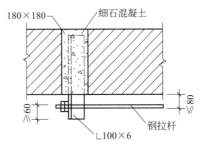

图 2-19　钢拉杆端部锚固方式三
（拉杆端部锚固在与拉杆平行的砖墙上）

③钢拉杆端部锚固在与拉杆平行的砖墙上时，可参照图 2-19 所示做法进行。

5）施工时应按设计要求标出钢拉杆穿墙孔的位置，孔眼位置必须准确。当钢拉杆需穿通数道墙体时，必须保证全部孔眼在同一水平和垂直面上。

6）孔眼应使用机械钻孔。钻孔时，钻杆方向要与墙面垂直。

7）钢拉杆的区段长度在 6m 以内时，不应有接头（花篮螺丝部分除外，下同）；区段长度超过 6m 时，允许有一个接头；区段长度超过 12m 时允许有两个接头。接头可采用搭接焊接或帮条焊接（见图 2-20）。

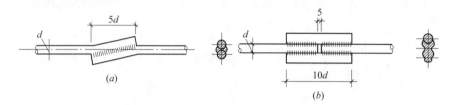

图 2-20　钢拉杆接头处理方式
（a）搭接焊；（b）帮条焊

8）钢拉杆安装前须调直、除锈。除锚在混凝土内的杆端及丝扣部分，应先涂刷红丹油一道。

9）钢拉杆应进行试安装，检查拉杆是否平直，拉杆与墙面及楼板之间是否平行，各道墙之间的钢拉杆是否在同一直线上。如不符合要求，须扩孔或调整穿墙孔的位置，重新安装。

10）当拉杆端部埋入外加钢筋混凝土柱或圈梁内，须待混凝土强度达到设计强度 70％以上时，方可旋紧花篮螺丝。花篮螺丝的旋紧程度以拉杆能保持平直、不下垂、不松动为准。

11）钢拉杆安装完毕后，应刷调合漆两道，室外墙上外露的垫板应涂刷与墙面颜色一致的防锈漆。花篮螺丝的丝扣应涂以防锈腻子。

12）加固工程竣工前，应对全部钢拉杆再普遍检查一次，如有松动应将花篮螺丝或端部螺母加以旋紧。

（2）有关质量要求

1）钢拉杆及花篮螺丝等附件的规格、尺寸、直径及材质均应符合设计要求。

2）拉杆及花篮螺丝的位置必须准确，符合设计要求。

3）钢拉杆端部的锚固、钢拉杆与花篮螺丝的连接必须牢固可靠。所有与螺丝的连接必须保证满扣，并露出适量的丝头。

4）钢拉杆必须平直，无弯垂、歪斜及折曲现象。

5）外露部分的涂漆应完整均匀。

2. 小尺寸钢筋混凝土拉梁

当采用钢拉杆代替内圈梁时，拉杆在室内露出墙外，很不雅观。为此，在实践中又发展了小尺寸钢筋混凝土拉梁的方法。这种拉梁采用钢筋网片配筋，用铁卡子卡在横墙顶后，用高强度水泥砂浆分层抹成高 180mm 或 240mm，厚 30mm 的梁带，并与纵向外加圈梁可靠连接。横墙双面采用上述拉梁时，网片纵筋应用 S 型钢筋相互拉接。

除了上述拉梁做法外，尚有将钢拉杆加固的位置改在紧靠楼板以下，并紧贴墙面，将墙面原有的粉刷层凿掉，设在粉刷层内的方法。如拉杆截面较小，原有墙面粉刷层较厚，拉杆装好收紧后，就将凿掉的粉刷层抹平；如拉杆截面较大，原有墙面粉刷层较薄，拉杆装好收紧后，加粉线条，把拉杆粉在线条内。

2.1.8　外加钢筋混凝土柱法

增强房屋的整体性和提高墙体的抗倒塌能力的方法之一是采用外加钢筋混凝土构造柱加固的方法。

混凝土强度等级宜为 C20，尺寸可为 240mm×180mm 或 300mm×150mm，纵向可配 4φ12 或 4φ14 钢筋，箍筋可采用 φ6，间距 150～200mm；当采用扁柱时，柱宽度不宜大于 700mm，厚度可为 70mm 左右；房度可用 600mm 等边角柱，厚度不应小于 120mm，纵向钢筋可用 12φ12，双排布置，箍筋可采用 φ6，间距 200mm；在楼、屋盖标高上下各 500mm 范围内，柱头箍筋或系筋均应加密三道，间距不应超过 100mm。

外加柱必须与圈梁或拉杆连成封闭的整体，在屋盖和每层楼盖处，外墙应设钢筋混凝土圈梁，并与外加柱同时浇筑，柱纵向钢筋应连续，圈梁钢筋应伸入柱内。

外加柱与墙体必须连接，可在楼层 1/3 和 2/3 层高处同时设置拉结钢筋和销键与墙连接，也可用沿墙高每隔 500mm 左右设置压浆锚杆或锚筋替代。外加柱在地坪标高和外墙基础的大方角处应设销键、压浆锚杆或锚筋与墙体连接。外加柱与墙体连接的拉结钢筋、锚键、压浆锚杆和锚筋应符合下列要求：

（1）拉结钢筋可用 φ12，长度不小于 1.5m，紧贴横墙两侧布置，拉结筋一端锚在外加柱内，另一端锚入横墙的凿孔内，孔洞尺寸宜为 120mm×120mm，锚固长度不应小于拉结筋直径的 15 倍，孔洞应用混凝土灌实。

（2）锚键截面宜为 240mm×180mm，入墙深度可为 180mm，锚键应配 4φ12 钢筋和 φ6 箍筋。锚键与外加柱必须同时浇灌。

（3）压浆锚杆可用 φ14，在柱与横墙内锚固长度均不得小于 35 倍锚杆直径，锚浆可用水玻璃砂浆。锚杆应先在墙面固定后，再浇灌外加柱混凝土，墙体锚孔压浆前应用压力水将孔洞冲刷干净。

（4）锚筋适用于砌筑砂浆强度等级不低于 M2.5 的实心砖墙体，可用 φ12 钢筋，锚孔直径可取 φ26，锚固深度可为 150～200mm。

1. 施工操作要点

（1）按照设计要求在墙面上分别标出外加钢筋混凝土柱（以下简称外加柱）的边线、与外加圈梁相交的位置、连接件的位置及基槽边线，并进行校核。

（2）开挖基槽时，如发现有与设计不符，或遇到障碍物等情况，要及时与设计单位协商处理。基槽开挖后，槽底必须夯实；如遇地下水及土质松软，按设计要求处理。

（3）墙面清理、连接件的埋设等同 2.1.3 节部分。

（4）外加柱与原有钢筋混凝土圈梁、进深梁等构件的连接，必须严格按设计要求施工。

（5）外加柱穿通楼板、雨罩或屋顶挑檐板等构件时，上述构件上的凿洞尺寸同柱截面。凿洞时不得切断上述构件内的钢筋。屋顶挑檐板上的洞口尺寸可比柱截面略小，但不宜小于 150mm×150mm。

（6）外加柱内的竖向钢筋，在每层中应保持连续，上下层柱钢筋的搭接，其接头位置应放在圈梁顶面以上部位内。

（7）柱内箍筋弯钩角度为 135°。柱内箍筋的数量、位置及分布应符合设计要求。基础放脚变断面处，为了方便施工可采用两个方向相反的开口箍代替闭口箍。

（8）外加柱与原有外墙、内横墙或新增抗震横墙的连接措施，必须在柱钢筋绑扎前按设计要求做好。

（9）当外加柱与钢筋网水泥砂浆面层在墙面一侧设置时，为方便施工可沿柱高每隔

1m 从柱内预留出水平短筋，水平短筋的截面积与 1m 高度范围内钢筋网水平筋的总面积相等。附加水平短筋伸出柱边的长度不应小于 40 倍附加短筋的直径。

（10）当外加柱对应的内横墙采用钢筋网水泥砂浆面层加固时，应按设计要求或参照上款的做法，做好外加柱与内横墙上钢筋网的连接。

（11）模板安装应垂直、严密。尽量利用所附墙体作支承点。拆模时，要及时拆除墙上临时埋设的锚固件，并用砂浆将孔眼堵严。

（12）为防止模板内倾，在已绑扎好的柱筋内要设置水平短筋。短筋长度分别与柱子宽度、厚度相等，两端与模板、墙面顶紧。设置短筋的间距依模板板材的长度而定，但不宜小于 1.5m，短筋应与柱筋点焊固定。

（13）支模时，柱子中部的侧模应预留进料口，底部预留清扫口。

（14）浇筑混凝土前，先清除模板内的杂物，对所附墙面及木模，要充分浇水湿润。

（15）混凝土应分层浇捣，每层浇筑厚度不得超过 500mm。浇筑每层柱子下部混凝土时，混凝土必须从预留的进料口灌入。振捣时，振捣棒应插入混凝土内 50mm。销键附近要加强振捣。

浇筑好的混凝土要认真进行养护。

（16）每层柱子必须连续浇筑，施工缝可留在各层圈梁上皮位置。在施工缝处浇筑上层混凝土前，应先清除杂物，并用水润湿，再浇 20～30mm 厚与混凝土中砂浆配比相同的水泥砂浆，然后浇筑混凝土。

（17）外加柱如采用滑模施工，先根据滑模尺寸在墙上弹线，固定滑轨。滑轨必须平直牢固。滑模吊点与升降滑轮应在同一垂直线上。滑动模板的高度以 0.8～1.2m 为宜。混凝土的水灰比要严格控制。当屋顶有挑檐板时，最上端的混凝土可支模浇筑。

（18）外加柱采用滑模施工，同时又设有外加圈梁时，在圈梁位置处，柱内应预埋水平短筋或钢板，以备与圈梁主筋或型钢圈梁连接。

预埋水平短筋的做法是：预埋短筋的直径、数量与圈梁主筋对应相等，位置要对准圈梁主筋，两端各伸出柱面的长度为 40 倍钢筋直径；为使模板滑过，先将水平短筋伸出柱外部分向上折弯，然后浇筑混凝土；待混凝土达到设计强度 50％时，即将短筋剔出调平（见图 2-21），以备与圈梁主筋连接；经剔凿的柱侧面，应用 1：2 水泥砂浆抹平压实。

预埋钢板的做法是，钢板尺寸略大于圈梁截面或型钢圈梁的外廓尺寸；钢板应紧贴柱侧模，两块钢板间焊接 4 根连接短筋，如图 2-22 所示。

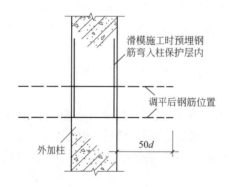
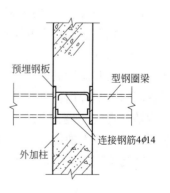

图 2-21 预埋水平短筋示意图　　　　图 2-22 预埋钢板示意图

2. 有关质量要求

（1）柱子位置应准确，边线必须垂直，截面规整。不得出现歪斜、扭曲现象。

（2）配筋直径和根数、竖筋接头位置、搭接长度、混凝土配比、保护层厚度等均应符合设计和施工规范的要求。

（3）混凝土必须浇捣密实，表面不应有严重缺陷。

（4）各种连接件、预埋件位置应准确、无遗漏。安装质量应符合设计和有关规范的要求。

2.1.9 增大截面加固法

1. 外包钢构套或钢筋混凝土套加固法

外包钢构套和钢筋混凝土套，是提高梁、柱抗震能力的主要方法之一，属于增大截面加固法的一种。

（1）框架梁、柱外包角钢加固法

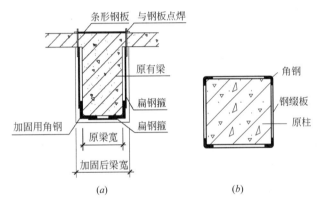

图 2-23　框架梁、柱外包角钢加固法
（a）梁角钢构架设置示意图；（b）柱角钢构架设置示意图

梁、柱角钢构架可分别按图 2-23（a）、图 2-23（b）设置。角钢应紧贴梁、柱四角并用扁钢缀板焊接形成整体构架，柱四角竖向角钢应伸过楼板上下连接；角钢不宜小于∟50×6，扁钢缀板不宜小于 40mm×4mm，间距不应大于 40 倍单肢角钢截面回转半径，且不应大于 400mm，构件两端应适当加密。角钢构架与梁、柱混凝土之间应采用粘结料可靠粘结。钢材表面应涂刷防锈漆或在构架外围抹 25mm 厚的 1：3 水泥砂浆表面层。

1）施工操作要点

①原梁、柱表面如有抹灰层时（坚固无空鼓的水泥砂浆面层除外），应将抹灰层铲除，露出原柱的砖面或混凝土面。

②用靠尺检查梁、柱四角是否平直，棱角是否整齐。如有歪曲、凸凹不平或缺棱短角时，应用 1：2 水泥砂浆修补平整。用手砂轮将柱子的棱角磨成小圆角。

③角钢及扁钢要除锈调直，按设计要求及实测尺寸下料。锚入新加混凝土基础内的角钢端部应劈成燕尾状（见图 2-24），以加强角钢与混凝土之间的锚固。

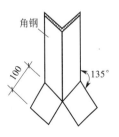

图 2-24　加固用角钢端部加工示意图

④在原柱的四角抹1∶1水泥砂浆或环氧树脂水泥砂浆，立即将角钢贴在柱子四角，用夹具将角钢夹紧，使其紧贴于柱子四角。夹具间距和设置方法如图2-25所示。

⑤将横向扁（角）钢缀板先点焊在柱四角的角钢上，然后按图2-26所示的顺序进行焊接。

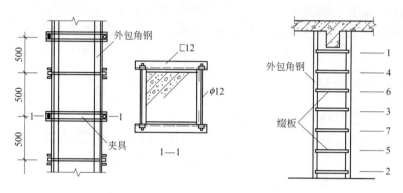

图 2-25　夹具间距和设置方法　　图 2-26　横向扁（角）钢缀板焊接次序

⑥拆除夹具后，角钢与柱面之间如局部留有缝隙，应用细砂浆嵌严。

⑦外露的钢材表面应涂红丹漆一遍，调合漆两遍，并按照《建筑钢结构防火技术规范》CECS 200—2006 的相关要求做好防火措施。

⑧角钢与柱头及梁板的连接，应严格按设计要求施工。

2）有关质量要求

①材料的品种、规格及材质应符合设计要求。

②角钢应平直，无歪扭、变形。

③角钢与柱子之间应贴紧，不得留有空隙。

④每层柱子的角钢，不得有接头。

（2）框架梁、柱钢筋混凝土套加固法

框架梁、柱采用钢筋混凝土套加固如图2-27所示。混凝土强度等级不应低于原构件强度等级，且不应低于C20。柱套的纵向钢筋遇到楼板时，应凿洞穿过并上下连接，其根部应深入基础并满足锚固要求，其顶部应在屋面板处封顶锚固；梁套的纵向钢筋应与柱可靠连接。

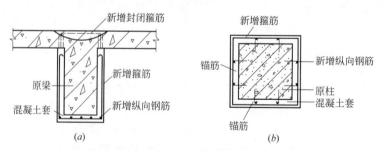

图 2-27　框架梁、柱钢筋混凝土套加固法
（a）框架梁钢筋混凝土套加固法；（b）框架柱钢筋混凝土套加固法

采用钢筋混凝土套加固梁时，应将新增纵向钢筋设在梁底面和梁上部，并应在纵向钢筋外围设置箍筋；采用钢筋混凝土套加固柱时，应在柱周围设置纵向钢筋，并应在纵向钢

筋外围设置封闭箍筋。

钢筋混凝土套宜用细石混凝土，其强度宜高于原构件一个等级。增设纵向钢筋宜采用HRB400级、HRB335级热轧钢筋；增设箍筋宜采用HRB235级热轧钢筋，对于A类钢筋混凝土结构，箍筋直径不应小于8mm，间距不应大于200mm；对于B、C类钢筋混凝土结构，箍筋设置应符合其抗震等级的相关要求。增设箍筋在靠近梁、柱节点处应加密，柱套的箍筋应封闭，梁套的箍筋应有一半穿过楼板后弯折封闭。

1）施工操作要点

①按设计要求开挖基槽，基槽内或柱上敷设有管线和装有设备时，应移开。不得将管线和设备埋入柱套及其基础内。必要时应与设计单位协商解决。

②清除柱表面的积土、污物。柱表面有抹灰层时，应铲除并用钢丝刷清刷干净。混凝土的表面，如设计要求凿毛时，应用斧刃仔细凿毛。

③矩形混凝土柱的四角应凿成"八"字形，"八"字的直边尺寸为20mm。

④箍筋的弯钩应为135°，靠近柱上下端1/6柱高范围内的箍筋间距应按设计要求加密。

⑤支设柱套模板时，应分别预留进灰口及清扫口。为防止模板倾斜，在柱套竖筋上点焊长度与混凝土套厚度相等的短钢筋，短筋一端顶在原柱面上，另一端顶在模板上，每侧模板上下各不少于两根。

⑥混凝土中粗骨料粒径不得大于15mm。混凝土坍落度以40～60mm为宜。

⑦浇筑混凝土前，原柱面要浇水湿润。混凝土应分层浇捣，每层浇筑高度为300mm，用微型振捣棒沿柱四周振捣。每根柱套要连续浇筑，不留施工缝。

⑧柱端与梁板、上下柱之间的连接，要严格按设计要求施工。

2）有关质量要求

①混凝土强度等级、钢筋品种及规格应符合设计要求。

②柱套表面应规整平直，无空鼓露筋等严重缺陷。

③柱端的连接应符合设计要求。

（3）砖柱外包角钢加固法

纵向角钢不应小于∟56×5，横向缀板（系杆）的中距不应大于40倍角钢的最小回转半径，其截面尺寸不应小于35mm×5mm（或φ16），上、下端及变截面处缀板（系杆）应加密；角钢必须紧贴砖砌体，其下端应伸入刚性地坪下200mm，上端应与砖柱顶端垫块、圈梁连接；外露铁件应采取防锈和防火措施。

有关的施工操作要点和质量要求同框架梁、柱角钢加固法。

（4）砖柱其他外包加固法

除了外包角钢加固法外，尚有钢筋砂浆面层或钢筋混凝土外套加固法。

面层水泥砂浆的强度等级宜为M10，其厚度可为35～40mm；纵向钢筋的直径不宜小于φ8，保护层厚度不宜小于20mm，与砌体表面的净距不应小于5mm。

外套混凝土强度等级宜为C20，其厚度可为60～120mm。钢筋宜采用HRB335级或HPB235级热轧钢筋，受拉纵向钢筋的配筋率不应小于0.2%，保护层厚度不应小于25mm。

钢筋砂浆面层的纵向钢筋宜采用HPB235级钢筋；钢筋混凝土外套的纵向钢筋宜采

用 HRB335 级钢筋。纵向钢筋的上、下端应有可靠的锚固。箍筋直径不应小于 4mm，间距不应大于 400mm 且不应大于 20 倍纵向钢筋直径，在柱脚及柱顶部位，箍筋应适当加密，加密区长度不宜小于 500mm。当柱一侧的纵向钢筋多于 4 根时，应设置复合箍筋或拉结筋。加固面层应与圈梁等构件有可靠连接。

钢筋砂浆面层应延伸至地下 300mm，其厚度可适当增加；钢筋混凝土外套应延伸到基础顶面，其厚度可适当增加。当有较厚的刚性地坪时，其埋深可浅于原基础，但不应小于室外地面下 500mm。

有关的施工要点和质量要求同本节相应方法的要求。

2. 粘贴钢板加固法

受破损的梁或在抗弯强度不足部位梁的受拉区表面及抗剪强度不足部位梁的两侧面，用胶粘剂粘贴钢板加固，可提高或恢复其抗震能力。这种加固方法适用于环境温度不超过 60℃，相对湿度不大于 70％ 及无化学腐蚀的情况。

加固所用胶粘剂，必须是粘结强度高、耐久性好、具有一定弹性的胶粘剂。通常采用建筑结构胶。

粘钢加固基层的混凝土强度等级不应低于 C15。加固用钢板，一般以 Q235 或 Q345 为宜；厚度以 2～5mm 为宜。对于受压区，当采用梁侧粘钢时，钢板宽度不宜大于梁高的 1/3。粘贴钢板在加固点处的锚固长度：对于受拉区，不得小于 200t（t 为钢板厚度），亦不得小于 600mm；对于受压区，不得小于 150t，亦不得小于 500mm，对于大跨结构锚固区尚宜增设 U 型箍板或螺栓附加锚固措施。钢板表面须用 M15 水泥砂浆抹面，其厚度不应小于 20mm。粘贴钢板与原构件宜采用胀管螺栓连接。被加固构件的长期使用环境和防火要求，应符合国家现行有关标准的规定。

粘钢加固时应卸除或大部分卸除作用在构件上的活荷载，可按图 2-28 所示流程进行。

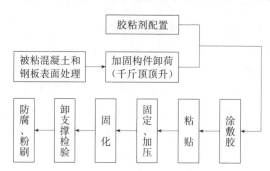

图 2-28　粘钢加固工艺流程图

（1）施工操作要点

1）混凝土构件表面，应按下列方法进行处理：对原混凝土构件粘合面，可用硬毛刷沾高效洗涤剂，刷除表面油垢污物后用冷水冲洗，再对粘合面进行打磨，除去 2～3mm 厚表层，直至完全露出新面，并用无油压缩空气吹除粉粒。如混凝土表面不是很脏很旧，则可直接对粘合面进行打磨，去掉 1～2mm 厚，用压缩空气除去粉尘或用清水冲洗干净，待完全干燥后用脱脂棉沾丙酮擦拭表面即可。

2）钢板粘合面，须进行除锈和粗糙处理。如钢板未生锈或轻微锈蚀，可用喷砂、砂布或平砂轮打磨，直至出现金属光泽。打磨粗糙度越大越好，打磨纹路应与钢板受力方向垂直。其后，用脱脂棉沾丙酮擦拭干净。如钢板锈蚀严重，须先用适度盐酸浸泡 20min，使锈层脱落，再用石灰水冲洗，中和酸离子，最后用平砂轮打磨出纹道。

3）粘贴钢板前，应对被加固构件进行卸荷。采用千斤顶方式卸荷时，对于承受均布荷载的梁，应采用多点（至少两点）均匀顶升；对于有次梁作用的主梁，每根次梁下要设一台千斤顶。

4）胶粘剂使用前应进行现场质量检查，合格后方能使用，按产品使用说明书规定配制。注意搅拌时应避免雨水进入容器，按同一方向进行搅拌，容器内不得有油污。

5）胶粘剂配制好后，用抹刀同时抹在已处理好的混凝土表面和钢板面上，厚度 1～3mm，中间厚边缘薄，然后将钢板贴于预定位置。如果是立面粘贴，为防止流淌，可加一层脱蜡玻璃丝布。粘好钢板后，用手锤沿粘贴面轻轻敲击钢板，如无空洞声，表示已粘贴密实，否则应剥下钢板，补胶，重新粘贴。

6）钢板粘贴好后立即用夹具夹紧，或用支撑固定，并适当加压，以使胶液刚从钢板边缝挤出为度。

7）要求胶粘剂在常温下固化，24h 可拆除夹具或支撑，3d 可受力使用。若温度低于15℃时，应采取人工加温，一般用红外线灯加热。

8）加固后，钢板表面应粉刷水泥砂浆保护。如钢板表面积较大，为利于砂浆粘结，可粘一层铁丝网或点粘一层豆石。

9）胶粘剂施工必须遵守以下安全规定：

① 配制胶粘剂用的原料应密封贮存，远离火源，避免阳光直接照射。

② 配制和使用场所，必须保持良好的通风。

③ 操作人员穿工作服，戴防护口罩和手套。

④ 工作场合应配备各种必要的灭火器，以备救护。

（2）有关质量要求

1）撤除临时固定设备后，应用小锤轻轻敲击粘贴钢板，从声音判断粘贴效果或用超声波法探测粘结密实度。如锚固区粘结面积少于 90%，非锚固区粘结面积少于 70%，则此粘结件无效，应剥下重新粘贴。

2）对于重大工程，为真实检验其加固效果，尚需抽样进行荷载试验。

3. 粘贴碳纤维布加固法

原结构构件的混凝土强度等级不应低于 C15，且混凝土表面的正拉粘结强度不应低于1.5MPa。碳纤维的受力方式应设计成仅承受拉应力作用。当提高梁的受弯承载力时，碳纤维布应设在梁顶面或底面受拉区；当提高梁的受剪承载力时，碳纤维布应采用 U 形箍加纵向压条或封闭箍的方式；当提高柱受剪承载力时，碳纤维布宜沿环向螺旋粘贴并封闭，当矩形截面采用封闭环箍时，至少缠绕 3 圈且搭接长度应超过 200mm。粘贴纤维布在需要加固的范围以外的锚固长度，受拉时不应小于 600mm。被加固构件长期使用的环境和防火要求，应符合国家现行有关标准的规定。

粘贴纤维布加固时，应采取措施卸除或大部分卸除作用在结构上的活荷载，其施工应符合专门的规定，具体施工措施可参照现行国家标准《混凝土结构加固设计规范》GB 50367—2013 的有关规定。

4. 钢绞线网-聚合物砂浆面层加固梁柱法

采用高强钢绞线网-聚合物砂浆面层加固梁柱的钢绞线网片、聚合物砂浆的材料性能，与2.1.3节内容一致。界面剂的性能应符合现行行业标准《混凝土界面处理剂》JC/T 907—2002关于Ⅰ型的规定。面层的厚度应大于25mm，钢绞线保护层厚度不应小于15mm。

原有构件的混凝土强度等级不应低于C15，且混凝土表面的正拉粘结强度不应低于1.5MPa。高强钢绞线网应设计成仅承受拉应力作用，其受力钢绞线的间距不应小于20mm，也不应大于40mm；分布钢绞线不应考虑其受力作用，间距在200～500mm。钢绞线网应采用专用金属胀栓固定在构件上，端部胀栓应错开布置，中部胀栓应交错布置，且间距不应大于300mm。当提高梁的受弯承载力时，钢绞线网应设在梁顶面或底面受拉区；当提高梁的受剪承载力时，钢绞线网应采用三面围套或四面围套的方式；当提高柱的受剪承载力时，钢绞线网应采用四面围套的方式。

被加固构件长期使用的环境要求，应符合国家现行有关标准的要求。

高强钢绞线网-聚合物砂浆面层加固时，应采取措施卸除或大部分卸除作用在结构上的活荷载，主要施工操作要点与2.1.3节相关内容一致。

2.1.10 增设抗震墙或翼墙法

结构抗震能力不足，而按修复加固烈度水准要求须增强时，可采用增设抗震墙或翼墙做法以改变其结构传力途径。所增设的抗震墙可分为砖抗震墙和钢筋混凝土抗震墙两种。

1. 砖抗震墙

墙厚不应小于190mm，砌筑砂浆强度等级应高于原墙一级且不低于M2.5，可沿墙高每隔0.7～1.0m设置与墙等宽、高60mm的细石混凝土带，其纵向钢筋可采用3φ6，横向钢筋可采用φ6，其间距宜为200mm；当墙厚240mm或370mm时，可沿墙高每隔300～700mm设置一层焊接钢筋网片，网片的纵向钢筋可采用3φ4，横向系筋可采用φ4，其间距宜为150mm。墙体应有基础，其埋深宜同相邻抗震墙，宽度应为计算值的1.15倍。墙体顶部应加一道高120mm与墙等宽的现浇钢筋混凝土压顶梁，配筋可为4φ12，箍筋采用φ6，间距150mm，且应与楼、屋盖的梁（板）连接，一般可用2φ12锚筋，间距500～700mm。增砌墙与两端原墙的连接，沿墙高每500～600mm设置2φ6长度不大于1m的钢筋与原墙用螺栓或锚筋连接，当有混凝土带或钢筋网片时在相应位置处加2φ12拉筋，锚入带内长度不宜小于500mm，另一端锚在原墙或外加柱内；也可在新砌墙与原墙间加设现浇钢筋混凝土内柱，柱顶与压顶梁连接，柱与原墙用锚筋、销键或螺栓连接。增设墙中的细石混凝土带，可在墙砌到设计标高时浇筑，待混凝土终凝后可在其上砌砖。

（1）施工操作要点

1）用仪器或其他方法放线，应使同一轴线上的抗震墙处于同一垂直平面内。在基础顶面及在每一楼层处，均应校核抗震墙的轴线位置。

2）拆除原有轻质墙时，不得整体推倒，防止损坏室内设备。

3）抗震墙基础的埋深和宽度应符合设计要求。开挖基槽时不得损伤原基础放脚。在开挖过程中，如发现实际情况与设计要求不符，应及时会同设计单位研究解决。开挖后的槽底必须按设计要求处理或夯实。

4）基础开挖中如遇管沟应注意保护。抗震墙跨越管沟时，应在沟顶处设置钢筋混凝土过梁，过梁伸入砌体内不得小于240mm。

5）原墙面、梁、板等构件，其与抗震墙连接部位的酥碱层、抹灰粉饰层、油污等，须清除干净。

6）砌筑抗震墙必须采用机制砖，其强度等级应符合设计要求。

7）抗震墙与原有墙体的连接要严格按设计要求施工，严禁砌筑无连接措施的直槎。

8）防潮层要按设计要求铺设。如设计无明确规定时，可在地坪下一皮砖处铺20mm厚的1∶2防水水泥砂浆防潮层。铺设防潮层宜在基槽回填后进行，以防填土时损伤防潮层。

9）抗震墙厚度如为240mm，则每层墙的最下一皮、最上一皮和防潮层下的一皮砖，均应为丁砖，并采用整砖砌筑。

10）抗震墙内如设有钢筋混凝土带或钢筋网片，要严格按设计要求施工。钢筋混凝土带施工时，必须立侧模，连续浇筑。钢筋网片铺设前先要调整平直，网片所在水平灰缝中砂浆应饱满。网片的上、下应各有2mm厚的砂浆层。

11）抗震墙必须先做基础，而后自下而上逐层砌筑。严禁上下层同时或先上层后下层进行砌筑。每日砌筑高度不应大于1.2m。

12）新增抗震墙不得留施工洞口和设置水平横槽。

13）抗震墙顶部与原混凝土梁间必须顶实，一般采用下列方法：

①捻浆法。抗震墙砌至距梁底10～20mm处，待灰缝砂浆强度达到设计强度50％以上时，从两侧用1∶2干硬性水泥砂浆捻入缝隙并捣实。

②背铁楔法。墙砌至离梁底10mm处，待灰缝砂浆强度达到设计强度70％以上时，在墙梁之间缝隙内每隔500mm用厚6mm铁楔从两侧同时打入并楔紧。其余部分缝隙用1∶2干硬性水泥砂浆从两侧同时填塞密实。

③压顶梁法。在抗震墙顶部设现浇混凝土压顶梁，高度按设计要求确定。为保证压顶梁与原有梁顶紧，侧模可高出原梁底约100mm，并做成喇叭形。施工方法如图2-29所示。拆模后及时将凸出墙面和梁面部分的混凝土凿去。

如须穿越楼板时，在楼板上每隔500mm凿洞，将板凿通。凿空心板不得断筋伤肋。混凝土浇筑后捣密实，如图2-30所示。

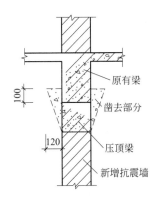
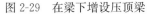

图2-29 在梁下增设压顶梁

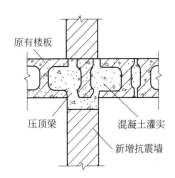

图2-30 在原有预制板下增设压顶梁

14）冬期施工时，可将砂石、砖等材料运进室内，利用室温预热。必要时用热水拌合砂浆。

（2）有关质量要求

1）新增抗震墙各层，其墙身中心线应上下对齐，相对误差不超过 20mm。

2）基槽开挖后，要进行检验，如有不符设计要求处，应进行处理。

3）新旧墙体之间的连接措施要牢固可靠，连接件的数量和位置应符合设计要求，锚件如有松动，必须移位补做。

4）检查抗震墙与原梁、板之间是否顶紧，如有松弛、离缝等现象要进行处理。

2. 钢筋混凝土抗震墙

钢筋混凝土抗震墙分以下两种：

（1）多层砖房增设的钢筋混凝土抗震墙。原墙体的砌筑砂浆强度等级不得低于 M2.5，混凝土墙的厚度可为 140～160mm，混凝土强度等级宜为 C20，一般采用构造配筋，抗震墙应做基础；混凝土墙与原墙、柱和梁板均应有可靠连接。

（2）框架结构增设的钢筋混凝土抗震墙。抗震墙应设在框架梁、柱之间并宜靠近框架轴线位置。增设抗震墙的厚度不宜小于 140mm，且不宜小于柱宽度的 1/4，竖向和横向分布钢筋的最小配筋率均不应小于 0.2%。混凝土强度等级不应低于 C20，且不应低于原框架柱的实际混凝土强度等级。增设墙的竖向和横向钢筋宜采用双排布置，且两排钢筋之间的拉结筋间距不应大于 600mm；墙体周边宜设置边缘构件。墙与原框架梁、柱可采用锚筋或现浇钢筋混凝土套连接，锚筋可采用 $\phi 10$ 或 $\phi 16$ 的钢筋，距梁、柱边缘不应小于 30mm，与梁、柱轴线的间距不应大于 300mm，钢筋的一端应采用胶粘剂锚入梁柱的钻孔内，且埋深不宜小于锚筋直径的 10 倍，另一端宜与墙体的分布钢筋焊接。现浇钢筋混凝土套与柱的连接可参考 2.1.9 节内容，且厚度不应小于 50mm。

（3）施工操作要点

1）放线、基础处理、与新增抗震墙交接的原构件表面的处理，同"砖抗震墙"。

2）与新增抗震墙连接的原有梁、柱等构件，如有震损应先进行修复后方可施工。

3）模板安装要平直、牢固。为便于分层浇筑混凝土，在适当部位预留进料孔口。

4）抗震墙两端与原有墙体或梁、柱等构件的连接，要严格按设计要求施工，保证连接质量。

5）抗震墙厚度小于 150mm 时，应采用细石混凝土，其粗骨料粒径不大于 15mm，每立方米混凝土中水泥用量不少于 300kg，混凝土坍落度 60～80mm。

6）混凝土应分层浇捣，每层厚度不超过 500mm。振捣要密实，尤其是抗震墙与原有梁、柱的连接部分要充分捣实。

7）混凝土浇筑后，按规定进行养护。养护时间不得少于 7d。

（4）有关质量要求

1）钢材、水泥、砂石等材质应符合设计及有关规范要求。

2）浇筑混凝土前，应检查原墙面、梁、柱与新增抗震墙交接部位是否按要求清理干净。

3）与原有梁、柱的连接要牢固可靠，锚固件的数量、位置应符合设计要求。锚件如有松动，须移位重做。

4）抗震墙基础与原有柱、墙基础的连接应符合设计要求。

5）与原有梁、柱交接处的钢筋，其构造形式及搭接长度等必须符合设计及有关规定的要求。

6）混凝土强度等级、墙内钢筋的配置应符合设计要求。

7）混凝土墙面应平整，不得有龟裂、露筋、空鼓及其他严重缺陷。

2.1.11 增设支撑加固法

采用钢支撑加固框架结构时，支撑的布置应有利于减少结构沿平面或竖向的不规则性；支撑的间距不应超过框架-抗震墙结构中墙体最大间距的规定。支撑的形式可选择交叉形或人字形，支撑的水平夹角不宜大于 55°。支撑杆件的长细比和板件的宽厚比，应依据设防烈度的不同，按国家现行标准《建筑抗震设计规范》GB 50011—2010 对钢结构设计的有关规定采用。支撑可采用钢箍套与原有钢筋混凝土构件可靠连接，并应采取措施将支撑的地震内力可靠地传递至基础。增设的钢支撑应采取防腐、防火措施。

框架结构还可采用消能支撑加固，消能支撑可根据需要沿结构的两个主轴方向分别设置。消能支撑宜设置在变形较大的位置，其数量和分布应通过综合分析合理确定，并有利于提高整个结构的消能减震能力，形成均匀合理的受力体系。消能支撑与主体结构之间的连接部件，在消能支撑最大出力作用下，应在弹性范围内工作，避免整体或局部失稳。消能支撑与主体结构的连接，应符合普通支撑构件与主体结构的连接构造和锚固要求。消能支撑在安装前应按规定进行性能检测，检测的数量应符合相关标准的要求。

单层工业厂房亦可采用加支撑方法改变其传力途径，增强其抗震能力。支撑通常采用型钢，其杆件应按具体情况控制长细比，其节点焊缝和锚件强度应为支撑斜杆强度的 1.2 倍，为了安装就位方便，每一支撑斜杆的端部应设有不小于 φ16 的安装螺栓。柱间支撑与柱的连接钢板厚度不宜小于 8mm。

1. 施工操作要点

（1）施工前要全面熟悉设计图纸，用经过校正的钢尺认真测量增设支撑部位的各种有关尺寸和相互位置。测量结果应分别记录和编号，作为放样、下料、加工和组装的依据。

（2）利用原有构件上的预埋件和孔眼作为新加支撑的连接固定点时，应逐个量测和检查其位置、尺寸和锚固的质量。

（3）在平整坚固的地面上按图纸和实测数据进行足尺放样。各跨实测尺寸有差异时，应按各跨的实际尺寸分别放样和编号，以便安装时能对应就位。

（4）节点连接板应用薄铁皮或胶合板做成足尺样板。

（5）放样后需经主管技术人员认真校核，无误后方能进行下道工序施工。

（6）钢材在下料前应进行除锈、调直和整平。人工调直时，钢材表面不得有锤痕。

（7）按放样尺寸下料，下料时可用机械切割或乙炔气割，小件可使用手工锯断。切口处残留的毛刺应用手砂轮打磨平整。设计要求坡口焊接的，焊口要加工成坡口。

（8）需要在钢件上钻孔时，应按设计要求并结合实测结果确定孔位，先用钢冲子冲印出孔的中心，再用台钻或电钻钻孔。孔径应比螺栓直径大 1.5mm，钻孔后要清除孔边的毛刺。个别安装螺栓孔可待安装时标出准确孔位后再钻。

（9）钢件加工完毕后应先进行试拼装，校核无误后再就位安装。

（10）就位安装时，先安装支撑的各节点连接板，然后再安装各支撑杆件或已组装好的整体支撑。安装时，先用安装螺栓临时固定，校正无误后再焊接。如安装螺栓的孔位有微小偏差，可在一个方向上适当扩孔。

（11）焊接时应先将杆件的两端点焊固定，然后按设计要求的焊缝长度、厚度施焊。当焊缝较长时，应从中间向两边施焊；焊缝较厚时应分层施焊。焊缝集中的地方，要采取合理的焊接工艺，防止支撑变形。

（12）支撑安装完毕后，所有钢件表面涂红丹漆一道，调合漆两道。

2. 有关质量要求

（1）所有钢材、螺栓和焊条的品种、规格均应符合设计要求。

（2）钢材不应有裂纹、夹层等缺陷。

（3）焊缝长度、厚度及焊缝部位应符合设计要求，不允许有缺焊、漏焊及夹渣、气孔等缺陷。

（4）支撑与原结构件的连接应牢固紧密，不得有松动现象。

（5）支撑杆件应平直，不得扭曲和翘弯。

（6）钢材表面无锈斑，涂漆应完整均匀。

2.1.12 填充墙加固

框架结构可通过填充墙进行加固，墙与框架柱的连接可增设拉筋加强［见图2-31(a)］；拉筋直径可采用6mm，其长度不应小于600mm，沿柱高的间距不宜大于600mm；拉筋的一端应采用环氧树脂砂浆锚入柱的斜孔内，或与锚入柱内的胀管螺栓焊接；拉筋的另一端弯折后锚入墙体的灰缝内，并用1:3水泥砂浆将墙面抹平。墙与框架梁的连接，可按上款的方法增设拉筋加强墙与梁的连接；亦可采用墙顶增设钢夹套加强墙与梁的连接［见图2-31(b)］。钢夹套的角钢不应小于∟63×6，螺栓不宜少于2根，其直径不应小于12mm，沿梁轴线方向的间距不宜大于1.0m。拉筋的锚孔和螺栓孔应采用钻孔成形，不得用手凿；钢夹套的钢材表面应涂刷防锈漆。

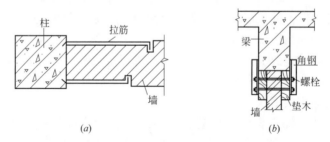

(a)   (b)

图2-31 大面积墙体拆砌的临时支撑架示意图
(a)墙与柱之间增设拉筋；(b)墙顶增设钢夹套

2.1.13 拆砌法

当墙体裂缝较大并有错动，不拆砌无法恢复结构的原状时，可将裂缝严重的部位局部或大部拆除用高强度等级砂浆补砌新墙，以恢复其既有的强度和功能。所拆旧墙要拆出槎子，便于搭接。

当为了保持上部砌体或楼、屋面结构不动的情况下，进行下部大段墙体的拆修要先做好拆砌范围内上部墙体和各层荷载的全部支托工作，使上部荷载通过支撑结构稳固地传布到地面上，然后对墙体进行掏砌。支托方法可采用临时支撑架或钢筋混凝土托梁。

1. 临时支撑架

图 2-32 为用木料搭设的支托墙体的一种临时支撑架。主要构造包括铺在墙体内外两侧地面上的两行卧木、设在卧木上的垫木、支立在内外面的两排柱子、柱顶的横杆以及沿缘木、斜撑和楔子；通过楔子把上部砌体的荷载传到临时支架上。横杆可尽量利用门窗洞口穿越墙身，必要时在墙上凿洞穿越。临时支撑架搭建完成并能承担上部荷载后，进行下面旧墙体的拆除工作，接着进行新墙砌筑。在新墙砌筑完成并达到预定强度后，方可将临时支撑架全部拆除。

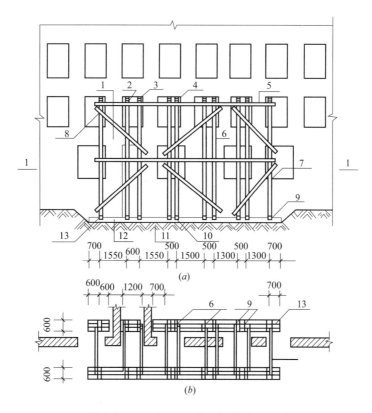

图 2-32　大面积墙体拆砌的临时支撑架
（a）立面图；（b）1—1 剖面图

1—要拆的墙体（斜线部分）；2—扒钉；3—300mm 直径的横木；4—楔子；5—200mm 直径的沿缘木；
6—200mm 直径的柱子；7—联板；8—钉子；9—220mm 直径的短木；10—扒钉；
11—土壤；12—垫板；13—200mm 直径的卧木

当需要拆砌的墙段较长时，为了保证上部砌体结构的稳定与施工安全，可采用分段支托、分段拆砌的方法。逐次分段支撑后，把该段下部砖墙拆成阶梯状，再砌新墙，使分段间墙体衔接为一体。

2. 钢筋混凝土托梁

采用临时支撑架掏砌大面积墙体时，为了防止可能出现的砂浆收缩、墙体下陷、松动、开裂等现象，可采用钢筋混凝土托梁施工方法。

先在墙体下部的损坏部分，按需要的间距挖出一个个洞孔，安放临时支托墙身的空心托架。然后在托架顶部设一个起顶装置，用以顶紧托架上的墙体。当托架固定好并顶紧上部墙体后，开始挖除托架间的墙体，并通过空心托架安放钢筋，浇筑整个不拆除墙体的托梁，支承墙体的荷载，然后重新拆砌下部墙体或基础。图 2-33 为安装及构造示意图，具体说明如下。

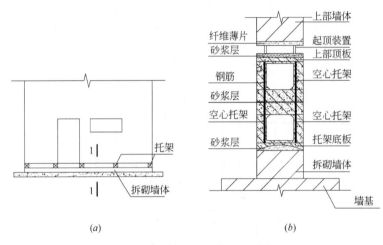

图 2-33　托梁（架）构造示意图
(*a*) 立面图；(*b*) 1—1 剖面图

（1）空心托架

空心托架安装剖面如图 2-33 所示，每个托架由四个预制混凝土构件制成：两个 U 型构件及顶板。两个 U 型构件，一个朝上，一个朝下，背靠背安放。

四个预制构件之间为砂浆或胶泥薄层，底板安放在拆除的墙孔底座上；底板的下表面呈凹形，凹形面与底座接触表面之间填以砂浆层。砂浆受压时，产生与凹面垂直的反作用力，约束整个充填材料向内收聚，不致因受挤压而散落。因此，凹面内受压砂浆无须等待凝固，就能承受支撑墙体的压力。

（2）起顶装置

临时支托墙体的空心托架上部，使用起顶装置，一方面可利用向上顶力增强墙体，同时可固定托架座。起顶装置可利用轻型液压式千斤顶或螺旋式起顶器。图 2-34 为螺旋式起顶器，这一装置由两块 10mm 厚的方形钢板和若干套螺帽螺栓组成，大约厚 60mm。配装工序：先把螺帽焊在钢板上，若使用三套螺帽螺栓，可按图 2-34 平面图布置；根据作用力的大小，亦可增加套数；但为使两板处于完全平行位置，最少要用两套螺帽螺栓。在钢板上钻有大小可以容纳螺栓头的孔洞，与螺帽位置成一直线。组装时，两块钢板上下相向安放，把螺栓拧入螺帽，螺栓头伸入孔洞。起顶器底部与托架顶板之间铺一层砂浆或胶泥薄层，起顶器上部与墙孔表面之间填以纤维薄片。

在使用起顶器顶紧上部墙体时，可用扳手在起顶器钢板间转动螺栓，使两块钢板距离

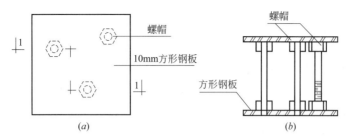

图 2-34　螺旋式起顶器装置示意图
（a）平面图；（b）1—1 剖面图

加大，升高起顶器，从而提高托架的承受压力并固定托架座。

（3）浇捣支承托架

在安放好两个相邻托架后，使用起顶器与上墙顶紧，使托架固定后，就可以立即挖除中间的片段墙体，接着做一个托架，挖除下一段中间的片段墙体。这样连续作业，就做成一系列托架，把建筑物需要支托的全部墙身都临时支承起来；然后在各托架跨距间，通过托架的 U 形空腔，铺设纵向钢筋和箍筋，箍筋可绑扎或焊在纵向钢筋上，装上模板，现浇成整条混凝土托梁，并将托架连接在一起。在托梁混凝土达到一定强度后，就分段拆砌托梁下的墙体及基础。拆砌完成后可拧动起顶器的螺栓，使之复原再供使用，这时上部墙身荷重就由托架梁再分布到新砌体上。

2.1.14　增设件与原构件的连接方法

为使增设件与原构件形成统一的整体，以发挥其共同抗震的能力，通常采用钢筋混凝土销键、各种锚杆、螺栓及钢筋短拉杆方法进行连接。

增设件与原构件连接的销键、锚杆、螺栓等构造要求见本章各节的相应要求。

连接件的一般施工要求：

（1）施工时，必须严格按照设计要求进行操作，以确保质量。

（2）连接件所用的钢材一般可用普通碳素钢或低合金钢。

（3）水泥应采用大于等于 32.5 级水泥。压力灌浆时，砂子粒径不应大于 1.2mm，水泥和砂子均用窗纱过筛。若以干硬性水泥砂浆由人工填塞锚孔时，砂子中可掺入 30％粒径小于 4mm 的细石。

（4）各类锚杆的锚固胶结材料，其抗压强度应大于 19.6MPa。

（5）钻孔应采用机械施工，在砖墙上钻孔可使用电钻；在混凝土构件上钻孔宜使用电锤，并预先用钢筋探测仪探明钢筋位置，钻孔时应避开构件内的钢筋。

（6）砌体结构作为结构构件加固其他类型结构时，通常采用拉筋连接原结构，与内外墙拉结时常用的钢筋短拉杆方法施工要点一致。

（7）在砖墙上设置锚杆。锚孔宜设置在顺砖或水平灰缝上，使用锚固材料锚固的各种锚杆，其孔径一般为（2~2.5）d（d 为锚杆直径）。

（8）连接件的外露部分，须刷红丹漆一道，调合漆两道。

（9）施工前必须对材料进行产品质量检验，不合格者不得使用。

（10）各类锚杆在施工前，应用相同材料在相同条件下制作两个试件，进行抗拔试验，试验合格后，方可正式施工。

1. 钢筋混凝土销键

（1）施工操作要点

1）按照设计要求在墙面上标定孔位。

2）凿孔时应轻剔细凿，不得损伤槽孔周围砌体。严禁用大锤抢凿。孔洞尺寸需符合设计要求。

3）槽孔中的砖屑、粉尘须用压力水冲洗干净。

4）销键在浇筑混凝土前，必须充分浇水，湿润槽孔周围的砖砌体，以利与混凝土的粘结。

5）销键内钢筋保护层的厚度不得小于 15mm。钢筋的加工、成型、绑扎须符合设计要求。

6）销键内的混凝土应与所连接的新增构件同时浇筑。捣固要密实，以保证混凝土填满槽孔。

（2）有关质量要求

1）绑扎钢筋前应检查孔位、槽孔尺寸及数量是否符合设计要求，槽孔断面不应外大内小。不符合要求者，应进行补正。

2）钢筋的规格、材质和绑扎质量应进行检查，不合格者须更换合格品和进行返修。

3）销键内混凝土在浇灌时应振捣密实，与周围孔壁应有良好的粘结。

2. 干硬性水泥砂浆锚杆

（1）施工操作要点

1）按照设计要求在墙面或混凝土构件表面上标定孔位。

2）钻孔时钻杆应垂直于墙面或构件表面，平稳钻进。不得损坏钻孔周围的砌体或构件。

3）钻孔内的粉尘，须用压力水冲洗干净。

4）锚杆应调整平直，如有锈皮或油污应清除干净。

5）安装锚杆前须用水充分湿润钻孔周围的砌体和混凝土。

6）干硬性水泥砂浆的材料配合比应符合设计要求，如设计无规定，可参照以下配合比（质量比）试制，并进行抗压强度试验。

$$水泥：砂：水＝1：1：0.25$$

7）预先在孔内填入一定量砂浆，再将锚杆放入并锤击至孔底，然后边填砂浆边用小圆冲沿锚杆周围冲击捣实，直至钻孔填满砂浆。

（2）有关质量要求

1）干硬性水泥砂浆的水灰比应控制在 30％以内。

2）安装前必须对锚杆规格、材质进行检查，不合格者不得使用。锚杆杆体应平直，偏差不得大于 2mm。

3）锚杆安装完毕应立即加 300N 的外拔力拔拉锚杆，以不松动为合格，否则应在附近重新钻孔另做锚杆。

3. 108 胶水泥砂浆锚杆

（1）施工操作要点

1）布孔、钻孔、清孔的施工操作要求与干硬性水泥砂浆锚杆的布孔、钻孔、清孔的要求相同。

2）108胶水泥砂浆应按设计要求的材料配比配制，如设计无规定，可参照下列配比（质量比）试制，并做抗压强度试验。

水泥∶砂∶水∶108胶＝1∶1∶0.27∶0.13

3）配制砂浆时应先将水泥和砂子混合搅拌均匀，再将水和108胶混合搅拌均匀，最后把两者拌成锚浆。锚浆手感近似于橡皮泥。

4）用水将孔洞周围充分湿润后，将拌好的锚浆搓成条状填入孔中，边填边捣实，直至填满整个钻孔。

5）锚杆在安装前应调直、除锈、去油污。

6）用锤将锚杆沿孔正中打至孔底。若锚浆从孔口挤出，须将孔口清理干净；若锚浆未从孔口挤出，尚需加浆夯实，然后封口抹平。

7）锚浆应随拌随用，拌好的锚浆存放时间不宜过长。

（2）有关质量要求

1）108胶水泥砂浆的水灰比应控制在30％以内。

2）施工前必须对锚杆规格、材质进行检验，不合格者不得使用。锚杆杆体应平直，偏差不得大于2mm。

3）施工前应对108胶产品性能进行检验，不合格者不得使用。

4）锚杆安装后如有松动，须在附近另行钻孔，重锚新杆。

4. 水玻璃水泥砂浆锚杆

（1）施工操作要点

1）施工机具：压力灌浆锚杆施工时，须配备空气压缩机、储浆罐、供浆管、压浆嘴、通气管等压浆机具（见图2-35）。此外尚需配备电钻和长度分别为600mm和1100～1200mm的两种钻杆。

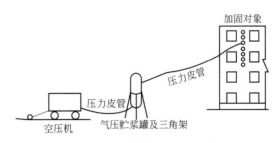

图2-35 压力灌浆锚杆施工示意图

2）布孔、清孔的施工要求同干硬性水泥砂浆锚杆。

3）压浆锚杆的埋深为500mm左右时，钻孔时与一般要求相同。若锚杆较长，钻孔深度超过500mm时，首先用长度为600mm的钻杆成孔，然后再更换成长度为1100～1200mm的钻杆，钻至设计深度。

4）水玻璃水泥砂浆须按设计要求配制，如设计未规定，可参照下列配比（质量比）试制。

水泥∶砂∶水∶水玻璃＝1∶（0.4～0.8）∶0.6∶（0.01～0.03）

5）锚杆宜采用Ⅱ级钢筋制作，如采用Ⅰ级钢筋制作，须将锚杆端部打扁，拧成麻花形，见图 2-36。

锚杆尾部形式及构造
根据设计及具体情况确定

12d

D小于孔径3~4mm

图 2-36　锚杆端部加工形式

6）锚杆上的锈皮、污垢必须清除干净，杆体应平直。

7）灌浆孔构造：将锚杆置于孔洞正中，然后用 1：2 水泥砂浆封住孔口，砂浆嵌入孔口 10~20mm，并在锚杆上方和下方分别预留一个出气孔和一个可供插入灌浆嘴的灌浆孔，见图 2-37。

8）施工前必须对各种工具进行检测，如有故障应及时排除。

9）孔口的封口砂浆达到一定强度时即可开始灌浆，灌浆前用压力水将孔内壁充分湿润，接着将配置好的水玻璃水泥砂浆倒入压浆罐中，将灌浆嘴插入灌浆孔，打开通气阀，在压力的作用下将浆液压入孔内。空气压力强度宜为 196kPa 左右。当浆液从出气孔溢出时，即可停止压浆，并封住孔口。

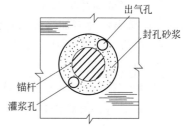

出气孔

封孔砂浆

锚杆

灌浆孔

图 2-37　灌浆孔构造

10）水玻璃水泥砂浆一次不得拌制过多，应随拌随用。

11）每次压浆完毕，要及时清洗有关机具，以备下次使用。

（2）有关质量要求

1）水玻璃水泥砂浆必须严格控制配合比，计量务必准确。

2）施工前对水玻璃、水泥、钢材等材料必须进行产品检验，不合格者不得使用。

3）钻孔要垂直墙面，深度必须符合设计要求。

4）压浆必须饱满，锚杆不得松动。

5. 树脂锚杆

（1）施工操作要点

1）施工前必须熟悉树脂胶泥的性能和安装工艺。

2）布孔、钻孔的施工要求同前述锚杆。

3）钻孔内粉尘的清除，宜用压力风吹除。如用水冲洗时，孔底不得有积水。

4）端锚的锚固长度不应小于杆径的 12 倍。锚杆锚入墙体的深度，一般不小于墙厚的一半，见图 2-38。

当采用袋装树脂胶泥，在孔内机械搅拌时，锚杆端部应打扁并拧成与钻具旋转方向相反的麻花形，用以推进胶泥至孔底并搅拌均匀。在锚杆上焊一挡圈，挡圈距端头距离等于设计锚固长度，挡圈直径应小于孔径 3~4mm，见图 2-39。

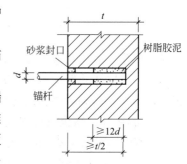

t

砂浆封口

树脂胶泥

锚杆

≥12d

≥t/2

图 2-38　一般锚固

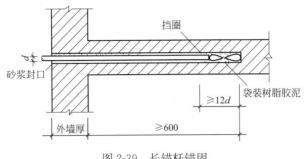

图 2-39　长锚杆锚固

5）树脂胶泥必须按产品说明书的规定和要求进行拌制。当采用散装产品时，人工搅拌必须均匀，且掌握好其固化温度与时间（见表 2-11）。拌入固化剂后的树脂胶泥应迅速送入孔底，随即插入锚杆进行锚固。胶泥要随拌随用，防止凝固。采用袋装产品时，孔内机械搅拌时间不应少于 30s。

固化温度与时间　　　　　　　　　　　　　　表 2-11

固化温度（℃）	固化时间（h）	适宜性
≥0	24	不宜操作安装
5~15	16	可以安装
5~15	10	理想温度
5~15	2~4	最佳温度
5~15	1	较佳温度
≥35	1/12~1/4	不宜操作安装,材料浪费较大

6）锚杆安装完毕后，应用 1∶2 水泥砂浆封口。

7）锚杆应锚固在钻孔中心，不应偏靠一侧或跌落孔底。

8）锚杆安装后，在树脂胶泥未固化前，不得扰动、承荷载或进行焊接。

9）施工环境温度低于 15℃时，宜采用低温快固型树脂胶泥。环境温度低于 0℃时，不得施工。

10）树脂胶泥为可燃物品，储运及施工时要注意防火。下雨时不得在露天进行施工。操作时要配备必要的劳保用品。

（2）有关质量要求

1）钻孔位置、孔径、孔深应符合设计要求。

2）施工前必须对锚杆进行规格、材质检验，不合格者不得使用。

3）锚杆不得粘污油脂，否则须进行脱脂处理。

4）施工前必须对树脂胶泥进行产品质量检验，不合格者不得使用。树脂胶泥的质量抽验可在同批产品中抽验三个，若其中有一个样品不合格，必须改为全验。

6. 普通螺栓

（1）施工操作要点

1）布孔、钻孔、清孔的施工要求同干硬性水泥砂浆锚杆。

2）螺栓垫板或锚板所在墙面或构件表面处的灰皮或酥碱部分必须清除干净，酥碱部分清除后尚应用 1∶2 水泥砂浆抹平。

3）螺栓端头的锚板或螺母垫板与墙面或构件表面之间须用厚 10mm 的 1：2 水泥砂浆坐浆。

4）螺母拧紧后，螺栓应露出至少一道丝扣，然后把螺母与螺栓点焊固定。

5）螺栓的一端如锚固在新增设的钢筋混凝土构件内时，须待混凝土强度达到设计强度的 70％ 时，方可在螺栓的另一端拧紧螺母。

6）外露的垫板等铁件应涂红丹油一道，防锈漆两道。

（2）有关质量要求

1）螺栓长度、直径及垫板、锚板尺寸，应符合设计要求。

2）如螺栓一端与锚板焊接时，焊接质量应符合有关规定的要求。

3）安装前，应对螺栓孔位、孔径及数量进行检查，不符合要求者应补正。

4）螺栓安装后不应有松动现象。

7. 钢筋短拉杆

（1）施工操作要点

1）钢筋短拉杆常用于内外墙的连接、外加柱与内外墙的连接等，见图 2-40。施工时必须保证短拉杆的平直和张紧，两端锚固要可靠。

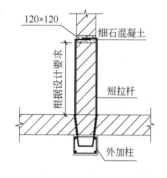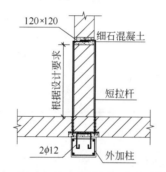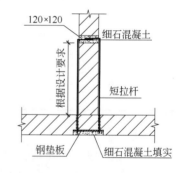

图 2-40　内外墙用短拉杆连接

2）钢筋短拉杆的穿墙孔，在钻孔时必须掌握孔位和方向的准确。

3）短拉杆穿墙孔的直径应不小于 25mm，拉杆安装就位后，立即从孔的两端用 1：3 水泥砂浆填实。

4）剔凿墙面上的孔洞（120mm×120mm×墙厚）时，必须轻剔细凿，不得损伤周围砌体。

5）内墙面上短拉杆所在部位和外墙面上垫板所在部位抹灰层必须铲除干净。

6）拉杆必须紧贴内墙墙面，尽量不留空隙。

7）拉杆外端如有螺母垫板锚固，须待内墙锚固端的混凝土达到一定强度后，方可旋拧螺母，张紧拉杆。

8）锚固在新加钢筋混凝土柱内的短杆杆端，应与柱内钢筋绑扎在一起，不使其移动，浇捣柱混凝土时，不得触动拉杆。

9）短拉杆安装完毕后，原内墙面抹灰层上铲掉的横槽，须用 1：3 水泥砂浆抹平，拉杆不得外露。

（2）有关质量要求

1）拉杆的位置、长度、直径必须符合设计要求。

2）拉杆必须平直、张紧。

3）两端锚固必须牢固、可靠。

2.1.15 新旧混凝土结合措施

衡量新旧混凝土结合强度的标志主要是结合面的粘结强度和抗剪强度。

粘结强度取决于新旧混凝土结合面的介质——胶粘剂的抗拉强度；胶粘剂的粘结强度高，则抗剪强度也高；结合面的摩阻力愈大，则抗剪强度愈高。

由于旧混凝土的收缩已大体完成，而新混凝土的收缩则刚刚开始，因此新混凝土的收缩必将在结合面上造成剪切或拉伸。如果结合强度不够，则形成裂缝，不仅使新旧混凝土不能共同工作，而且对钢筋混凝土的抗渗性与耐久性等都有危害。

增强与保证新旧混凝土结合的措施为：

（1）增大结合面积，增加齿榫抗剪，包括以下几项：

1）增糙处理。点凿毛、用钢丝刷刷毛或用风镐凿成锯齿形（见图2-41），甚至使石子外露。增糙的深度视单位结合面受力大小而定，板可小些，梁、柱应大些。

2）使结合面形成斜面。图2-42为梁板的破损部位修补，将旧混凝土有意识地凿成斜面，以增加新旧混凝土结合面积。

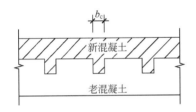

图2-41 锯齿形结合面

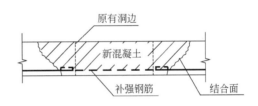

图2-42 修补楼板洞的斜面结合

（2）严格的清理工作，包括：

1）原有的面层除非确有利用或保留价值，一般均应除去。

2）无面层的混凝土或钢筋混凝土裸露构件，其表面如采用凿毛或锯毛措施者，应用热碱水（≤50℃）刷洗干净，然后立即用清水冲洗至净，以防油污阻隔新旧混凝土的结合。

3）震损的酥松部分必须除去。

4）经过表面的机械处理后，必须用压力水将碎屑、粉末彻底冲洗干净。

5）裸露出来的钢筋需除锈。

（3）采用胶粘剂：在新旧混凝土之间涂上一层介质（胶粘剂），可使二者在结合面上的抗拉强度接近或更高。其所用的胶粘剂有如下几种：

1）利用32.5级水泥，水灰比为0.45～0.5加以配制，然后在旧混凝土面上抹1～2mm。

2）用42.5级普通硅酸盐水泥，水泥用量为700～800kg/m³；水灰比为0.3～0.4，灰砂比为1：（1.5～2.5）。

3）在水泥砂浆中掺铝粉，其量为水泥质量的0.5/10000～0.2/10000。

4）环氧树脂胶与环氧砂浆。

2.2 多层砌体房屋

2.2.1 震害分析

砖墙既是多层砖房的承重构件，又是抵抗水平地震剪力的主要构件。而砖砌体是脆性材料，抗剪、抗拉强度低，变形能力差，房屋各部分之间的连接也较弱，在不太大的地震荷载作用下就会出现裂缝，形成局部破坏。地震烈度很高时，由于地震的往复作用，砖墙由破裂发展到错动，甚至崩落，最终使砖墙的竖向承载能力丧失，造成砖房倒塌。因此，结构的优劣、构造是否合理和施工质量的好坏，是决定多层砖房抗震性能的重要因素，必须予以极大的重视。

1. 地震烈度超出设防烈度

地震烈度是抗震设防的基本依据。唐山大地震中，唐山、天津两市遭到严重破坏的一个重要原因是基本烈度确定的不准确。基本烈度是在中、长期地震预报的基础上为该地区提供的设防依据。唐山和天津两市的基本烈度过去都定为 6 度，但遭遇到的实际地震烈度分别高达 11 度、10 度和 8 度，这与基本烈度相差悬殊，必然造成建筑物大量破坏或倒塌。

2. 场地和地基的影响

多层砖房受地震力的破坏，主要是由地面的往复运动引起的。因此，房屋的震害在很大程度上受地质构造、地形地貌、岩土性质、水文等条件的影响。

（1）活动断层的影响

唐山地震时，活动断层两侧的房屋几乎全部塌陷。

（2）岩土地质的影响

凡地基处于河漫沉积地带、可液化粉砂层及轻粉质黏土层、淤泥质粉砂层、炉渣填土等岩土地质条件下，震害表现为喷水冒砂、土体滑动、地裂、地基下沉，致使地面变形、房屋破坏。

（3）河流的影响

凡在河流两岸、古河道地段，地震时地面发生变形，造成房屋破坏。

（4）场地卓越周期的影响

若场地卓越周期与多层砖房的自振周期相近，造成地基与建筑物共振，则会加大震害。如海城、大石桥地区都是Ⅰ、Ⅱ类场地，经测定场地的主要周期在 0.15～0.2s 左右，在海城 7.3 级地震时，卓越周期增加到 0.3s 左右，恰与刚性的多层砖房的自振周期相近，地基和建筑物发生共振，造成海城和大石桥一带多层砖房严重破坏。

3. 房屋的强度、刚度和空间整体性的影响

（1）墙体强度

1）墙体的破坏

与地震力方向平行的墙体是主要承担地震力的构件，往往由于主拉应力强度不足，而发生剪切破坏。墙体的破坏主要表现为墙体出现水平裂缝、斜裂缝和更多地表现为交叉裂缝。这种裂缝多数发生在下层墙体。顶层若采用低标号砂浆砌筑，斜裂缝有时也很明显。

7～8度地震区，在内外纵横墙上或窗间墙、窗肚墙上均有发生，有时斜裂缝或交叉裂缝宽度可达十余厘米，严重的则出现歪斜以至倒塌（见图2-43）。

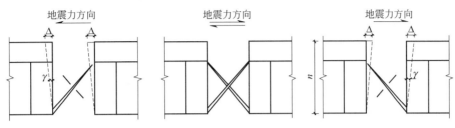

图2-43　墙体破坏示意图

交叉裂缝一般是底层比上层严重。在底层房屋的横向，由于山墙刚度大，墙体的压应力又比一般横墙小，因而房屋两端山墙最易出现交叉裂缝。

水平裂缝常发生在纵墙较窄的窗间墙的上下截面处。这是由于墙肢较窄，在地震力的作用下，墙体受弯、受剪的缘故。水平裂缝亦常发生在楼（屋）盖水平位置处，这大多是因楼（屋）盖与墙体连接差，在地震力作用下相互错位而造成。

2）墙角的破坏

墙角常常是地震时最敏感的破坏部位。外墙转角处因具有较大的刚度，应力集中，地震时受到纵横向地震力的共同作用。同时，地震时墙角处又有较大的扭转作用，使墙角受力复杂，外墙转角位于房屋尽端，房屋对它的约束作用相对较弱。因此，地震时外墙转角常发生开裂，甚至局部倒塌。在房屋端部设置空旷房间，或在房屋转角处设置楼梯间时，破坏更为严重。

3）空斗墙房屋的破坏

空斗墙房屋由于拉结处不易砌好，实际承载截面小，整体性差。因此，抗震性能不如实心砖墙，特别是在高烈度地震区中，倒塌率远大于实心砖墙。空斗墙的薄弱部位大体与实心砖墙相似，但受砂浆强度和砌筑质量的影响更大。空斗墙的破坏，除出现剪切破坏的斜裂缝或交叉裂缝外，窗间墙处还出现弯曲破坏的水平裂缝，特别是在内外墙交接处及外墙转角处往往被拉开，破坏一般较重。

4）砖柱的破坏

砖柱的破坏主要是在柱根部及楼层处发生水平断裂，有的局部砖块被压酥。烈度在7度时即有破坏，8度时局部严重破坏。

（2）建筑体型复杂或不规则

有些多层砖房体型复杂，在平面上凹凸曲折，在立面上高低错落。复杂的体型使得各部位在质量、刚度、强度分布上不均匀，在地震力作用下变形不一，应力不均，受力大的砖墙便出现裂缝而破坏。其次由于房屋的质量中心与刚度中心不能重合（见图2-44），在地震力作用下还产生剪切与扭转的共同作用，加剧了建筑的破坏程度。立面局部凸出房屋的破坏比平面局部凸出房屋的破坏更为严重，其破坏程度与凸出部分面积有关，凸出部分面积和下部面积相差越大，刚度

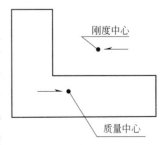

图2-44　质量中心与刚度中心不重合案例示意图

变化越多，地震的动力效应加大破坏程度越严重。因此，高塔楼、钟楼、八字楼、拐角楼的震害较严重。

（3）门窗布置

门窗开得过大或者位置不当，削弱了墙体的面积，或者削弱了纵横墙间拉结，从而破坏了房屋本身的强度、刚度和空间整体性，在地震时破坏程度就越严重。

（4）承重方式

纵墙承重的多层砖房与横墙承重方案相比，因横墙少、间距大，房屋横向刚度和强度均弱，整体稳定性差，地震时易遭受破坏。

（5）苏式人字屋架的影响

苏式人字屋架没有下弦杆，上弦斜杆干摆浮搁在外纵墙上，水平变位较大。当未设圈梁时，外纵墙上部犹如自由的悬臂墙。地震时纵墙受屋架的侧向冲击，普遍在檐口处出现四周通长的水平裂缝，有的外墙外闪，甚至倒塌。

（6）砖拱楼板

砖拱楼板在支座处有水平推力，应设置水平拉杆来平衡，或在支座处设置抗水平推力的构件。否则，地震时便产生破坏。有的砖拱楼板既无拉杆，四周又没有圈梁箍住，一遇地震，外墙外闪，砖拱楼板支座发生位移，拱顶出现纵向裂缝。同时，也有少数在拱脚处出现纵向裂缝，甚至发生倒塌。

4. 构造的影响

要保证房屋有足够的空间刚度和整体稳定性，仅靠有完善的结构布置方案和结构构件是不够的，结构构造是否合理，具有重要意义。

（1）圈梁

历次地震表明，圈梁有较好的抗震作用。但过去常常被忽视，有的房屋根本没有圈梁；有的仅在外墙设置，与内墙没有拉结；有的圈梁不封闭交圈；有的圈梁位置不当。经历次地震验证，凡合理设置圈梁的房屋，震害较轻，反之破坏严重。

（2）纵横墙布置

多层砖房是由纵墙、横墙和楼（屋）盖组成的整体空间结构体系，无论是承受纵向的还是横向的地震力，纵墙和横墙都共同参与抗震工作。要提高房屋的抗震能力，必须保证房屋纵横墙有可靠的共同工作能力。如果横墙间距过大，施工时又不按马牙槎砌筑，地震时连接处容易产生竖向裂缝。严重时纵横墙拉开，出现纵墙外闪倒塌，横墙也可能因抗剪强度不够而遭到破坏。

（3）构件连接

房屋结构各构件的连接不牢和构造不当，也会影响空间刚度和整体性。如梁、板与墙体之间不锚拉，内外墙不咬砌，屋盖与山墙之间不锚固，填充墙与承重墙不采取拉结措施，都会造成墙体的破坏、外闪或倾倒。

（4）平拱砖过梁

平拱砖过梁的稳定主要靠过梁两侧墙体的支撑，地震时两侧的墙体变形，过梁失去支撑，过梁的跨中或支座出现裂缝，严重的甚至掉落，因此，这种过梁在地震时最易开裂破坏。

（5）楼梯间

楼梯间两侧承重横墙在震后出现的斜裂缝常比一般横墙严重，楼梯间如果布置在端头时，破坏更为严重。这是由于楼梯间横墙间距比一般开间小，而地震力是按平面刚度分配的，故楼梯间承担的地震力比其他部位大。同时楼梯间本身又具有以下弱点：

1）顶层休息平台以上外纵墙的净高，约为楼层高度的 1.5 倍，因此稳定性较差。

2）楼梯构件如伸入墙体，则削弱了墙体的截面积；如不伸入墙体，则墙体在高度方向上又缺乏支承点。

3）设在房屋两端的楼梯间，由于地震力产生的扭转作用，附加的地震力也比较严重。

（6）其他部位的破坏

多层砖房附属物，如附壁烟囱、通风竖井、女儿墙、挑檐等，都是地震时最容易破坏的部位。这是因为这些附属物与房屋整体连接性差，同时由于"鞭端效应"加大了动力效应而使破坏率很高，在烈度为 6 度的地震区内即有破坏，在 7、8 度区破坏更为常见。

坡屋顶房屋的山墙较高，当尽端山墙与屋架檩条间无锚固或搭接较少时，7 度区内檩条常常从山墙中拔出，8 度区内甚至山墙外闪、檩条脱落、屋顶塌下。

其他部位常见的破坏还有：由于楼（屋）盖缺乏足够的拉结或施工中楼板搁置长度过小，会出现楼板坠落的现象；由于温度缝、沉降缝过窄，不能起防震缝的作用，地震时缝两侧墙体发生碰撞而造成破坏；由于地震中产生地裂缝造成房屋产生竖向裂缝。

5. 施工质量的影响

施工质量的好坏，直接影响房屋的抗震能力，特别是砖砌体的强度和墙体的拉结等。砌体强度主要取决于砂浆和砖的强度及施工质量，砂浆的强度不够，砌砖时不按施工规定进行操作，如砖不浇水、砂浆不饱满，竣工时堵砌施工通道不认真，墙体交接处不同时咬砌，只留马牙槎或直槎又不加拉筋，板缝间、梁板和墙体间不按施工图要求安放拉结筋等，都会影响房屋的抗震能力。

2.2.2 抗震鉴定

多层砌体房屋，可按结构体系、房屋整体性连接、局部易损易倒部位的构造及墙体抗震承载力，对整幢房屋的综合抗震能力进行两级鉴定。具体鉴定办法可遵照《建筑抗震鉴定标准》GB 50023—2009 第 5 章执行。

2.2.3 修复与加固方法

1. 墙体的修复加固

（1）一般开裂墙体

1）墙体有细微或不严重的裂缝，且修复加固烈度不高时，根据施工条件可分别考虑采用压力灌浆法或化学灌浆法等进行修复，以恢复墙体的抗震能力。

2）墙体有较重裂缝，且修复加固烈度较高时，可采用水泥砂浆、钢筋网水泥砂浆面层法及钢筋混凝土面层法进行加固，也可先采用压力灌浆或化学灌浆先对裂缝进行修复后加固的方法。

对一般性斜裂缝，也可采用图 2-45～图 2-48 的方案进行加固。窗间墙裂缝可采用图 2-49～图 2-52 的方案进行加固。

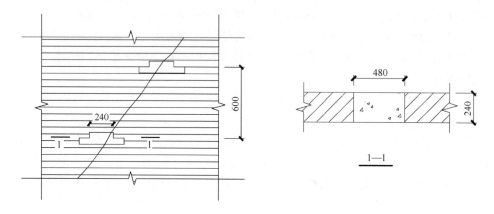

图 2-45　砖墙斜裂缝加固方案（一）

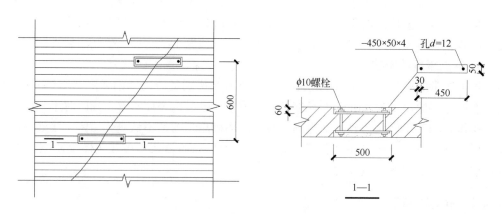

图 2-46　砖墙斜裂缝加固方案（二）

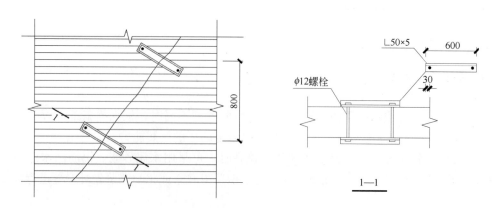

图 2-47　砖墙斜裂缝加固方案（三）

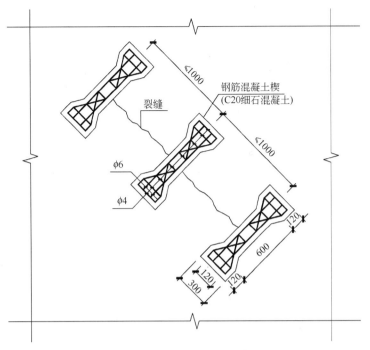

图 2-48 砖墙斜裂缝加固方案（四）

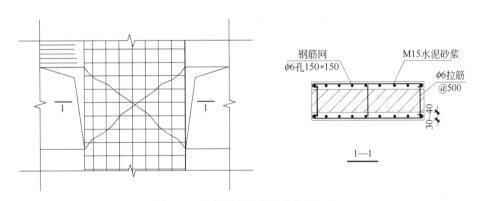

图 2-49 窗间墙裂缝加固方案（一）

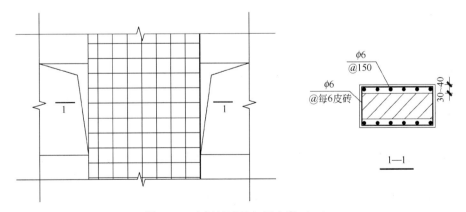

图 2-50 窗间墙裂缝加固方案（二）

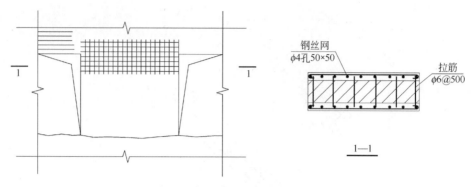

图 2-51　窗间墙裂缝加固方案（三）

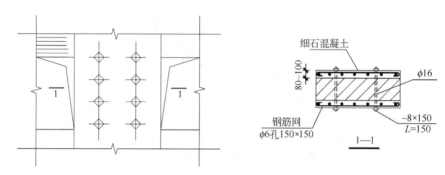

图 2-52　窗间墙裂缝加固方案（四）

3）当墙体上裂缝较宽并有滑移错位或已酥碎，丧失承载能力时，可将其局部拆砌（见图 2-53）或全部拆砌。

（2）外墙转角开裂墙体

外墙转角处有明显裂缝歪闪者，可根据歪闪情况用拉杆单面拉结（见图 2-54）或双面拉结（见图 2-55）。有明显裂缝时，可采用钢筋混凝土外包角法进行加固。仅有局部裂缝歪闪者，可用钢筋混凝土拐梁局部加固裂缝或歪闪部分（见图 2-56）。

（3）纵横墙连接处开裂墙体

纵横墙连接处，如由于屋面构件或楼盖水平推力产生的竖向或斜向拉开裂缝，采用马牙槎、直槎连接，震后脱开出现裂缝时，可采用钢拉杆或其他增强拉结强度的措施。拉杆可根据房屋的进深尺寸和歪闪情况采取沿房屋宽度拉通（见图 2-57）或局部锚固在横墙内（见图 2-58）的方法设置。

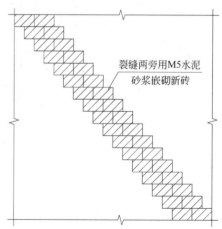

图 2-53　局部拆砌加固法

（4）屋架、大梁等支座下开裂墙体

当裂缝少而细时，可用填缝的方法，填缝前应先将缝内的散灰、碎砖屑用水冲刷干净；当裂缝少而宽时，可把裂缝两旁的砖拆去，用 M5 水泥砂浆嵌砌新砖（见图 2-53）。砌新砖时，一定要保证与旧砖墙有可靠的粘结，并沿砖缝适当配筋，也可在开裂区段内每隔 1m 间距用钢筋混凝土楔（见图 2-48）加固。或在梁端下换设支承垫块，以使支承处砌

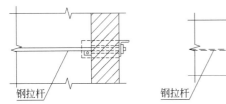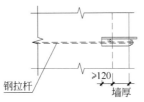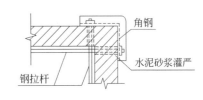

图 2-54　外墙转角拉结（单面）

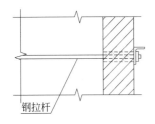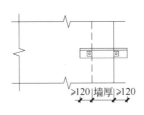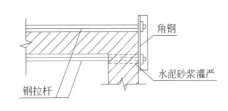

图 2-55　外墙转角拉结（双面）

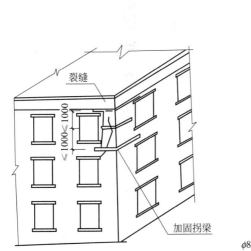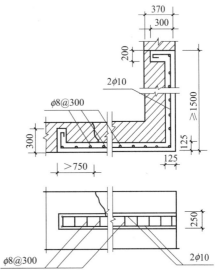

图 2-56　外墙转角局部开裂加固

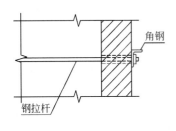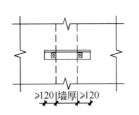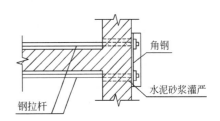

图 2-57　横墙与纵墙拉结（一）

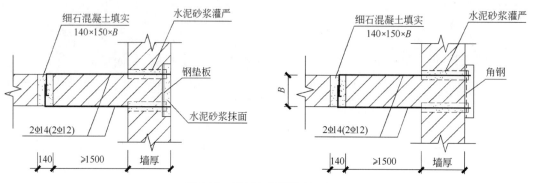

图 2-58　横墙与纵墙拉结（二）

体具有足够的强度并将荷载传布于下部墙体。其具体实施为，先在梁端安设好临时支撑，然后把梁底已挤压破碎或有破坏迹象的砌体，进行掏挖清除，然后用高强度砂浆和块体砌筑新砌体以代换原已损坏的小砌体，梁底用高强度干硬砂浆塞实、楔紧，待砂浆有足够强度后，拆除临时支撑，使梁端荷载全部传于新换砌的支承面上。对支承反力较大的梁，应在梁端补设梁垫，通过梁垫扩大承压面，相应地降低梁垫下砌体的局部压应力，通常采用预制钢筋混凝土梁垫，先按设计规定的尺寸和构造预制好，再按上述步骤把梁端有破坏痕迹的砌体掏除后，把预制梁垫换入，安设在紧贴梁端底面，并予以嵌实。如掏除的破损砌体厚度较大时，应先在梁垫下换砌好一定厚度的新砌体，再在上面安放梁垫（见图2-59）。

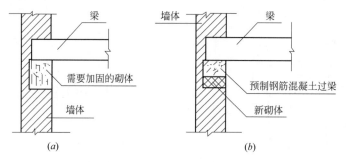

图 2-59　梁端支承处局部加固
（a）加固前；（b）加固后

（5）膨凸或整体倾斜墙体

倾斜膨凸墙体，如其有保存价值且震害程度又不十分严重时，可采用相应的工程措施，制止变形的进一步发展，同时提高其强度和稳定性，恢复或提高其抗震能力。若砌体膨凸变形严重，砂浆或块材的耐久性差，同时又伴有其他病害缺陷时，则宜局部或整体进行拆除重砌。

对于墙体开裂外倾，预制板缝拉开，房屋的整体性较差，则可采用加设圈梁的方法进行加固。原楼已有圈梁，但仅沿外墙设置，横向很少拉通时，尚应采用加设拉杆进行加固，屋顶层最好每道横墙均设拉杆拉通，下层横墙较密时可隔间拉通。当横墙较密时通常可采用型钢圈梁，横墙较少时可采用钢筋混凝土圈梁。

除此之外，尚可采用图 2-60～图 2-66 的措施进行加固。

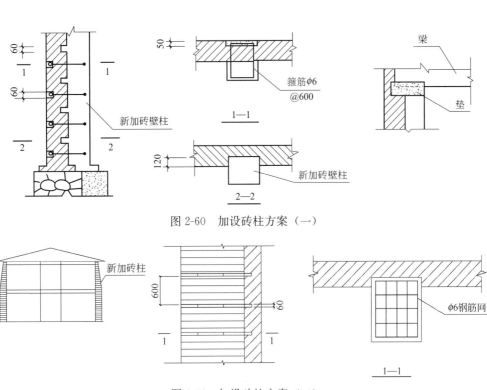

图 2-60 加设砖柱方案（一）

图 2-61 加设砖柱方案（二）

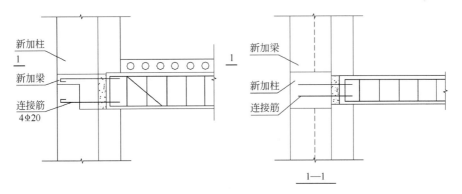

图 2-62 加设砖柱方案（三）

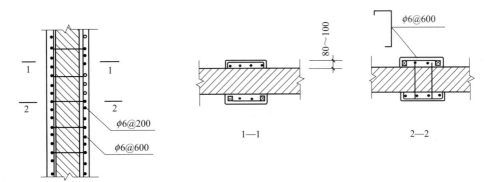

图 2-63 加设钢筋混凝土壁柱方案（一）

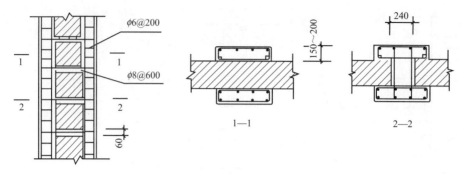

图 2-64 加设钢筋混凝土壁柱方案（二）

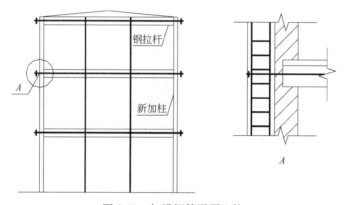

图 2-65 加设钢筋混凝土柱

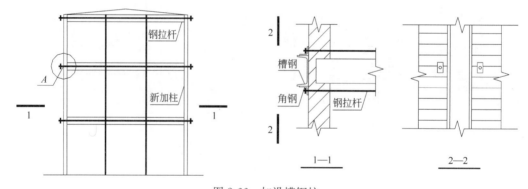

图 2-66 加设槽钢柱

对于整体倾斜的墙体，如质量较好，墙面平正，无严重膨凸，且地基基础较好时，可采用图 2-67 所示的方法进行矫正，其步骤为：

1) 先卸除墙身负荷。若墙身上部有屋架或大梁时，应先用临时支撑，支托屋架或大梁，若山墙端搁有檩条时，亦应用临时支撑加以支托，使搁置于墙上的梁、屋架、檩条荷载转移到临时支撑上，而墙体上部成为自由端。

2) 安设矫正设施。沿需要矫正墙段每隔 2.5～3m 间距布设一组矫正顶撑装置。每组装置由墙体倾斜一侧的地面木桩、斜向压杆和千斤顶、墙面受力垂向木垫板（厚 20mm，宽 200mm 左右）和防滑条、三角形木挡板以及倾斜反侧面的保险支撑等组成。必要时，可将每两组的墙面受力垂向木垫板用横板加以连接（见图 2-67）。

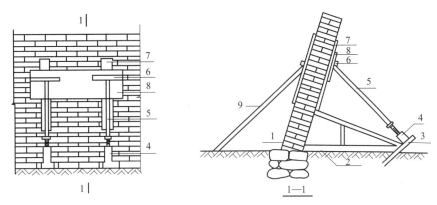

图 2-67 墙体矫正顶撑装置示意图

1—掏出灰砂的砖缝线；2—三角形木挡板；3—木桩；4—千斤顶；5—斜向压杆；

6—防滑条；7—垂向木垫板；8—连接横板，按需要设置；9—保险支撑

3）右倾斜墙面的反侧，离地约 300mm 处，将砌体横向灰缝内的灰砂掏去一部分，使矫正时墙面沿此灰缝转动恢复。

4）矫正时，同时扳动每组千斤顶，通过斜向压杆对墙体施加推力。同时逐步释放侧面的保险支撑，使墙体在推力作用下逐步扶正，恢复到垂直位置，此时倾斜一侧的墙体灰缝将陆续出现裂缝，刮除灰缝内残留砂浆后，用薄铁片将缝嵌塞，并用 1：1 干硬性水泥砂浆填密。待砂浆达到规定强度后，拆除矫正设施及临时支撑，再将原有荷载重新置于墙上。

2. 楼屋盖等的修复加固

（1）楼屋盖

因楼、屋盖构件支承长度不足产生预制板缝拉开等破坏时，可采用在楼、屋盖上做 30～40mm 厚的钢筋网水泥或细石混凝土面层等加固方法。

砖拱砌体中的裂缝，可采用压力灌浆或化学灌浆修复；砖拱砌体有酥碎碱蚀的，应拆换重砌。因整体性不好出现震害的砖拱楼层可采用图 2-68 所示设圈梁的方法进行加固。

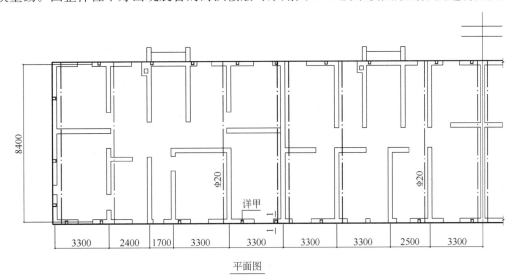

平面图

图 2-68 砖拱楼房设圈梁加固（一）

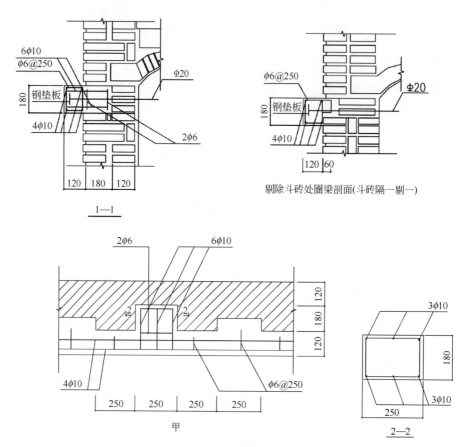

图 2-68 砖拱楼房设圈梁加固（二）

无下弦人字木屋架房屋，若人字架对墙体产生明显的外推破坏，则应挑顶重新做屋盖。

两坡顶房屋，如顶棚以上的山尖墙严重松散、开裂、错位或局部塌落，可用高强度砂浆拆砌，并在有条件的地段加设抱山垛（见图 2-69）。如山墙大部分严重破坏，也可改变屋顶做法。

（2）砖过梁

对细小裂缝可采用压力灌浆法和化学灌浆法进行修复。

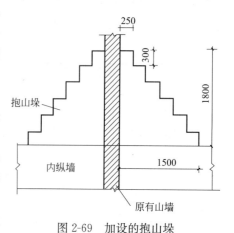

图 2-69　加设的抱山垛

开裂变形严重者应根据过梁跨度大小分别采用不同的方法加固。当跨度小于 1m 时，可用 M10 水泥砂浆捻缝，并在砖过梁支座处墙的两侧凿洞，每侧加一根 $\phi 12$ 钢筋，并用细石混凝土堵洞，在过梁底面用 M5 水泥砂浆抹面（见图 2-70）。当跨度大于 1m 时，应拆砌开裂墙体换成预制钢筋混凝土过梁，其支承长度不应小于 180mm（见图 2-71）；当窗口上、下普遍开裂时，可用预制钢筋混凝土窗框加固（见图 2-72）。

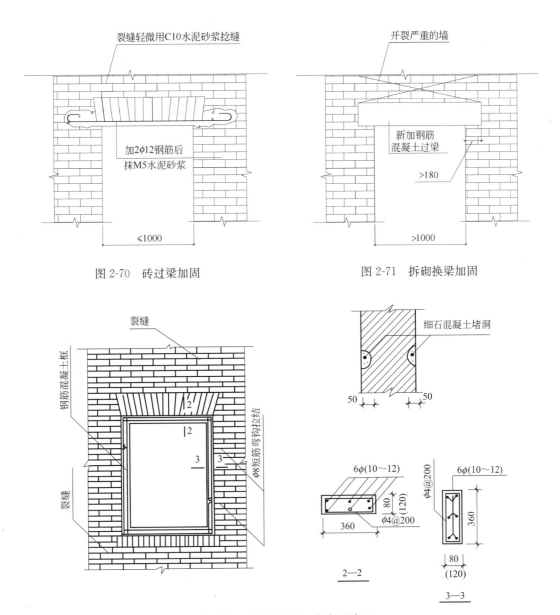

图 2-70　砖过梁加固

图 2-71　拆砌换梁加固

图 2-72　用钢筋混凝土框加固窗口

　　砖过梁的拆砌方法如图 2-73 所示，先将砖过梁的底部用帽木和撑木构成的支架托住，撑木用木楔打实，支托牢固后开始将砖块局部拆去。两侧保留的砌体面，要把灰砂刷除干净，用水润湿，新砌体用的砖块亦应浇水润湿，然后用高一强度的砂浆砌筑，待砂浆达到一定强度后，再将支架拆除。

　　跨度较大的砖过梁拆修时，先安好支托上部砌体荷重的临时支撑架后，再架设过梁横板并将砖过梁连同上面部分砌体进行拆除。采用预制钢筋混凝土过梁替换时，每个洞口上宜由内、外两根组成，其截面尺寸及配筋，应根据荷载、跨度，经计算后确定。安装方法是：先将过梁上支承的梁、板用临时支撑支托，然后在洞口顶墙面一侧的安装位置，凿出水平槽，其高度高出梁高 0.4～0.6m，深度等于一根梁的宽度加粉刷厚度，长度为洞口跨距加两端支承长度。先在凿好的槽内粉刷一层素水泥浆，再把预制梁安放入槽，并用楔子嵌牢。梁的两端及上部与砌体间均用干硬水泥浆嵌实，待砂浆硬化后，再开始在同一洞口的另一侧安装第二根梁（见图 2-74）。

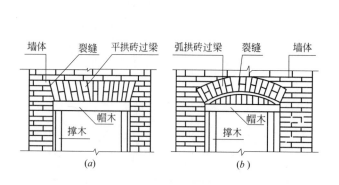

图 2-73　拆砌的支托示意图
（a）平拱砖过梁；（b）弧拱砖过梁

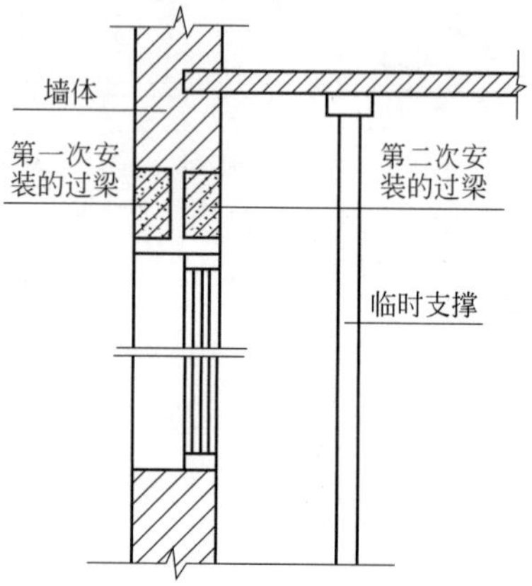

图 2-74　预制过梁安装示意图

（3）女儿墙

震损女儿墙应视具体情况修复加固或拆除、拆矮。图 2-75 为一种女儿墙修复加固方法。

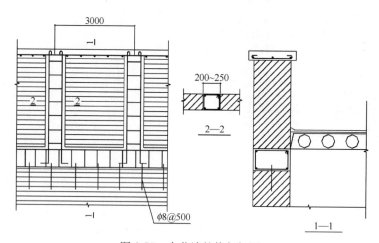

图 2-75　女儿墙的修复加固

2.2.4　修复加固实例

【实例】 辽宁海城市招待所修复加固

辽宁省海城市招待所位于辽宁海城市，建筑面积 6900m²，1959 年施工，1963 年建成，未进行设防，Ⅱ类场地。

1. 建筑结构概况

原建筑为"山"字形平面，由五道伸缩缝划为六个单元（东西两肢、东西两翼、中间肢和中央主楼），如图 2-76 所示。

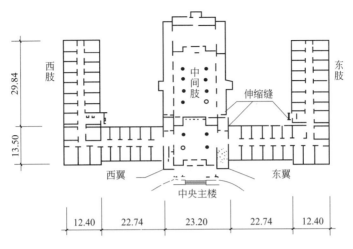

图 2-76　海城市招待所平面图（m）

两肢和两翼楼为三层砖混结构，总高为 13.62m，现浇钢筋混凝土楼、屋盖。纵墙承重，外纵墙为 370mm 厚，走廊墙为 240mm 厚，横墙为 240mm 和 370mm 厚。横墙最大间距，两肢部分为 25.4m，两翼部分为 18.2m。开间为 3.6m 和 3.8m，进深 5.0m。非承重墙为 120mm 厚白灰炉渣砌块墙。两翼部分一端为开口伸缩缝，见图 2-77。

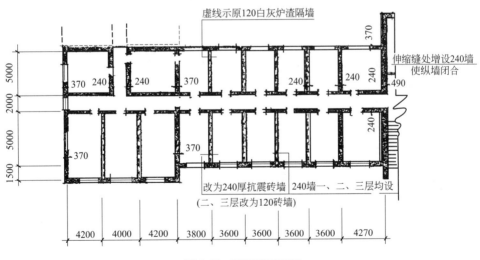

图 2-77　两翼楼平面图

中间肢部分为二层内框架结构（底层为餐厅，上层为礼堂），底层为四排柱，上层为双排柱。全宽 23.2m，大厅跨度为 15.2m，总高度为 13.17m，现浇钢筋混凝土楼盖和拱形梁板屋盖。

中央主楼为四层内框架结构，四根直径 350mm 的钢筋混凝土柱，现浇钢筋混凝土楼、屋盖，总高度为 19.17m，见图 2-78。

砖墙砂浆强度等级为 M2.5，基础为毛石砌筑。

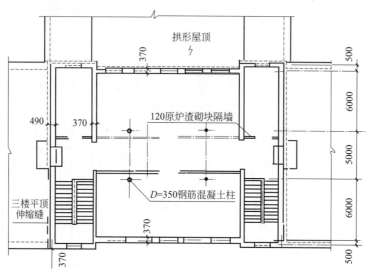

图 2-78　中央主楼四层平面图

2. 震害概况

1975年2月4日辽宁海城发生7.3级地震时，该地受9度地震影响，建筑遭到严重破坏。两肢楼全部倒平；两翼楼底层纵横墙严重剪切破坏并错动，二、三层基本完好。

中间肢部分内框架基本完好，外纵墙破坏严重，窗间墙剪裂，端部掉角，二层山墙（舞台后墙）长15.2m、厚490mm全部破坏，水平断裂并出现平面错动200mm。

中央主楼立面凸出的四层墙体全部破坏严重，四角掉下，北墙倒塌，四根柱上下端水平断裂，整个屋盖向东南偏移70mm，半个屋盖塌落。正面两侧南部楼梯间外墙二层半以上全部塌落。一层纵横墙普遍开裂，二、三层墙体破坏轻微。

3. 重建、修复加固

（1）东西两肢楼重建

东西两肢楼震时完全倒塌，清除废墟后检查发现，基础无损，地基无变异，为此重建时利用原基础，但改变原承重方式。

1）变原纵向承重为横向承重，原三层总高12m改为四层总高12m，层高3m。一层横墙370mm厚，二～四层240mm厚，M5砂浆砌筑，新做横墙基础。新设计的两肢楼平面如图2-79所示。

2）内外墙新老基础被暖气地沟隔断，为防止新旧基础沉降不均，在基础顶面设与墙同宽的钢筋混凝土地梁。

3）每层在楼板下设圈梁，横墙每两间一道，外墙圈梁不被楼梯间窗洞所断（见图2-80）。

4）预制空心楼板纵横板缝内设钢筋拉结，灌C20细石混凝土，板与墙拉结。

5）与未倒塌两翼楼间的伸缩缝加大为80mm的防震缝。

（2）两翼楼修复加固

1）根据底层墙体破坏严重，失去承载能力，二、三层较轻的特点，将底层砖砌体全部拆换，新做240mm厚承重砖墙。二、三层增设抗震横墙，改变为纵、横向承重（见图2-81）。

两翼楼内横隔墙原为120mm厚白灰炉渣砌块，进深梁承重。震后破碎倒塌，将其拆

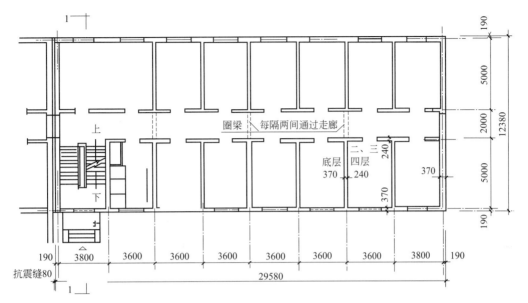

图 2-79　两肢楼平面图

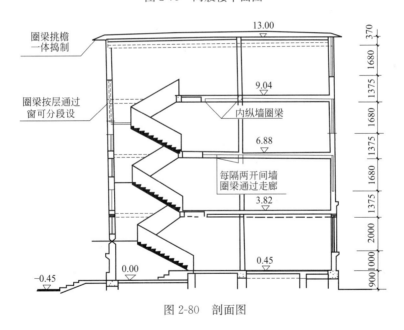

图 2-80　剖面图

除新做 240mm 厚承重砖墙，墙下补做砌石基础，基础顶面增设钢筋混凝土基础梁，梁的两端搭在内外纵墙基础上，如图 2-82 所示。

2）两翼与主楼原设插入式伸缩缝，四道纵墙末端不封闭。修复加固时，从下至上增加 240mm 厚横墙，成为封闭的双墙伸缩缝。

3）根据新做 240mm 厚横向承重砖墙的特点，先拆砌内横墙，再做走廊纵墙，后修外纵墙。大量修复实践证明，严重破坏尚未倒塌的砌体仍有一定的承载能力，可以维持"拆而不倒"，应充分利用暂时未拆墙体的承载能力。拆砌时应分段，及时拆及时砌，每段长度 1.5～2.0m，也可逐渐增加到 2.0～3.0m，窗间墙拆修应间隔进行。

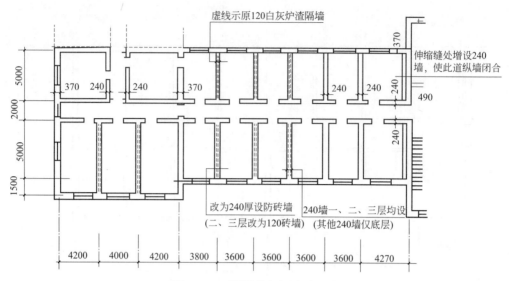

图 2-81　两翼楼修复加固平面图

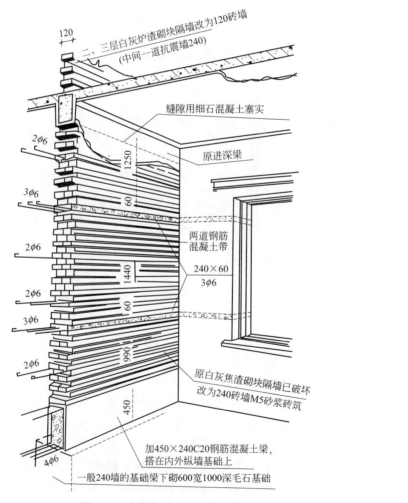

图 2-82　底层新增 240 墙构造图

4）复砌到顶的墙与顶部保留的梁、板间的结合部位采用填塞砂浆楔入铁块或用细石混凝土填塞的方法，施工时应注意使其密实（见图 2-83）。小于一皮砖的缝隙用较小骨料混凝土（C20）填塞。一侧木板挡严，另一侧留口灌填，用铁棍或铲捣围。缝内预先浇水，深处先灌稍流动的混凝土，口处则用较干的混凝土。捣固满后停 1h 左右再打紧一遍或加铁楔块，使缝内混凝土更加密实。

两翼楼底层内外墙全部换新后，在上部荷载作用下，新旧部位接触是紧密的。由于受震砌体松动，复砌时砂浆收缩及接缝密合，两翼楼底层高度均匀下沉 15mm。

5）二、三层增设的抗震横墙（240mm）和更换的隔墙（120mm）与纵墙的连接方法是，在纵墙上每隔 4～5 皮砖（扣除槽茬），新砌横墙与其直茬相接，设两道钢筋混凝土拉结带（120mm 厚）伸进纵墙，灌筑成"丁字头"（见图 2-84）。

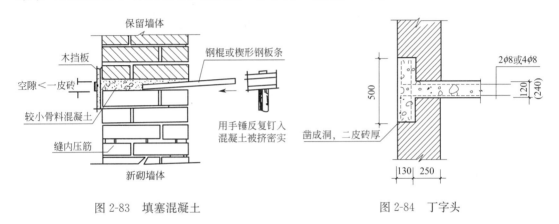

图 2-83　填塞混凝土　　　　　　图 2-84　丁字头

6）支顶问题。虽然破坏的砌体仍不失支承能力，但无法计算，破损程度不同也无法试验取得参考数据。所以，在充分利用砌体残存支承能力，适当调整拆换部位的同时，必须注意支护，保证施工安全，维持结构不致过大变形或破坏，控制裂缝开展。

支顶的原则为：①梁端必支；②板端分布支，装配板应加横担木；③墙顶中心或两边抬。布顶的圆木直径 150～200mm，间距 1.5～2.0m，顶柱底部垫方木，木楔双面加紧。仅拆换不宽的窗间墙时（≤1.5m），支顶木可设在内外窗台上，上顶过梁（见图 2-85、图 2-86）。

纵向承重内墙（如走廊墙），墙厚较小，严重破坏后在上部大量荷载作用下易发生失稳现象。东翼楼底层走廊墙，当与其相接的横墙拆除时，曾出现顶板下沉、墙平面隆起现象。由于随时注意观察，及时加设水平支顶，避免了事故发生（见图 2-87）。

（3）中间肢修复加固

中间肢底层为四柱列内框架，破坏甚微，故仅作一般维修。二层为双柱列内框架，两柱间为 15m 跨大厅，其端部拱形山墙严重破坏。修复加固的主要部位及方法为：

1）一、二层窗间墙拆除重砌，砌体内加筋。

2）二层大厅前部伸缩缝处框架柱柱头，由于建楼施工马虎，柱的混凝土施工缝中，堆积了大量锯末、树叶未清洗，造成柱的薄弱点，震时伸缩缝处撞击，混凝土酥碎钢筋弯曲。修复加固时，柱边附加钢管柱永久支顶，柱头清除杂物，重灌细石混凝土。

3）二层舞台后山墙，弓形钢筋混凝土梁下弦以下的墙体，分两大片先后拆除重砌，增加两道 600mm 宽的钢筋混凝土圈梁，圈梁中有插筋（中距 0.75～1.0m，φ8）与上下

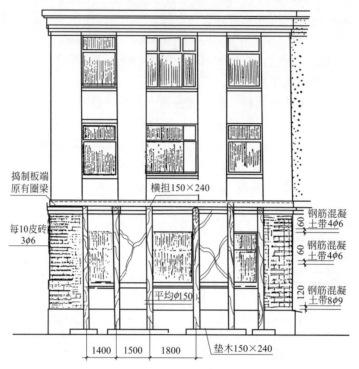

图 2-85　部分支顶拆换示意图

横担150×240

捣制板端
原有圈梁

每10皮砖
3φ6

平均φ150

钢筋混凝
土带4φ6

钢筋混凝
土带4φ6

钢筋混凝
土带8φ9

垫木150×240

1400　1500　1800

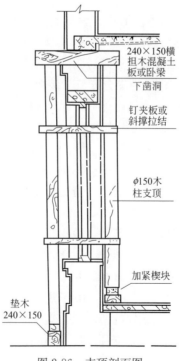

图 2-86　支顶剖面图

240×150横
担木混凝土
板或卧梁

下凿洞

钉夹板或
斜撑拉结

φ150木
柱支顶

加紧楔块

垫木
240×150

70

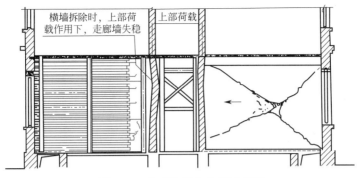

图 2-87　走廊墙横向支顶示意图

砌体连固，圈梁拐进纵墙 3.0m，钢筋与原梁板的钢筋焊接（见图 2-88）。

大面积拆砌必须全面支顶。在弓形梁下弦下面，每隔 1.5m 将砖墙凿洞，穿入横担木方，支顶圆木立于室内楼板和室外屋顶上，柱脚下垫方木及加紧楔。

舞台后山墙修复时曾欲加扶壁柱，但下层没有落脚点，故只增设圈梁。圈梁宽度 600mm（大于跨度的 1/30）。圈梁凸出内墙面不影响使用，也不影响美观。

（4）中央主楼的修复加固

修复加固的主要部位及相应采取的措施为：

1）底层横墙均有裂缝，尚未贯通错位，故未拆换，仅重新抹灰。

2）楼梯间采用如下措施：

①用不低于 M5 等级的水泥砂浆砌筑，每 10 皮砖配 $4\phi6$ 钢筋；

②埋入墙里的竖向管道改为明装；

③层高处设圈梁，楼梯平台板钢筋加长，满搭在外墙上（见图 2-89）。

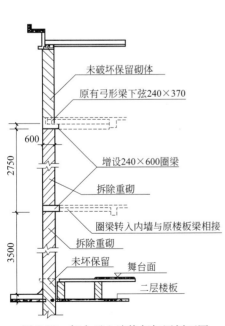

图 2-88　舞台后山墙修复加固剖面图

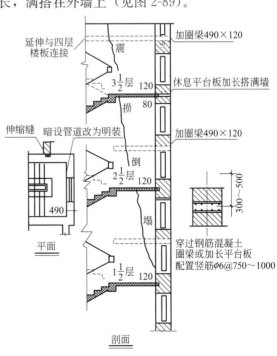

图 2-89　楼梯间修复加固剖面图

3）震后整个顶层向东南角移动 70mm，四根柱上下折断，随之倾斜 70mm。修复加固的措施为：

①四根钢筋混凝土柱加粗为 700mm×700mm，从三楼地面升起，已经倾斜不易拨正的圆柱包在方柱内。

②墙与柱之间增设钢筋混凝土隔墙（150mm 厚），横墙之间增设纵向连系墙、梁。

③缩小横墙洞口宽度、高度。

④内外墙完全换新，墙内配筋和钢筋混凝土带，缩小窗间墙，附加钢筋混凝土壁柱，支顶屋顶小梁，增强墙体抗弯承压能力。

⑤塌落的屋顶梁重做（见图 2-90）。

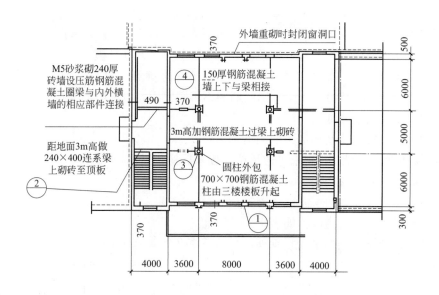

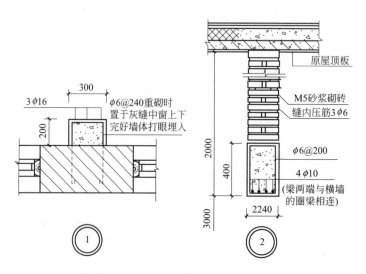

图 2-90 屋顶梁修复加固平面图（一）

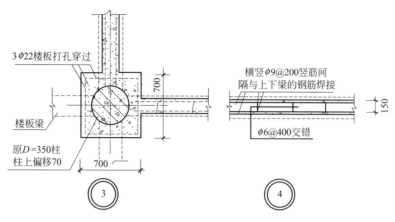

图 2-90　屋顶梁修复加固平面图（二）

4）东南角楼梯间外墙倒塌，造成屋顶钢筋混凝土板折断下倾 120mm。修复加固时拟顶升复位，但板的裂缝内残渣不易清除，顶升时裂缝要继续扩展，板的钢筋要伸长，故未进行顶升处理。修复后对外形无大影响，不细心观察看不出屋檐下倾。

2.3　底层框架、内框架房屋

2.3.1　震害分析

1. 底层框架

底层框架砖房震害加重的原因是上部各层纵、横墙较密，它不仅重量大，而且侧向刚度也大；而底层承重结构的框架，其侧向刚度比上层小得多，这样就形成了"底层柔，上层刚"的结构体系。这种刚度急剧变化，使层间侧向变形集中于相对薄弱的底层，而其他层间侧向变形很小。地震时，房屋某个部位的变形超过该部分构件的极限变形值就发生破坏，超过得愈多，破坏就愈严重，底层框架砖房由于地震位移集中于底层，因此底层破坏也就愈严重。

2. 内框架

（1）内框架房屋顶层纵墙的震害，主要是由于地震时内框架柱与外墙砖壁柱的振动不一致。而砖墙的抗剪和抗拉强度远比框架柱低，因此造成外墙壁柱产生水平断裂，或者纵向墙窗台上下由于弯曲造成水平裂缝。

（2）横墙的斜向或交叉斜裂缝震害，主要是由于横墙作为内框架结构中的主要抗侧力构件，其刚度比内框架梁柱要大得多，因此在地震时将承受很大的水平力而最先破坏，形成斜向或交叉裂缝。

（3）内框架结构梁柱节点的破坏，主要发生在横墙间距过大的结构中。当横墙间距过大时，如果楼盖体系的整体性较差或水平刚度过小，地震力就不能全部传递给承重横墙。从而使框架柱承受过大的水平力或发生较大的变形，造成内框架梁柱节点承担过大弯矩而破坏。

2.3.2　抗震鉴定

内框架和底层框架砖房，可按结构体系、房屋整体性连接、局部易损易倒部位的构造及砖墙和框架的抗震承载力，对整幢房屋的综合抗震能力进行两级鉴定。具体鉴定办法可遵照《建筑抗震鉴定标准》GB 50023—2009 第 7 章执行。

2.3.3　修复与加固方法

1. 框架部分

底层框架砖房的框架部分、多层内框架砖房的内框架部分均可按多层或高层钢筋混凝土房屋中震损梁、柱处理办法予以修复加固。

2. 墙体部分

（1）底层框架砖房的底层震损抗震墙，根据具体情况可分别采用压力灌浆法、水泥砂浆面层法、钢筋网水泥砂浆面层法、钢筋混凝土面层法、喷射混凝土法或改设钢筋混凝土抗震墙法等方法进行修复或修复加固。

（2）底层框架砖房的上部各层遭到破坏时，可按多层砌体房屋中墙体的处理方法进行修复加固。

（3）多层内框架砖房震损横墙，可按多层砌体房屋中墙体的处理方法进行修复加固。横墙破碎坍塌或顶层端横墙向外倒塌造成端开间屋盖塌落时，应拆除该处残留墙体并按修复加固烈度水准重砌。

（4）多层内框架砖房震损纵墙，宜在横梁轴线处加设钢筋混凝土板墙与原墙体形成组合截面柱，以提高其抗震能力。

（5）多层内框架砖房转角处出现 V 形裂缝时，可采用钢筋混凝土包角方法进行加固；出现双向错位时，应拆砌。

2.3.4　修复加固实例

【实例】　北京市新华书店新新营业楼修复加固

北京市新华书店新新营业楼由于位于北京市王府井大街上，人流稠密，且一～三层在使用上不允许增设抗震墙；若加强框架截面和节点，则工程量较大，影响正常营业，为此，采用在建筑四角部位的内侧增设单面钢筋混凝土抗震墙的修复加固方案。

北京市新华书店新新营业楼，建筑面积 5535m²，1969 年建成，未进行设防，Ⅱ类场地。

1. 建筑结构概况

一～三层为营业厅，四层为办公室和会议室。结构临街一侧为框架，其余为内框架，内柱为双排，中间跨 7.9m，两边跨 6.4m，一般开间为 6.3m，南北两端开间为 5.4m，中间部分开间为 12m。后面两侧有凸出的楼梯间，中央后部凸出部分为楼梯、厕所、锅炉房等辅助房间。四层平面缩为山字形。详见图 2-91、图 2-92。

框架为现浇钢筋混凝土梁柱。柱截面为 400mm×400mm；梁截面呈花篮形，上铺预制槽形板，沿柱轴线梁上有现浇带；中间部分为现浇式楼盖。墙体，外墙厚为 370mm，内墙

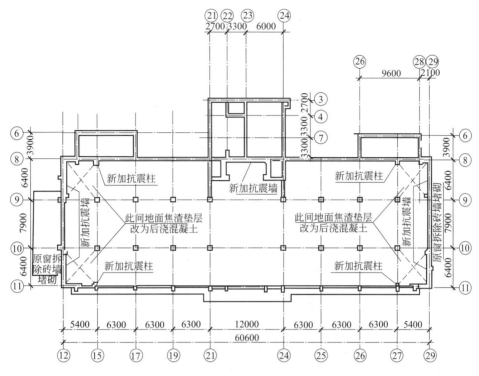

图 2-91 一～三层加固平面图

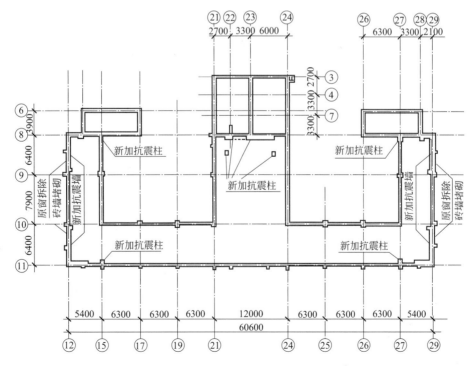

图 2-92 四层加固平面图

厚为240mm，南、北、东三面砖墙承重，西侧临街为框架结构，东侧个别柱轴线处墙内有柱，南北山墙有扶壁柱，砖强度等级为MU10，砂浆强度等级为M5，个别扶壁柱提高到M10。四层框架部分填充墙用加气混凝土块砌筑。每层均有圈梁。基础为钢筋混凝土柱基，纵横向设有拉梁。墙基为钢筋混凝土条形基础，埋深2.4m，地基承载力为120kPa。

2. 震害概况

1976年唐山发生7.8级地震时，该地遭遇烈度为6度，建筑遭中等程度破坏。北山墙一、二层窗肚墙产生八字形裂缝，北山墙扶壁砖垛错裂。北楼楼梯间的窗肚墙产生X形裂缝，西侧外墙（非承重墙）上也有轻微裂缝，框架结构完好。

3. 修复加固

本工程修复加固按8度要求进行。其措施为：

（1）该建筑位于北京市中心主要街道上，人流稠密，一～三层在使用功能上不允许增

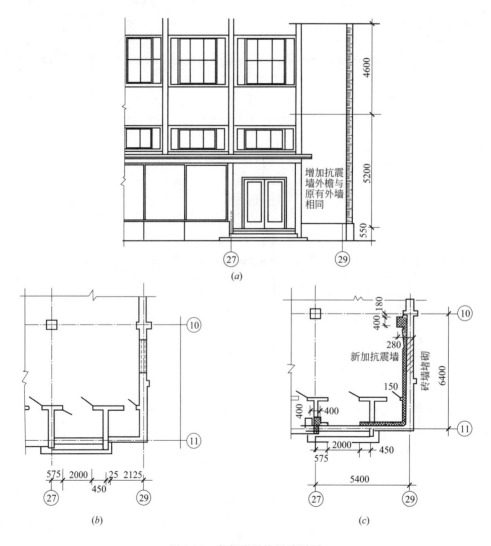

图 2-93　角部增设抗震墙详图

（a）立面图；（b）加固前角部平面图；（c）加固后角部平面图

设抗震墙；若加强框架截面和节点，则工程量较大，影响正常营业，而且框架与砖墙刚度不协调，故采取在建筑物四角部位内侧增设单面钢筋混凝土抗震墙来承受水平地震力。

又考虑到抗震墙的间距较大，楼层结构刚度较低难以传递水平地震力，所以在中间部位还增设了一组抗震墙（见图2-92、图2-93）。

四角部位的抗震墙，纵横向各延长一开间，墙厚150mm，在墙的尽端作钢筋混凝土400mm×400mm附壁柱。墙内配筋为φ14@150（①、②层），φ12@150（③、④层）皆双层双向配置。抗震墙混凝土为C20，抗震墙与原有砖墙之间用钢筋混凝土销键连接，间距0.1m，呈梅花形布置。墙根部伸至原砖墙基础处，向上穿透各层楼盖，凿透槽形板150mm宽，保留板肋和板面钢筋，待抗震墙钢筋绑扎后一起浇灌。山墙的窗洞用砖堵砌。

（2）正厅中间南侧增设U形抗震墙，做法同四角部位。在⑧行⑮、㉗列轴线处贴补墙各增加钢筋混凝土柱一根，截面为400mm×400mm，增强对主梁的支承，也可提高建筑物的四角空间刚度和有利于地震力承受，四角部位（6.4m×5.4m范围内）清除楼层上面的焦渣层，改作钢筋混凝土后浇层，内铺放10@200双向钢筋网（见图2-94～图2-96）。

（3）砖墙裂缝用水玻璃砂浆压实修复。

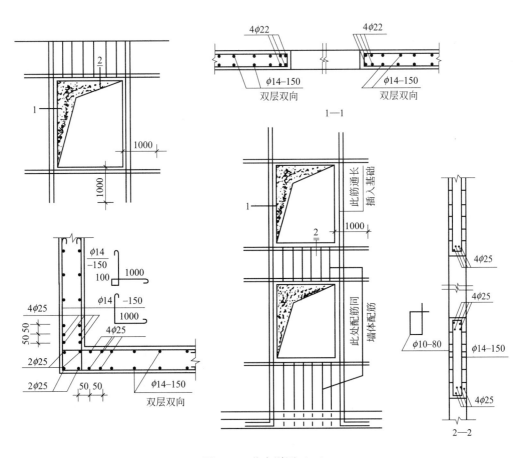

图2-94 节点详图（一）

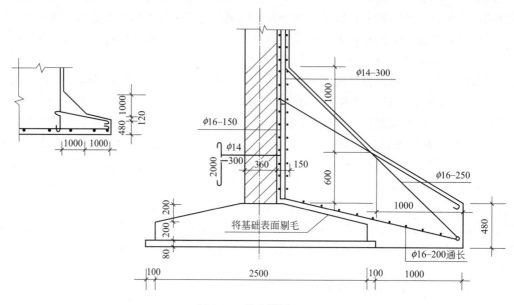

图 2-94　节点详图（二）

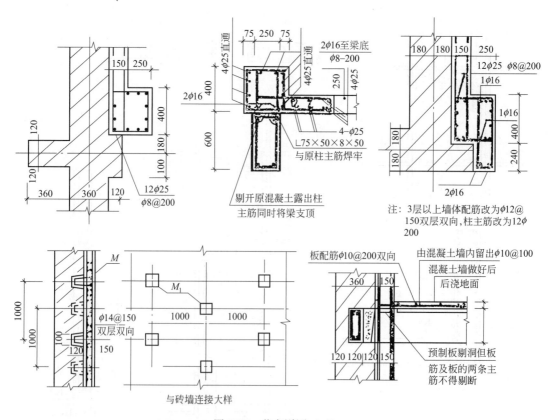

图 2-95　节点详图（三）

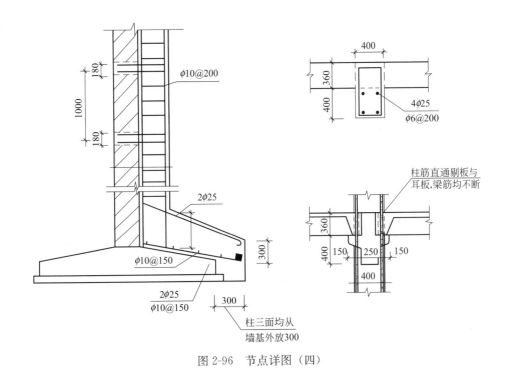

图 2-96　节点详图（四）

2.4　多高层钢筋混凝土房屋

2.4.1　震害分析

1. 框架柱

柱是框架结构主要的承受竖向荷载的构件，也是最主要的抗侧力构件，是决定框架严重破坏和倒塌的关键。未考虑抗震设计的柱子，通常是混凝土强度低、截面小，其轴压比较高，有的柱子属于小偏心受压构件，加之纵向钢筋总配筋率偏低、箍筋直径小（多为 $\phi6$ 钢筋）和间距较大等缺陷，混凝土约束作用不良，所以柱子抗侧力强度及其变形能力较差。当柱子进入弹塑性阶段后，极易产生混凝土压酥、箍筋崩脱和主筋压曲，很快丧失承载力而失败。有的柱子是短柱，地震时不同于长柱集中在柱两端破坏，而是在柱中产生斜向裂缝的剪切破坏，其变形能力更差。

2. 框架梁

非抗震设计的框架梁，通常在跨中底部和支座上部配置有较多的受力纵向钢筋，跨中上部和支座下部配置构造要求的、数量很少的纵向钢筋，箍筋间距也比较大。在地震作用下，梁端将产生较大的正弯矩，使其底部纵向钢筋很快进入屈服阶段而出现竖向或斜向裂缝。边柱梁端的纵向钢筋锚固长度不足，将加重这种破坏（见图 2-97）。一般来说，框架梁的震害远比框架柱轻，通常不会造成框架结构的倒塌，特别是现浇钢筋混凝土楼（屋）面板，防倒塌的能力较强。

3. 框架节点

非抗震设计的框架节点，一般不配置箍筋，在该区范围内柱纵向钢筋自由长度很长，对混凝土约束极差。除节点核心区混凝土可能出现剪切斜向裂缝的地震破坏外，往往与框架柱端破坏联系在一起，一般是外侧无梁约束的边柱节点比四面有梁约束的中柱节点的震害普遍且更严重（见图 2-98）。

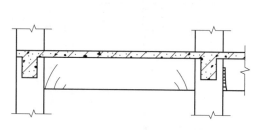

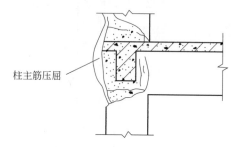

图 2-97　框架梁地震破坏的一般形态　　　图 2-98　边柱节点严重破坏示意图

4. 填充墙

在我国，框架结构的围护墙和隔墙多采用实心砖墙或空心砖墙填砌在梁柱平面内，砌筑砂浆强度低，与框架柱甚至无拉结钢筋连接。在地震作用下，由于填充砖墙的刚度大而强度低，将首先承受大部分地震力而遭受破坏，即使较低烈度时（6～7 度），填充墙周边或中间水平和斜向裂缝也难以完全避免；在较高烈度时，砌体将出现大面积震害，砌体压酥、破坏或掉落，特别是与框架拉结不牢时，稳定性差的墙体可能出平面外大量倾塌，造成次生震害。另外，刚度、强度较大的填充墙，在柱端产生较大的局部剪力，将加重柱端剪切破坏；开洞的填充墙可能使柱形成短柱而脆性破坏。

5. 抗震墙

在地震作用下，一种情况是由于抗剪承载力不足，底层墙身出现斜向裂缝，施工缝处产生水平错动；另一种情况是，带成列洞口的外墙，窗下墙（连梁）出现斜向裂缝或交叉裂缝。

2.4.2　抗震鉴定

在对钢筋混凝土结构做抗震鉴定时，应着重检查框架柱的抗震能力（尤其要检验角柱、边柱和伸缩缝处柱的承载力）、梁柱节点的抗震构造、抗震墙的抗震能力、抗震墙间距、填充墙体与框架主体结构的连接，以及凸出屋面的建筑物或构筑物与主体结构的连接等。具体鉴定办法可遵照《建筑抗震鉴定标准》GB 50023—2009 第 6 章执行。

2.4.3　修复与加固方法

1. 框架的修复加固

钢筋混凝土框架结构的梁、柱和节点出现裂缝或其他破坏时，应根据结构实际情况和修复加固要求，分别采用下列措施：

（1）裂缝较轻时，可采用压力灌浆法或化学灌浆法，也可采用高强胶灌缝法进行修复。

（2）裂缝较重时，可先采用（1）款所述方法进行修复，然后采用外包角钢构架、增设钢筋混凝土内套、用高强胶粘贴钢板或纤维复合材料等方法修复加固。出现破损、酥碎、钢筋外露时也可采用喷射混凝土法加固。

外包角钢、增设钢筋混凝土外套的做法和施工要求可参见《建筑抗震加固技术规程》JGJ 116—2009 第 6 章有关内容；喷射混凝土的做法和施工要求可依据《喷射混凝土加固技术规程》CECS 161—2004 执行。

采用喷射混凝土喷射柱时，喷射前应将开裂、酥松、空响部分的混凝土凿掉，钢筋扭曲处加焊钢筋，然后再喷混凝土。当加固水准要求较高时，也可先采用角钢加固，再将酥松混凝土凿除，然后再喷厚度约 100mm 的混凝土。

对于震前因化工气体等侵蚀而出现混凝土酥松剥蚀，震后混凝土酥松剥落现象有所发展的情况，喷射前先将酥松的混凝土全部清除，原有钢筋除锈，并在梁底部加焊钢筋，然后再喷 60~100mm 厚的混凝土。

（3）高强胶粘贴钢板或纤维复合材料法的要求可参见《建筑抗震加固技术规程》JGJ 116—2009 第 6 章以及《混凝土结构加固设计规范》GB 50367—2013 第 9、10 章有关内容。除此之外，也可视具体情况采用粘贴型钢法加固，其做法和要求可参见《混凝土结构加固设计规范》GB 50367—2013 第 8 章有关内容。

采用粘贴型钢法加固梁柱时，型钢材料可用 Q235 级或 Q345 级钢材。型钢厚度不宜小于 5mm。利用角钢加固梁、柱时，为保证粘贴密实及节省灌缝材料，应将梁、柱角部混凝土磨出小圆角。

框架柱采用粘贴角钢法加固时，柱四角角钢应穿过上、下层楼板并与上层柱加固角钢焊接。不需加固的上层柱及顶层柱，角钢应分别延伸至上层楼板或屋顶板的底面。角钢沿柱高应有扁钢箍，其截面大小及间距应符合框架柱对箍筋的要求。

框架梁采用粘贴型钢法加固时，梁下角可采用角钢；梁顶部则应采用扁钢，扁钢可嵌入在楼板表面剔出的深度为 12mm 的沟槽内，在框架柱处扁钢可沿柱子侧面铺在楼板上，扁钢在沟槽内应用环氧树脂浆粘贴牢固。

框架梁侧面采用扁钢箍加固时，扁钢箍上端可与楼板底面沿梁通长粘贴的扁钢架铁焊接，下端则焊于梁下角角钢肢上。梁的加固角钢、扁钢及扁钢架铁均应用环氧树脂封缝并压灌环氧树脂浆，使其与梁混凝土粘贴牢固。

框架梁、柱采用环氧树脂外贴型钢加固时，型钢表面（包括混凝土表面）应抹厚度不小于 25mm 的高强度等级水泥砂浆（应加钢丝网防裂）作保护层，亦可采用其他具有防腐蚀和防火性能的饰面材料加以保护。当有特定防火要求时，保护层厚度应符合有关防火安全的规定。

（4）框架梁、柱节点及附近遭到破坏时，可采用型钢套箍等方法加固。

（5）短柱破坏者，可采用高强胶灌缝后，在柱四角外包钢板围套加固。短柱采用上述方法加固时，应符合下列要求：

1）钢板厚度不宜小于 3mm；

2）钢板应坐水泥砂浆紧贴柱表面并临时固定；

3）钢板沿柱四角相互焊接；

4）钢板围套加固范围应超过柱破坏区段上、下各 300mm 以上；

5）框架整体抗震能力或刚度不足时，可采用增设钢筋混凝土抗震墙、耳墙或斜撑等方法加固。

增设抗震墙的做法和要求可参见《建筑抗震加固技术规程》JGJ 116—2009 第 6 章有

关内容；支撑通常采用型钢，其杆件应按具体情况控制长细比，其节点焊缝和锚件强度应为支撑斜杆强度的 1.2 倍。为了安装就位方便，每一支撑斜杆的端部应设有不小于 1φ16 的安装螺栓。柱间支撑与柱连接的连接板厚不宜小于 8mm。

2. 楼板的修复补强

当楼板有裂缝时，可根据裂缝宽度采取不同的修复、补强措施。具体可遵照《混凝土结构加固设计规范》GB 50367—2013 第 17 章有关规定进行处理。

3. 填充墙、隔墙、围护墙的修复加固

（1）裂缝较轻时，可采用压力灌浆法和化学灌浆法进行修复。

（2）裂缝较重时，可先采用压力灌浆法和化学灌浆法进行修复，然后采用水泥砂浆面层法、钢筋网水泥砂浆面层法以及钢筋混凝土面层法等方法进行加固。

（3）墙体与柱脱开时，可在柱、墙间增设钢筋拉结。

（4）局部酥裂或倒塌时，应进行重砌。

4. 抗震墙的修复加固

（1）墙体有细微或不严重的裂缝，且修复加固烈度不高时，根据施工条件可分别考虑采用压力灌浆法或化学灌浆法等进行修复，灌浆时必须从两面注入浆料，以恢复墙体的抗震能力。

（2）墙体有较重裂缝，且修复加固烈度较高时，应先采用压力灌浆法或化学灌浆法对裂缝进行修复，然后根据受损程度采用钢筋网水泥砂浆面层法、钢筋混凝土面层法以及高强胶粘贴钢板或纤维复合材料法等方法进行加固补强，详细做法和要求可遵照《建筑抗震加固技术规程》JGJ 116—2009 和《混凝土结构加固设计规范》GB 50367—2013 的有关规定执行。

2.4.4 修复加固实例

【实例】 北京王府井百货大楼修复加固

王府井百货大楼位于首都重要商业区，震后急待恢复营业。当时余震尚有，为此修复时不能过多剔凿原有结构，以防施工时发生地震造成更大的损失，故采用钢桁架支撑加固的方案。

王府井百货大楼位于北京市内，1953 年设计，1955 年施工建成，未进行抗震设防，Ⅱ类场地。

1. 建筑结构概况

建筑总高六层，门面开间七跨，进深十跨，采用 7.5m×7.5m 正方柱网。主体结构为双向井字梁框架，全部现浇钢筋混凝土。围护结构为陶土空心砖砌体，外面为面砖或水刷石饰面。为配合下层大橱窗及雨篷布置，东南两面临街处墙砌在挑出于框架柱外约1.5～2.0m 楼板上，西北两面为柱间填充墙。窗口上、下各有一道通长钢筋混凝土带。五、六层门面开间五跨，进深一跨，四面楼板挑出约 2.0m。内墙与框架未拉结。

2. 震害概况

1976 年 7 月 28 日河北唐山发生 7.8 级地震时，该地遭遇烈度为 6 度，建筑遭受中等程度破坏。承重结构梁、柱无破坏。四层以下的一般构造只是轻微损坏，但临街立面的五、六层门面破坏严重，震后南面山墙出现较大交叉裂缝，砌体挤碎坠落，东南角尤为严

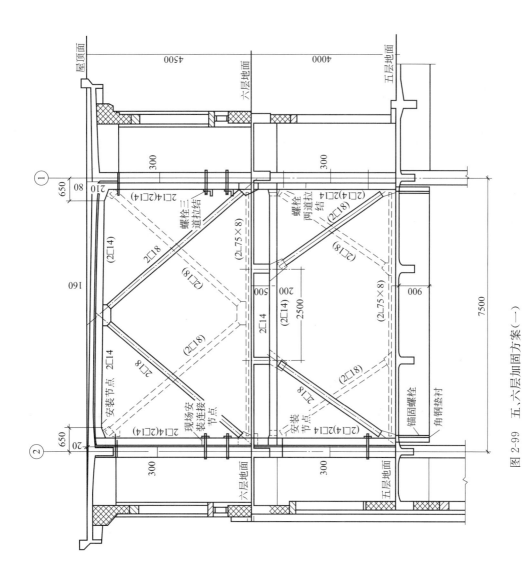

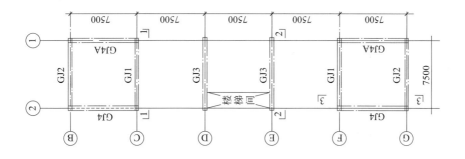

图 2-99 五、六层加固方案（一）

重；五、六层的角柱（假壁柱）已断为三截，六层窗间段已坠落到楼前雨篷上，西南角砌体也坠落在五层屋面上，内墙砌体几乎全部破坏，普遍出现交叉大裂缝，空心砖被劈裂挤碎掉下。

3. 修复加固

王府井百货大楼位于首都重要商业区，地震破坏后急待恢复营业。五、六层框架虽无大损伤但刚度不足，如按照原来构造修复，再次发生强烈地震时，砖砌体仍然会遭受破坏，故需要提高框架刚度才能避免砖砌体破坏。在震情尚未解除情况下进行施工，不能过多剔凿原来的结构，以防在施工时发生地震，结构在削弱情况下受到破坏。为此，采用钢桁架支撑加固框架的方案，即钢桁架衬贴在框架梁、柱中间，横向每排框架一榀共六道支撑；纵向在两端各设两道支撑。桁架按门口位置采用人字形或八字形，如图 2-99 和图 2-100 所示。其实现按如下要求进行：

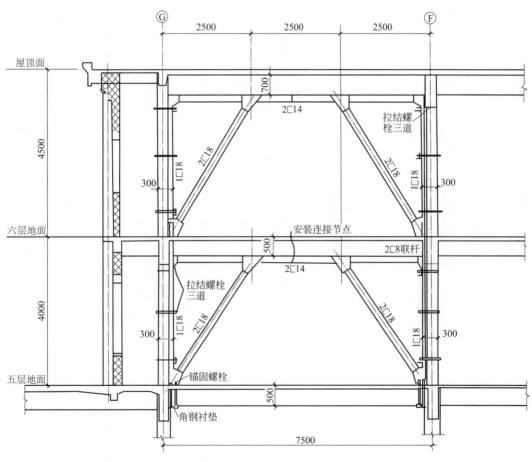

图 2-100　五、六层加固方案（二）

（1）钢架按各剖面所示的材料加工；

（2）钢架尺寸应在现场实测（图示的轴距、标高及构件大小系原设计尺寸）；

（3）钢架加工节点及细部做法由加工厂考虑；

（4）钢架安装前刷防锈漆两道，一道在出厂前刷完，一道在安装前刷完，安装完毕后对损伤漆皮部位应修补油漆；

（5）钢架安装须紧靠框架梁、柱，安装前应铲除抹灰层露出结构面，安装后再用干砂浆捻实缝隙；

（6）五～六层外墙破坏部分的砖砌体须在钢架加固完毕后才能进行修复，修复仍按原设计做，原来遗漏之圈梁（钢筋混凝土带）应予补全，砌体修复后的抗震加固措施与下层相同，随下层加固时再做；

（7）GJ1、GJ2、GJ3 各两榀，GJ1 与 GJ2 的差别在于后者上层柱高减短 240mm，并取消加掖溜肩改为一坡直线，其余均同 GJ1；

（8）GJ4 及 GJ4A 各两榀，GJ4A 上层柱比 LGJ4 短 60mm，其余均同 GJ4；

（9）节点板厚 8mm；缀板 GJ1、GJ2、GJ3 用 $8 \times 200mm - 800mm$，GJ4 为 $8 \times 100mm$；垫板用 14mm；拉结螺栓用 $\phi 22$；锚栓用 $\phi 25$。

2.5 单层工业厂房

2.5.1 震害分析

1. 柱子

由于厂房的屋盖，有时还有吊车梁和边跨屋盖均由柱子承重，水平地震作用使柱子底部产生很大的弯矩和剪力，牛腿正好在柱子与小柱的交界处，刚度发生突变，使柱变截面处产生很大动应力集中，形成柱截面的第二个薄弱环节，由于吊车和吊车梁荷载或边跨屋盖荷载的作用，加上竖向地震作用效应，有时牛腿本身也出现较大的剪弯作用，可能成为柱子的第三个薄弱环节。因此，厂房震害通常是柱子底部破坏最重，有时小柱底部的破坏也较重，这些破坏是导致厂房倒塌的主要原因。一般来说，牛腿破坏的影响是局部的。

钢筋混凝土柱子底部和变截面处小柱的破坏主要是弯曲，轻者水平断裂，重者混凝土压酥、箍筋崩脱和纵筋压屈。牛腿的破坏一般是斜向裂缝，破坏严重时牛腿中锚固不良的纵向受拉钢筋滑动。

2. 屋盖

钢筋混凝土柱厂房的屋盖大致可分为重型屋盖和轻型屋盖两类。有檩屋盖大多属于轻型屋盖，一般采用石棉瓦、瓦楞铁、钢丝网水泥槽瓦等；重型屋盖一般是预制大型屋面板，由屋面板、三角刚架、双梁和牛腿柱组成的单层厂房也属于重型屋盖厂房。重型屋盖厂房的屋盖荷载大，地震力也大，并通过屋架支座传给柱子，所以高烈度区容易出现柱顶连接件拉脱，柱头或屋架支座混凝土局部劈裂或压酥，特别是钢筋混凝土梯形屋架第一节间的上弦杆及支座处竖杆也常出现破坏。

预制大型屋面板有预应力大型屋面板、预应力 F 型屋面板、预应力自防水保温屋面板等。由于施工的原因，大型屋面板与屋架的连接较难保证三角点焊接，有时只有一角焊接，甚至有虚焊、漏焊等现象。如果厂房的支撑系统又薄弱，轻者局部屋面板震落；重者屋架丧失稳定而落架，导致屋盖大面积倒塌。

3. 支撑

为了保证厂房主体结构构件的稳定和整体性，非抗震设计的厂房也必须设置屋盖支撑系统，但是支撑系统很不完全。一般只在厂房两端或伸缩缝处布置下弦支撑，还有部分水平系杆，厂房单元的中间设置柱间支撑。这些钢支撑截面较小、长细比较大，节点连接也较单薄。

厂房在水平地震作用下，支撑中的两根斜杆将交替地承受压力和拉力。当其超过支撑杆件或连接节点强度和稳定条件时，便产生杆件或节点板的压屈、节点的预埋铁件拔出、焊缝脱落等震害现象。

4. 天窗架

一般厂房结构的天窗架凸出屋面，支撑在屋架上，其侧向刚度相对较小，局部动力效应明显，容易出现地震破坏。特别是钢筋混凝土 T 形天窗架的 T 形截面立柱，在高烈度区震害十分普遍。当天窗架的支撑系统不完全时，天窗架将出现很大水平变形而倾斜，甚至造成局部屋面板掉落。

井式天窗或下沉式天窗的抗震性能要比 Ⅱ 形天窗好得多。因为这两种天窗的重心较低，地震反应小。

5. 砖墙

在单层钢筋混凝土柱厂房中，砖墙常用作围护墙和隔墙。厂房围护砖墙有外贴在柱边和嵌在柱间两种，沿其一定高度设置有钢筋混凝土圈梁，并通过拉结钢筋与柱子连接。作为单层厂房的非主要结构构件，有时在设计或施工时不予重视，砌体砂浆强度等级过低，砌筑质量不好，拉结钢筋漏放，所以震害现象也极为普遍。

当水平地震力沿着墙体平面方向作用时，由于砖墙的刚度大，首先受到较大的地震作用，然后再逐渐传给柱子。众所周知，砖砌体是一种脆性材料，抗拉和抗剪强度很低，在强烈地震中就难免出现沿对角线向的斜向裂缝，裂缝严重时使墙体破碎而崩塌。当地震力垂直墙体平面方向作用时，砌体受到弯曲，就会在弯曲受拉应力大的截面产生近水平的裂缝。如在接近地面、圈梁顶面和檐口处的砖墙截面处断裂，如果墙体与厂房主体结构拉结不牢，将出平面外闪，甚至倾倒。因此，砖墙除同多层砖房一样易产生剪切裂缝震害外，危害最大且较普遍的震害是高低跨封墙、山墙、山尖、女儿墙、封檐墙等部位失稳而倒塌。

2.5.2 抗震鉴定

单层钢筋混凝土工业厂房进行抗震鉴定时，应着重检查屋盖的支撑系统（布置及连接）、凸出屋面的天窗架立柱、牛腿以上的小柱、柱间支撑、砖砌外包围护墙（包括檐墙、高低跨封墙、山墙顶部及女儿墙）与主体结构的连接、圈梁的布置、圈梁与主体结构的拉结、高低跨区段的立柱、屋架与柱子连接处、屋面板与屋架连接处的抗震承载力和构造情况以及施工质量。具体鉴定办法可遵照《建筑抗震鉴定标准》GB 50023—2009 第 8 章执行。

2.5.3 修复与加固方法

1. 房盖的修复加固

（1）屋面板焊缝少或焊缝拉开时，可采用加焊方法进行修复，且应补焊施工时未焊够的地方（每块板至少要有三个焊点）。

（2）屋面板出现松动但移位很小时，除将其复位外，尚应增设屋架间的支撑，以确保屋盖的整体性。

（3）屋面板有移位时，应先复位，然后采用图 2-101 或图 2-102 的方法进行加固。屋架端节点处屋面板与屋架连接的方法如图 2-103 所示。

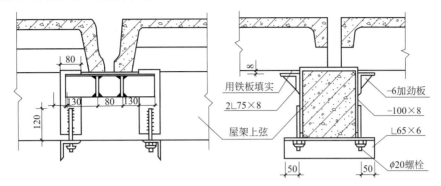

图 2-101　屋面板与屋架连接加固方案（一）

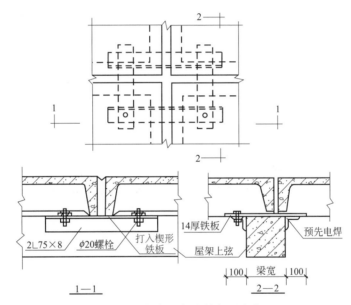

图 2-102　屋面板与屋架连接加固方案（二）

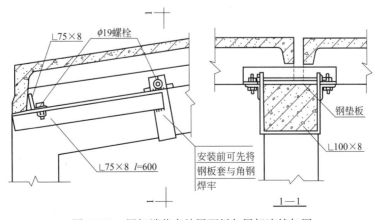

图 2-103　屋架端节点处屋面板与屋架连接加固

（4）屋面板有移位且难于复位时，可采用图 2-104～图 2-106 的方法进行加固。

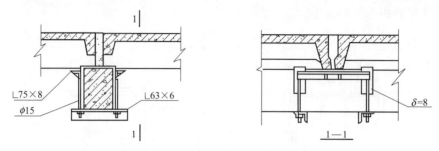

图 2-104　在桁架上增加屋面板搁置长度

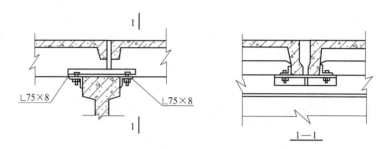

图 2-105　在薄腹梁上增加屋面板搁置长度

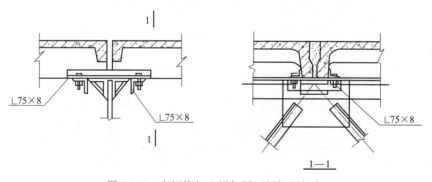

图 2-106　在钢桁架上增加屋面板搁置长度

（5）屋架偏离支撑柱可采用复位方法纠偏，复位后加强相互连接；也可采用图 2-107～图 2-109 的方案进行加固。

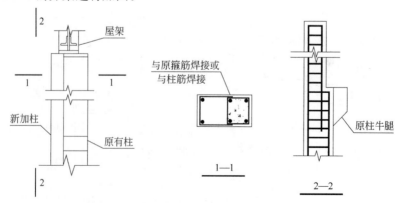

图 2-107　屋架偏离支撑柱的处理方案（一）

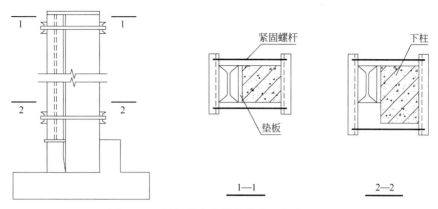

图 2-108　屋架偏离支撑柱的处理方案（二）

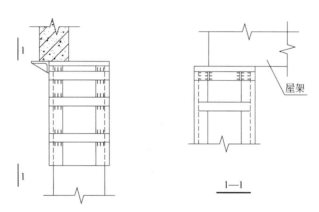

图 2-109　屋架偏离支撑柱的处理方案（三）

（6）有松动的大型屋面板可采用图 2-110 或图 2-111 的方法进行加固。

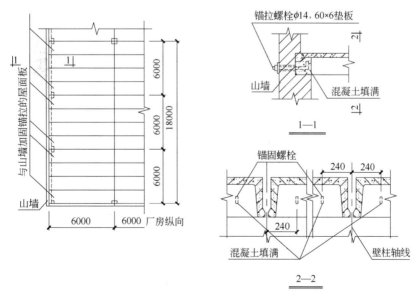

图 2-110　大型屋面板与山墙锚拉措施（一）

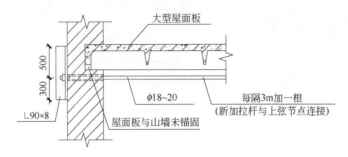

图 2-111　大型屋面板与山墙锚拉措施（二）

（7）大型屋面板与墙体锚固措施如图 2-112 所示。

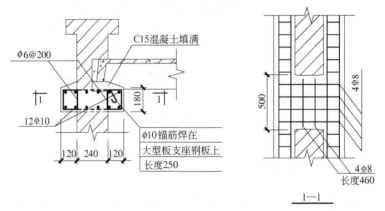

图 2-112　大型屋面板与墙体锚固措施

（8）天窗架垂直支撑与立柱节点有破损时，可采用外包角钢法进行加固，如图 2-113 所示。

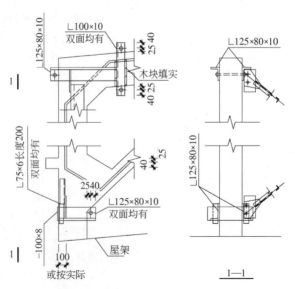

图 2-113　天窗架 T 形截面立柱设有垂直支撑的节点加固

（9）天窗架立柱遭受破损时，可沿全高进行外包角钢加固，同时增设垂直支撑，如图2-114所示。采用外包角钢和缀板沿立柱全高加固时，其外包角钢应通至立柱上下端，并与上下节点顶紧焊牢，加强与节点的连接，加固角钢应与天窗立柱夹紧，保持其整体受力性能。其外包角钢与屋架的连接如图2-115所示。

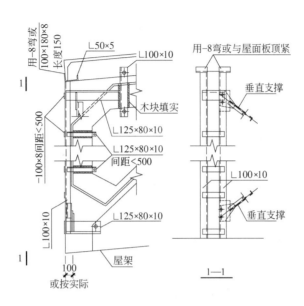

图 2-114　天窗架 T 形截面立柱加固并增设垂直支撑构造节点

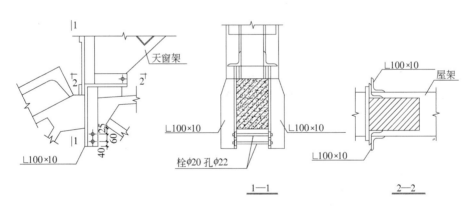

图 2-115　天窗架 T 形截面立柱加固根部与屋架连接构造

（10）钢筋混凝土矩形截面天窗架有轻微倾斜时，应增设垂直支撑进行加固，其连接节点构造如图2-116所示。

2. 柱的修复加固

（1）钢筋混凝土柱仅有轻微裂缝时，可采用化学灌浆法或灌高强胶的方法进行修复。

（2）钢筋混凝土柱柱头有裂缝且较重时，应先采用化学灌浆法或灌高强胶的方法进行修复，然后采用四角包角钢或横向用水平角钢与螺杆组成的套箍（或用缀板焊接）进行加固，如图2-117或图2-118所示。

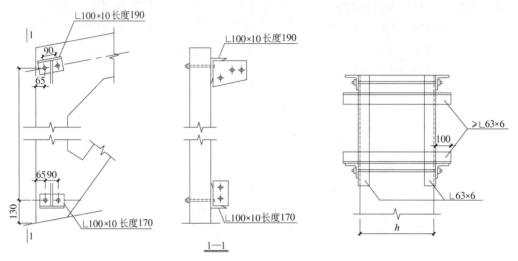

图 2-116　天窗架矩形截面立柱增设垂直支撑构造节点　　图 2-117　柱头用角钢和螺杆组成的套箍加固

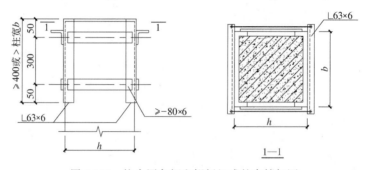

图 2-118　柱头用角钢和缀板组成的套箍加固

（3）钢筋混凝土矩形截面柱上柱遭受破损时，可先采用化学灌浆法或灌高强胶的方法进行修复，然后在其四角包角钢，再用缀板或角钢缀条连接形成角钢构架进行加固，如图 2-119 所示。

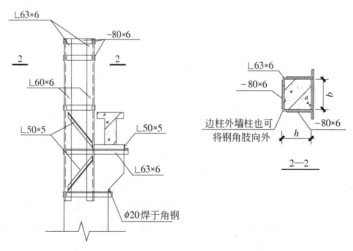

图 2-119　矩形柱上柱用角钢构架加固

（4）钢筋混凝土矩形、工字形柱的下柱柱间支撑的下节点位于地面以上，遭受地震破损时，可采用钢筋混凝土围套进行加固，如图 2-120 所示。

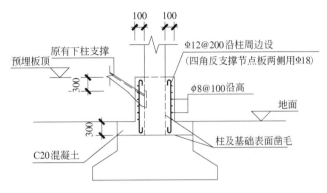

图 2-120　柱根用钢筋混凝土围套加固

无支撑遭受破损下柱柱根部也可采用图 2-121 或图 2-122 的方法加固。

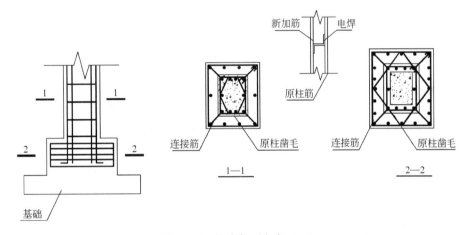

图 2-121　柱脚加固方案（一）

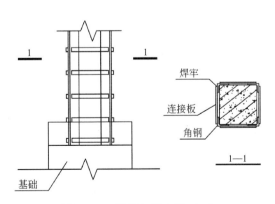

图 2-122　柱脚加固方案（二）

用钢筋混凝土围套加固时，厚度不应小于 50mm，混凝土强度等级不应低于柱的强度等级。纵向钢筋直径不应小于 $\phi8$，间距不宜大于 100mm，且应做成封闭钢箍。加固部位混凝土表面应凿毛并清理干净。浇灌混凝土前应将表面润湿，以保证新旧混凝土牢固结合。

（5）吊车梁牛腿底面至高出吊车梁顶面的范围内出现破损时，应先采用化学灌浆法或灌高强胶的方法进行修复，然后采用图 2-123 的方法进行加固。

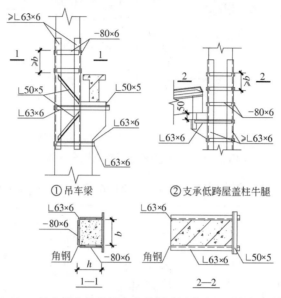

图 2-123　吊车梁上柱根部和支承低跨屋盖牛腿局部加固构造

（6）钢筋混凝土柱牛腿遭受破损时，应先进行修复，然后采用钢套箍或钢筋混凝土围套进行加固。

钢套箍加固牛腿可按图 2-124 所示方法进行。其中钢螺杆直径不宜小于 $\phi16$。加固

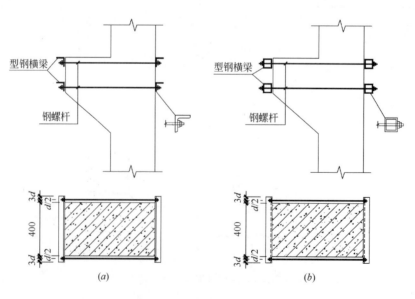

图 2-124　钢套箍加固方案
（a）加固方案（一）；（b）加固方案（二）

时，要求型钢横梁紧贴牛腿表面。如牛腿表面高低不平时，应磨平。如牛腿与型钢横梁间有缝隙时，宜用环氧树脂砂浆抹平。钢螺杆宜紧贴牛腿侧面，螺杆拧紧后应用双螺帽固定，每根螺杆的预拉力不宜低于10kN（以人工用12″扳子拧螺帽直至拧不动为止），且两侧螺杆的预拉程度应力求一致。

钢筋混凝土外套加固牛腿可按图2-125所示的方法进行。其中外套的厚度不应小于60mm，并不应大于100mm，混凝土强度等级不应低于原柱的强度等级，且不应低于C20。纵向钢筋直径不应小于$\phi 12$，箍筋直径不宜小于$\phi 8$，间距不宜小于100mm，且应做成封闭箍。

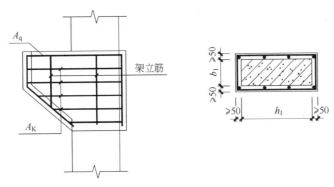

图 2-125　钢筋混凝土围套加固构造

（7）柱间钢支撑压屈或钢筋混凝土支撑破坏时，可更换支撑并适当加强；钢支撑锚件拉脱或破坏时，可在柱底设水平钢套箍并与支撑焊牢。

（8）厂房纵向有破坏，且柱间无支撑时，修复加固时，应增设柱间支撑。修复加固烈度8度Ⅲ、Ⅳ类场地和9度场地时，中间柱列柱顶尚应增设通长水平压杆。

增设的柱间支撑杆件宜采用型钢。杆件的长细比宜按下列考虑采用：

修复加固烈度8度Ⅰ、Ⅱ类场地时，上柱支撑斜杆的长细比不宜大于250，下柱支撑斜杆的长细比不宜大于200。修复加固烈度8度Ⅲ、Ⅳ类场地和9度场地时，上柱支撑斜杆的长细比不宜大于200，下柱支撑斜杆的长细比不宜大于150。柱间支撑的节点焊缝和锚件强度应为支撑斜杆的1.2倍。

为了安装就位方便，每一支撑斜杆的端部应设有不小于$1\phi 16$的安装螺栓。柱间支撑与柱连接的连接板厚不宜小于8mm。

3. 墙体的修复加固

（1）砖围护墙有轻微裂缝时，可采用压力灌浆修复法进行处理；大型墙板或轻质墙有掉角或脱皮者可用抹灰法进行修补。

（2）砖围护墙有较重裂缝时，除采用水泥砂浆面层法、钢筋网水泥砂浆面层法、钢筋混凝土面层法进行修复加固外，对屋架端头（或柱顶）高度处无现浇钢筋混凝土圈梁者，尚应增设外加钢筋混凝土圈梁，其截面宽度不应小于240mm，高度不应小于180mm，配筋不应小于$4\phi 12$。外加圈梁采用锚杆与砖墙连接的方法，如图2-126所示；采用钢筋混凝土销键与墙连接的方法，如图2-127所示；如此设置的外加圈梁尚应采用$4\phi 12$的螺杆与屋架拉结，如图2-128所示。

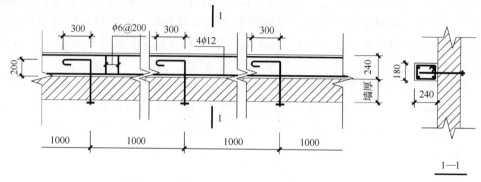

图 2-126 采用锚杆连接外加圈梁与墙的方案

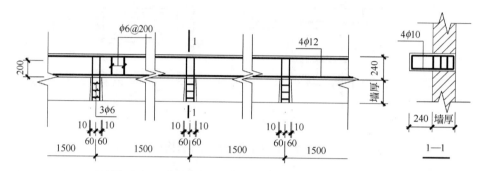

图 2-127 采用混凝土销键连接外加圈梁与墙的方案

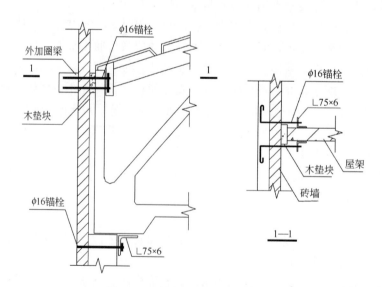

图 2-128 外加圈梁与屋架的拉结

（3）墙体有外倾但不严重者，可采用矫正的方法纠偏。严重者可拆除重砌。局部酥碎者可补砌。

（4）墙体倒塌者，重砌墙体沿柱高每 630mm 应有不小于 2φ6 的钢筋与柱拉结。拉结筋伸入墙内的总长不应小于 500mm，其中入墙深度不小于 200mm，且宜弯折成直角。锚固拉结筋处的灰缝要求饱满密实，砂浆强度等级不低于 M2.5。拉结筋与灰缝位于同一标高。山墙转角处的拉结筋应沿两个主轴方向与厂房柱拉结。有条件时，倒塌墙体也可改设大型墙板或轻质墙板。

（5）窗间墙有轻微裂缝时，可采用压力灌浆修复法进行处理；严重者可先按压力灌浆修复法处理，然后采用水泥砂浆面层法、钢筋网水泥砂浆面层法、钢筋混凝土面层法进行加固。

（6）遭受破损不到顶内隔墙除应修复加固外，尚应增设钢筋混凝土或型钢壁柱，且壁柱与横隔墙间应增设 2φ10 间距为 1000～1500mm 的拉结钢筋。出现局部塌落或破坏相当严重者，应拆除改设轻质隔墙。

（7）遭受破损封顶隔墙，程度不严重者，除采用水泥砂浆面层法、钢筋网水泥砂浆面层法、钢筋混凝土面层法加固外，尚应增设钢筋混凝土或型钢壁柱，且壁柱与横隔墙间应增设 2φ10 间距为 1000～1500mm 的拉结钢筋。其顶部尚应采用图 2-129 所示的措施，增强与屋架或屋面梁的拉结。

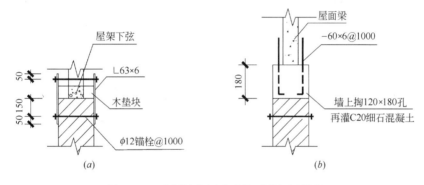

图 2-129　内隔墙与屋盖连接时的加固措施
（a）内隔墙与屋架拉结；（b）内隔墙与屋面梁拉结

（8）遭受破损的纵向柱间隔墙应拆除，改砌为贴柱边的隔墙，并设置 2φ6 间距为 1000～1500mm 的拉结筋与柱拉结。或采用轻质墙体，并与柱柔性连接。

（9）山尖部分墙体开裂不严重者应加固，出现外倾者应拆除重砌，重砌墙体部分应加强与屋盖或卧梁的连接。山墙有裂缝的除修复加固外，尚应增设扶壁柱，且加强相互间的连接。整个山墙倒塌者，重砌时除增设扶壁柱（到顶）外，尚应加强其与纵墙间的连接。

（10）山墙与纵墙咬槎处有竖向开裂者，除修复加固外，尚应在两纵墙间加设钢拉杆。

（11）遭受破损的非承重山墙，当其顶部无钢筋混凝土卧梁，与屋架无拉结时，除对墙体修复加固外，尚应在抗风柱边设置两个竖向角钢，角钢底部在圈梁处与抗风柱连接，上部与女儿墙顶部连接，中部与抗风柱连接，如图 2-130 所示；非承重山墙抗风柱与屋架上弦或屋面梁无连接，震后山墙尖部有倾斜者，可采用图 2-131 所示的做法，加强抗风柱与屋架上弦或屋面梁的拉结。

（12）围护纵墙上部有水平裂缝且不严重时，可先采用压力灌浆法或化学灌浆法修复，然后按图 2-132 和图 2-133 的做法加强其与屋架的拉结。

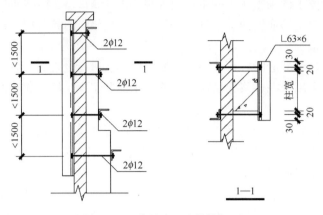

图 2-130　非承重山墙拉结加固

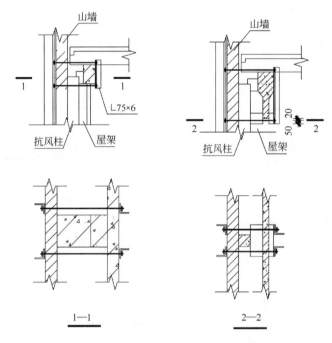

图 2-131　抗风柱与屋架、屋面连接加固

（13）高低跨封墙和纵横跨交接处的悬墙破损不严重时，可先进行修复，然后在其全高范围内加设 $2\phi10$ 间距为 $630\sim800mm$ 的拉结钢筋。其中砖墙与柱间增设的拉结构造措施如图 2-134 所示。破坏严重者应拆除改用轻质墙板或带形钢筋混凝土窗或带形钢窗。

（14）女儿墙破损轻微时，可先采用压力灌浆法处理，并采用图 2-135 的做法，以加强其与屋盖构件的连接。

（15）无圈梁的封檐墙破损不严重时，可先采用压力灌浆法处理，然后采用角钢与屋面梁、组合屋架、梯形屋架以及折线形或拱形屋架连接。各连接做法分别如图 2-136～图 2-139 所示。

当加固角钢与折线形或拱形屋架端部小立柱连接时，无破损的小立柱也应加固。

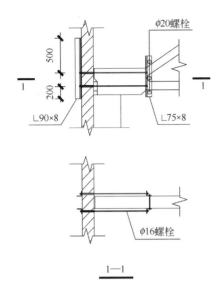

图 2-132　围护纵墙与拱形屋架拉结（一）

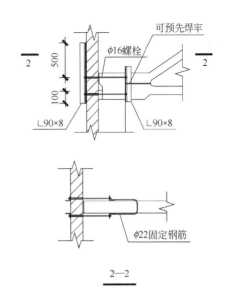

图 2-133　围护纵墙与拱形屋架拉结（二）

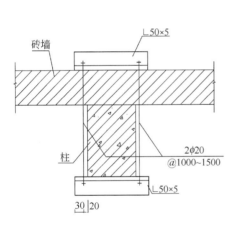

图 2-134　增设砖墙与柱的拉结

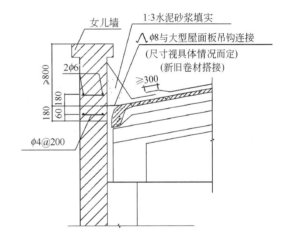

图 2-135　女儿墙与屋盖构件的连接

2.5.4　修复加固实例

【实例】　陡河电站化学水处理车间修复加固

陡河电站化学水处理车间楼位于河北省唐山市东北部的陡河水库西岸，距市区约20km。建筑面积1409m²。由于进口设备交货时间关系，土建安装均分为两期施工。第一期工程于1975年12月建成投产；第二期工程震前土建工程已基本完成，设备大部分安装，工艺管道正在进行收尾施工。未进行抗震设防。

1. 建筑结构概况

主体建筑为厂房和试验副楼，长57.8m，宽20.8m。

南端试验副楼为二层，楼板及屋面板均为空心板，370mm和240mm厚砖墙承重或围护。3.10m及6.40m标高处各设现浇钢筋混凝土圈梁一道，女儿墙顶标高为8m。

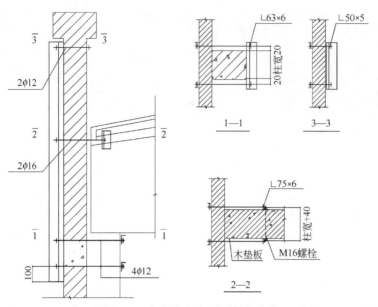

图 2-136 加固角钢与屋面梁的连接

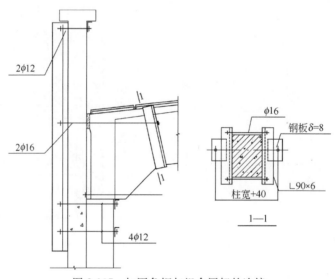

图 2-137 加固角钢与组合屋架的连接

厂房为三跨，中间为高跨，跨度 10m。预制钢筋混凝土柱顶标高 9m，截面为 400mm×700mm，柱距 6m。5.10m 标高处柱间设有钢筋混凝土预制承重梁一道，支承在两柱钢牛腿上，梁上为 370mm 厚砖墙高跨围护，在 8m 标高处设现浇圈梁一道。屋面系统为预制钢筋混凝土薄腹梁上铺预制大型屋面板，檐高 10.20m。

两侧为低跨，跨度均为 5.40m，外墙为 370mm 厚砖墙，附墙承重砖柱截面 370mm×370mm，柱距 6m，屋面系统为预制屋面梁上铺预制大型屋面板。屋面板一端支承于砖附墙柱上，另一端支承于高跨柱牛腿上。外墙于标高 4m 处设一道现浇圈梁。

厂房封闭端山墙①轴为 370mm 厚的砖围护墙；厂房与试验楼连接处共用一道 370mm 厚砖墙，两处山墙均未设附墙柱。

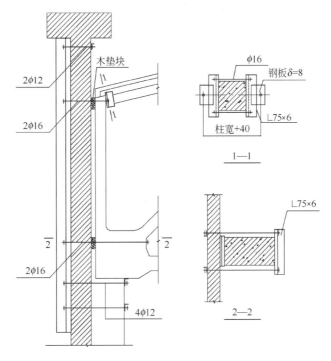

图 2-138　加固角钢与梯形屋架的连接

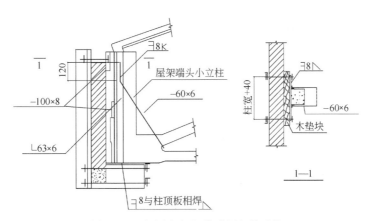

图 2-139　加固角钢与拱形屋架的连接

高跨①～⑤轴线为独立柱伸出钢筋与上部预制柱剖口焊接。一期⑤～⑧轴线为独立杯形基础,其余均为混凝土条形基础。

2. 震害概况

1976 年 7 月 28 日河北唐山发生 7.8 级地震时,该地遭遇烈度为 9 度,建筑遭到严重破坏。高跨排柱⑤～③轴线牛腿以上环形裂缝,⑤轴牛腿上下断裂,上柱向东偏 60mm。⑥排柱②～⑤轴线底部剖口焊接头处断裂。薄腹梁上翼普遍裂缝,局部破裂;⑨轴线山墙倒塌造成⑧～⑨轴间大型屋面板全部塌落,将室内罐体设备砸坏。①轴山墙和上部檐墙断裂,局部倒塌。⑥排柱间砖隔墙 X 形裂缝较多。

低跨Ⓐ、Ⓓ轴砖壁柱破坏严重,除个别柱外,均在不同部位被剪断,其中Ⓓ排⑤轴柱顶下约 1m 处（包括砖墙）断裂向外位移约 100mm。外墙有多处斜向裂缝。屋面梁 L-3 支承在高跨柱牛腿处的端头，几乎所有梁都有竖向裂缝一道。Ⓐ～Ⓑ排间⑤～⑨轴间屋面板由于高跨倒塌被打坏 10 块。女儿墙局部倒塌，内隔墙普遍断裂。各震害如图 2-140 所示。

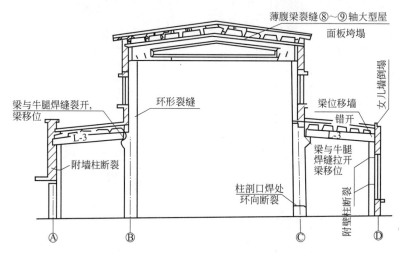

图 2-140　原结构及震后重点部位的破坏

3. 修复加固

针对上述震害，按 8 度设防考虑的修复加固措施为：

（1）减轻高跨自重。原高跨围护砖墙拆改为轻钢骨架轻质保温墙。大型板、薄腹梁拆除，改为钢屋面梁、加气混凝土板屋盖，柱头与梁支承节点包钢套，如图 2-141 所示。

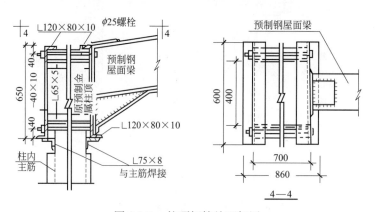

图 2-141　柱顶钢箍处理加固

采取减轻屋面自重措施后，柱牛腿上部裂缝则按一般方法处理，断裂者用钢筋加固，裂缝用环氧树脂封闭。柱脚剖口焊处裂纹者，打掉混凝土保护层，用高标号砂浆封闭。⑧～⑨轴线屋面降低与试验楼相平。Ⓑ、Ⓒ排柱加设桩间钢支撑。柱间墙进行修补。

两侧低跨保留不拆，断裂砖壁柱用钢筋混凝土包套加固，如图 2-142 所示。女儿墙及厂房内小间拆除重砌，并采取抗震措施。L-3 屋面梁和牛腿节点以加长牛腿法进行加固，如图 2-143 所示。

（2）试验楼⑨轴线裂缝采用环氧树脂进行修复。

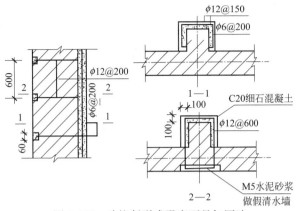

图 2-142 砖柱断裂或强度不足加固法

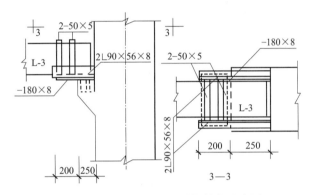

图 2-143 加长牛腿及梁增加箍件示意图

2.6 抗震加固施工机具

抗震加固施工机具在唐山地震前就开始了研制,在施工中几经改进,至今已形成一整套加固施工的专用机具。这种施工机具的出现,加快了抗震加固的施工进度,减轻了劳动强度,降低了成本,同时也促进了加固设计的改革。我国自开展抗震加固工作以来,各地区创造了很多有实用价值的施工机具,并得到了广泛的推广应用。

2.6.1 钻孔机具

钻孔机具适用于加工钢拉杆的穿墙孔、夹板墙连接筋的穿墙孔、构造柱滑模轨道的锚固孔等。具体有以下几种。

1. 钻头

分砖墙钻孔钻头和混凝土钻孔钻头。

砖墙钻孔钻头也可用于电线架设和管道安装。钻杆为 45 碳素钢,头部焊接 BK8 硬质合金刀头(见图 2-144)。该钻头与直径 19mm 六级(900r/min)手电钻或 TJ-1 型砖墙钻孔器配用,操作方便,效率高。

混凝土钻孔钻头用于钢筋混凝土柱、梁、板上的钻孔。与 0.9～1.4kW 电钻配用,钻头焊接 YG8 硬质合金刀头，成孔直径较刀头直径大 2mm 左右（见图 2-145）。使用时应将电钻改装，固定在钻孔架上，使用顶进丝杠加力成孔。此方法钻孔速度快，孔位准确，孔形规整。

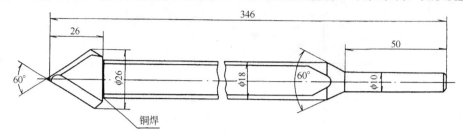

图 2-144　砖墙钻孔钻头

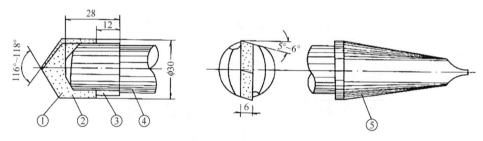

图 2-145　混凝土钻孔钻头

①—铜焊刀头；②—钻头（自制）；③—排屑槽；④—钻杆（长度按实际情况确定）；⑤—钻裤（按电钻说明书加工）

2. TJ-1 型砖墙钻孔器

该钻孔器由棒式振捣器改制而成，具有互换性，一机两用。它以 200～400W 单相电机为动力，由 4m 长软轴传动带动钻头工作（见图 2-146）。以便于在脚手架上操作，钻孔质量好、速度快，对墙体破坏小。

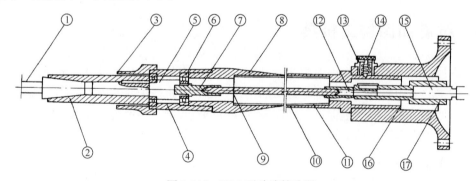

图 2-146　TJ-1 型砖墙钻孔器

①—钻头；②—钻套；③—挡圈；④—外套；⑤—主轴；⑥—轴承；⑦—接头；⑧—软轴接头；⑨—钢丝绳；⑩—软轴；⑪—软轴接头；⑫—接头；⑬—键；⑭—顶丝；⑮—电机轴；⑯—电机套；⑰—电机轴接头

2.6.2　脚手架

1. 外挂脚手架

外挂脚手架是减轻劳动强度、提高施工效率、降低材料消耗、能重复使用的理想工具。主要用于多层砖房墙体加固施工，结构如图 2-147 所示。

2. 附着式脚手架

适用于单层工业厂房内多腹杆屋架的屋盖系统加固及正常状态下屋盖系统的维修。其特点是轻便灵活、安装拆卸方便、附件少、操作高度可调，每件仅重 26kg，可以单独使用，也可用两榀搭成屋架间的平台（见图 2-148）。

3. 悬挂脚手架

主要用于砖烟囱增设竖筋环箍的加固施工。结构简单、搭接方便、安全可靠，每个质量 8kg，比搭外脚手架提高工效 2～3 倍，节约资金 40％以上（见图 2-149）。

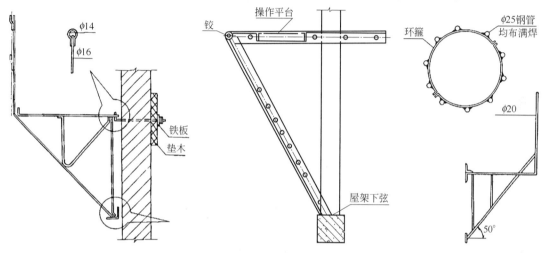

图 2-147　外挂脚手架示意图　　　图 2-148　附着式脚手架示意图　　　图 2-149　悬挂脚手架示意图

4. 插盘式脚手架

适用于厂房、烟囱、水塔等结构的抗震加固施工。梁柱采用插盘销接，具有梁柱轴心传力、连接性能好、承载力高与适用性强等特点，有高度的经济性，其搭拆速度是扣件钢管脚手架的 4～8 倍，立杆质量比同等长度规格的碗扣立杆减少 6％～9％（见图 2-150）。

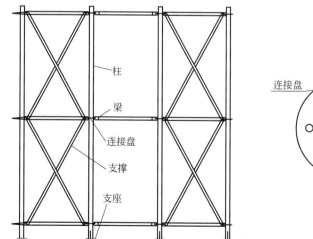

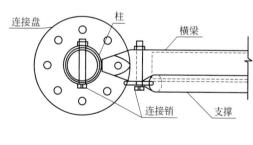

图 2-150　插盘式脚手架示意图

5. 方塔式脚手架

方塔式脚手架由标准架、交叉斜撑、连接棒和可调底座等组成。具有结构合理、使用

105

安全可靠、适用范围广、承载能力大、使用寿命长等特点。与扣件式脚手架相比，可节约钢材用量 60%，节省一次性投资 30%，提高装拆工效，减少用工量 50% 左右，经济效益十分显著（见图 2-151）。

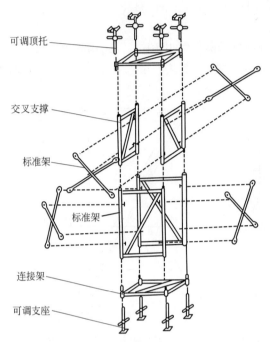

图 2-151　方塔式脚手架示意图

2.6.3　构造柱模具

构造柱用木模板支模施工，在浇筑时易出现胀模、尺寸不准等缺点，并且费材料、周转使用率低。改用构造柱滑模施工，可连续浇筑，脱模快、施工质量好。与支模相比可提高工效 1~2.4 倍，节约木材 90% 以上，并可减轻劳动强度。

1. 木制滑升模具

主要用于矩形柱施工（见图 2-152）。

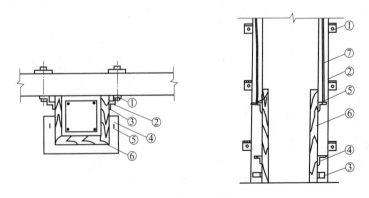

图 2-152　木制滑升模具

①—固定块；②—滑道；③—滑挡；④—箍架；⑤—吊鼻；⑥—模板；⑦—钢丝绳

2. 钢制滑升模具

用于矩形、圆形、异形壁柱和 L 形、圆形角柱的施工（见图 2-153 和图 2-154）。

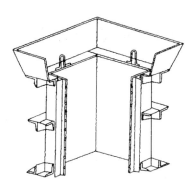

图 2-153　L 形钢制滑升模具

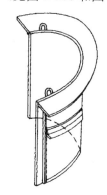

图 2-154　圆形钢制滑升模具

2.6.4　专用器具

1. 顶拉夹具

用于砖柱和混凝土柱外包角钢及砖柱采用混凝土板柱与砖柱固结的施工。它的操作原理是：在顶拉夹具的作用下，使角钢与柱体在纵横两个方向上顶紧，同时把箍与角钢焊牢，使钢箍具有一定的初应力，受震时角钢与柱体可共同工作。该夹具操作简便，施工质量好（见图 2-155）。

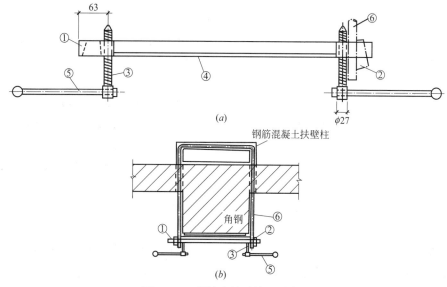

图 2-155　顶拉夹具及施工示意图

（a）夹具结构；（b）施工

①—钢槽块；②—带齿楔铁；③—丝杠；④—连杆；⑤—手柄；⑥—箍筋或钢拉杆

2. 钢拉杆拉紧器

用于钢拉杆架设时的调直拉紧。操作省力、简单，移动灵活，能提高加固质量和工效。

第3章　村镇民居震后恢复重建技术

3.1　概述

汶川8级地震中，大量的村镇民居倒塌或产生了不同程度的破坏，造成了惨重的人员伤亡和经济损失。震灾过后，随着时间的推移，恢复重建工作逐渐转为工作的重点，对地震中遭受破坏但仍有修复使用价值的房屋进行加固补强和重建。倒塌及震损严重的房屋，需要技术性的指导，以保证加固和重建的村镇民居具有一定的抗震能力，减轻未来可能发生的地震造成的损失。

本章中的村镇民居主要指我国农村和乡镇中仍大量存在的低造价自建房屋，以砖墙、生土墙或石墙为承重构件，或木构架承重，砖墙、生土墙、石墙或其他轻质材料为围护墙，层数多为单层，也有部分为二层，采用木楼屋盖。采用砖、砌块或石承重墙的钢筋混凝土楼、屋盖的村镇房屋，可参照第2章2.2节多层砌体房屋的有关技术要求进行修复加固。

村镇房屋具有单体规模小、就地取材、造价低廉等特点，并且基本上是由当地建筑工匠按传统习惯进行建造，一般不进行正规设计。在抗震能力方面，由于村镇民居存在主体结构材料强度低（如生土、砌体、石结构），结构整体性差，房屋各构件之间连接薄弱等问题；加之普遍未采取抗震措施，地震震害严重。在7度地区，即可能出现中等破坏，8度时则会大量严重破坏甚至倒塌。

村镇房屋在材料、建筑和结构形式等方面有较强的地域性，种类多样，按照承重结构的材料可分为四大类，即砖木结构房屋、木结构房屋、生土结构房屋和石木结构房屋。村镇房屋在地震中的破坏形式主要有：不同形态和程度的墙体裂缝、外闪、局部倒塌；屋面和屋盖系统的破坏，如溜瓦、檩条脱落、屋架系统失稳破坏等；木构架整体失稳变形，榫卯连接处脱榫、折榫；承重木柱柱脚移位，柱劈裂、折断等。

灾后村镇房屋的恢复重建，应结合当地的技术经济发展水平，以农民自建为主。本着"因地制宜、就地取材、简便有效、切实可行"的原则，依托当地的自然资源，尊重民族传统生活习惯，充分利用震损房屋可回收的建筑材料，降低成本，在不大幅度提高建筑造价和施工难度的基础上，进行抗震设防，以减轻建筑的地震破坏，减少人员伤亡及经济损失。

本章适用于抗震设防烈度为6、7、8和9度地区村镇低造价民居的抗震设计、修复加固与施工。

本章内容以行业标准《镇（乡）村建筑抗震技术规程》JGJ 161—2008为主要依据，重建和加固的抗震设防目标是：当遭受低于本地区抗震设防烈度的多遇地震影响时，一般不需修理可继续使用；当遭受相当于本地区抗震设防烈度的地震影响时，主体结构不致严重破坏，围护结构不发生大面积倒塌。

抗震设防烈度必须按国家规定的权限审批、颁发的文件（图件）确定。一般情况下，抗震设防烈度可采用《中国地震动参数区划图》GB 18306—2015 的地震基本烈度，当震后地震基本烈度进行调整时，应按调整后的烈度采用；已编制抗震防灾规划的村镇，可按批准的抗震设防烈度进行抗震设防。

3.2 村镇民居修复与加固

需要进行修复与加固的房屋指的是在地震中的破坏介于轻微破坏与中等破坏之间的房屋，村镇民居在地震中的破坏形态往往与房屋在结构体系与构造上的薄弱环节有很大关系，修复与加固主要是针对主体构件的破坏形态和房屋存在的薄弱部位予以加强，提高房屋的整体性和抗震承载能力。

村镇民居的修复加固要充分利用现有条件，节约资源，降低造价。拆除的震损房屋的建筑材料如砖、木材、石材等，基本完好时，可清理干净后用于重建房屋，以降低成本；倒塌的生土墙体可将土料打碎后还田，也可用于制作土坯或用作夯土墙土料。

修复和加固用材料的强度等级应适当提高要求，至少不应低于原房屋的材料强度等级。

3.2.1 砖木结构房屋

砖木结构房屋指竖向承重构件为烧结普通砖、蒸压灰砂砖和蒸压粉煤灰砖，楼面采用木梁承重，屋盖采用木梁或木屋架承重的房屋。震损砖木结构房屋的修复加固，主要采取以下几个方面的措施。

1. 开裂墙体的修复与加固

裂缝是砖墙承重房屋最普遍的破坏现象，可根据裂缝开裂程度和开展范围采用以下方法进行修补：

（1）压力灌浆修复法

适用于裂缝宽度在 1～2mm 之间的开裂墙体，且为满丁满条、满铺满挤法砌筑的黏土砖、灰砂砖等砌体。对于 1mm 以下的裂缝，对裂缝进行清理后采用简单抹灰处理即可。压力灌浆修复采用的材料和施工方法可参照第 2 章 2.1 节中的有关技术要求。

（2）灌浆、沿裂缝区带状抹灰

适用于缝宽在 2～4mm 之间的墙体裂缝，先进行压力灌浆，然后在墙体表面裂缝处（剔除装饰层）铺一层钢板网或钢丝网，抹高强度等级水泥砂浆（M10），带状抹灰的宽度应超过裂缝两侧各 200～300mm。

（3）钢筋网水泥砂浆面层加固

当原墙体砌筑砂浆强度低，或墙体开裂严重（最大裂缝宽度在 4mm 以上）时，应采用钢筋网水泥砂浆面层（单面或双面）加固，采用的材料和施工方法可参照第 2 章 2.1 节中的有关技术要求。

（4）拆砌法

墙体裂缝宽度较大（缝宽多数在 5mm 以上）并有错动或外闪时，可将裂缝严重的部位局部或大部分拆除，采用高强度砂浆重新补砌。

拆砌步骤和注意事项如下：

1）设置临时支撑架

拆砌墙体范围内上部墙体和全部楼屋面荷载应通过设置的支撑架传到地面上。支撑架可采用木料搭设，将墙体两侧地面平整压实后铺设卧木，两侧各一道；在卧木上自下而上分别设置垫木、木柱、柱顶横杆（在门窗洞口上皮或穿墙）、沿缘木（在柱外侧水平布置将柱连接成整体）、斜撑（加强支撑的稳定）和楔子（塞紧横木和洞口上皮之间空隙以传递荷载）；横杆尽量利用门窗洞口，没有合适洞口时可在墙上凿洞通过。

2）拆除下部墙体

临时支撑架搭设完毕，确保上部荷载能够可靠传递后，开始进行下部墙体的局部拆除，拆除时禁止使用大锤敲凿，并应将原墙拆出槎口。

3）补砌新墙

采用 M5 以上水泥砂浆砌筑新补墙体，新墙应与旧墙咬槎砌筑。

4）拆除支撑

新砌墙体达到预定强度后，拆除临时支撑。

支撑所用木料的截面（圆形截面直径或矩形截面短边）最小要求：卧木 200mm，垫土 220mm，木柱 200mm，横杆 300mm，沿缘木 200mm，斜撑 150mm。

2. 增砌抗震横墙

房屋抗震横墙间距过大，整体抗震能力不能满足修复加固的烈度水准时，应增砌抗震横墙。增砌横墙的墙厚应不小于 240mm，砌筑砂浆强度等级应不低于 M2.5 且不低于原墙体砂浆强度等级。增设墙体应设基础，基础埋深同原基础深度，宽度应按计算确定值再适当放大 10%～20%，如相邻墙体无因基础不均匀沉降出现的破坏现象时，也可按原邻墙基础宽度放大 20% 后确定。新增墙体应沿墙高每隔 500～600mm 设置长度不大于 1m 的钢筋与原墙用螺栓或锚筋连接。增砌横墙应在墙顶设置配筋砂浆带，配筋砂浆带的构造要求应符合本章第 3.3 节中的有关规定。在配筋砂浆带中预留 8 号铁丝，两端甩出足够长度，与屋架下弦、梁或檩条缠绕连接。墙顶应与屋架、梁或檩条顶紧，有空隙时应用干硬性砂浆塞实。

3. 加强房屋整体性连接

（1）采用钢拉杆增强纵横墙连接

纵横墙连接处出现竖向裂缝时，应加强纵横墙的连接，在进行裂缝修补后，在横墙两侧或一侧增设钢拉杆加强纵横向墙体的连接。

钢拉杆的施工要点如下：

1）钢拉杆应选用 HPB235 钢筋，直径不小于 ϕ12；

2）钢拉杆单段长度在 6m 以下时不应设接头，长度超过 6m 不得不设接头时，接头处应采用搭接焊接或帮条焊；钢拉杆中间的花篮螺栓应优先采用成品，自行制作时应满足有关要求；

3）钢拉杆端部应与纵墙外侧可靠锚固，同时设有型钢圈梁时，锚固在型钢圈梁处；无型钢圈梁时直接锚固在墙上，应采用矩形钢垫板锚固，垫板尺寸不小于 150mm×150mm×10mm，垫板与墙面之间应设 10mm 厚的 1：2 水泥砂浆；

4) 钢拉杆安装前应调直、除锈，除丝扣部分外，其他部分应先涂红丹漆一道；

5) 钢拉杆在纵墙上的穿过部分应采用无振动机械钻孔，应保证对位准确；

6) 钢拉杆应进行试安装，位置准确后方可旋紧花篮螺栓；

7) 安装完毕后应进行防锈处理。

(2) 房屋整体性差导致墙体开裂严重时，在外墙的楼、屋盖（墙顶）标高处墙体外部增设型钢圈梁，内横墙增设钢拉杆（见图 3-1）。

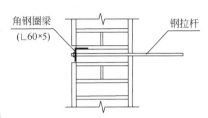

图 3-1　增设型钢圈梁及钢拉杆

型钢圈梁的施工要点如下：

1) 型钢圈梁可选用∟60×5 角钢，每隔 1～1.5m 与墙体采用普通螺栓拉结，螺栓直径不小于 ϕ10；

2) 按间隔在墙上打孔，根据墙上实际孔位间距在型钢上钻孔；

3) 型钢与墙体间的缝隙，用水湿润墙体后用 1：2 水泥砂浆塞实；

4) 型钢安装前应调直、除锈，除丝扣部分外，其他部分应先涂红丹漆一道；

5) 型钢圈梁接头处应为斜角剖口焊接；

6) 型钢就位后上紧螺栓，并刷防锈漆两道。

(3) 采取措施加强墙体与楼（屋）盖系统的连接：

1) 木屋架和硬山搁檩房屋，在山墙、山尖墙处增设墙揽与木屋架或檩条连接，墙揽可采用木块、木方、角铁等材料，不出屋面檩条及屋架墙揽做法见图 3-2，出屋面檩条墙揽做法见图 3-3。

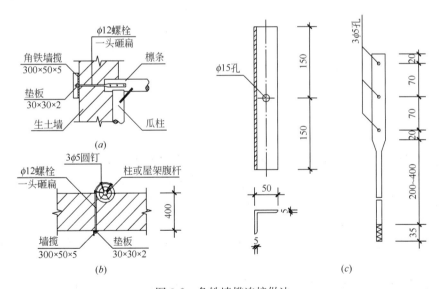

图 3-2　角铁墙揽连接做法

（a）墙揽与檩条的连接；（b）墙揽与柱（屋架腹杆）的连接；（c）角铁墙揽做法

墙揽的设置和构造要求如下：

①抗震设防烈度为 6、7 度时，山墙设置的墙揽数不宜少于 3 个，8、9 度或山墙高度大于 3.6m 时墙揽数不宜少于 5 个；

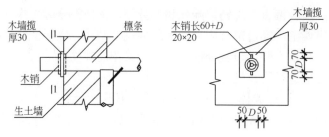

图 3-3 木墙揽连接做法

②墙揽可采用角铁、梭形铁件、木条或木板等制作；条形墙揽的长度应不小于300mm，并应竖向放置；长方形（或梯形）木板墙揽应沿长向竖向布置；

③檩条不出山墙时宜采用铁件（如角铁、梭形铁件等）墙揽，铁件墙揽可根据设置位置与檩条、屋架腹杆、下弦或柱固定；

④檩条出山墙时可采用木板墙揽，木板墙揽可用木销或铁钉固定在檩条上，并与山墙卡紧；

⑤墙揽应靠近山尖墙面布置，最高的一个应设置在脊檩正下方，纵向水平系杆位置应设置一个，其余的可设置在其他檩条的正下方或屋架腹杆、下弦及柱的对应位置处。

2）内隔墙墙顶可采用 8 号铁丝与屋架下弦或檩条连接，或增设铁件、木夹板护墙，木夹板护墙做法参见图 3-4。

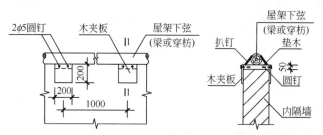

图 3-4　内隔墙墙顶与屋架下弦的木夹板护墙

3.2.2　木结构房屋

木结构房屋指穿斗木构架、木柱木屋架、木柱木梁承重，实心砖（包括烧结普通砖、蒸压灰砂砖和蒸压粉煤灰砖）围护墙、生土围护墙和石围护墙木楼（屋）盖房屋。震损木结构房屋的修复加固，主要采取以下几个方面的措施：

（1）无下弦人字木屋架增设下弦（见图 3-5）。

（2）对于明显歪斜的木构架，应先打戗拨正，后用铁件加固，或增砌抗震墙并加强节点连接。

（3）构件的截面薄弱导致严重开裂时，应更换或增设构件，并与原构件可靠连接。

（4）对松动的木构架节点，可采用加设铁件连接的方法加固。

（5）未按抗震构造措施要求设置斜撑的三角形木屋架和木柱木梁屋架应增设斜撑，构造要求和做法可参照本章 3.3.4 中有关规定。

（6）未按抗震构造措施要求设置剪刀撑的三角形木屋架和穿斗木构架应增设竖向剪刀撑（见图 3-6）。

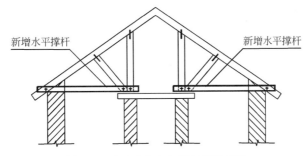

图 3-5　无下弦人字木屋架增设下弦

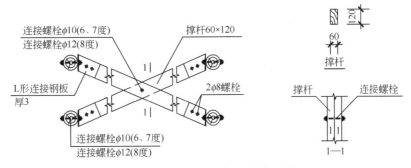

图 3-6　三角形木屋架竖向剪刀撑

三角形木屋架的剪刀撑宜设置在靠近上弦屋脊节点和下弦中间节点处；剪刀撑与屋架上、下弦之间及剪刀撑中部宜采用螺栓连接；剪刀撑两端与屋架上、下弦应顶紧不留空隙。

（7）震损围护墙可采取下列措施根据震损程度选择加固方法：

1）开裂墙体可采用灌浆填缝、拆砌或用砂浆面层等方法修复加固；

2）破坏严重的围护墙应拆除后重砌，或改用轻质隔墙；重砌时应按本章 3.3.2 中的有关要求采取连接措施；

3）墙体外闪时，应增设扶墙垛，对于较高的山墙，应按抗震构造措施要求增设墙揽；

4）围护墙与木构架间松动、脱开时，可采用加设墙揽等方法加强两者的连接。

（8）加强围护墙与木柱的整体性连接，做法见图 3-7。

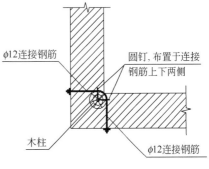

图 3-7　围护墙与木柱的连接加固

3.2.3　生土结构房屋

生土结构房屋指土坯墙、夯土墙承重的一、二层木楼（屋）盖房屋。生土结构房屋造价低廉，破坏稍重时加固效果难以保证，因此，震损生土结构房屋应视震害情况酌情修复加固，当震害为中等破坏偏重时，可考虑重建，改用抗震性能较好的结构形式或仍采用生土结构，但在建造时考虑抗震设防要求。修复和加固可采取以下措施：

（1）开裂墙体应采取灌浆填缝的方法修复加固，表面局部剥落的应补全截面。

（2）墙体外闪或内外墙无咬砌时，应增设扶墙垛，对于较高的山墙，应增设墙揽。

（3）房屋抗震横墙间距大导致抗震能力不足时，应增设横墙，并与纵墙及屋盖可靠连接，新增横墙应设基础；新增墙体的施工应满足本章3.3.3中的有关要求。

（4）房屋整体性差时，可用角钢圈梁、木圈梁及拉杆加固，拉杆可采用钢筋或木条。

（5）硬山搁檩土墙承重房屋，应在檩条下增设木垫板。

（6）木构件支撑长度不满足要求时，应增设支托加大支撑长度，支托与原构件之间应用夹板、扒钉连接。

（7）应采取措施加强墙体与楼（屋）盖系统的连接：

1）木屋架和硬山搁檩房屋，在山墙、山尖墙处增设墙揽与木屋架或檩条拉结，墙揽可采用木块、木方、角铁等材料，具体做法参见本章3.2.1节中有关要求；

2）内横墙墙顶可采用8号铁丝与屋架下弦或檩条拉结，或增设铁件、木夹板护墙。

3.2.4 石结构房屋

石结构房屋指料石、平毛石砌体承重的一、二层木楼（屋）盖房屋。震损石结构房屋的修复加固根据震害情况分别采取以下措施：

（1）承重石墙体裂缝宽度较大（缝宽多数在5mm以上）并有错动或外闪时，可将裂缝严重的部位局部或大部分拆除，采用高强度砂浆重新补砌。拆除前要先做好拆砌范围内上部结构荷载的支托，设置支撑结构。

（2）纵横墙连接较差的墙体，应采用钢拉杆加强纵横向墙体的连接，具体施工要求参见本章3.2.1中的有关规定。

（3）木屋架或梁的跨度较大时，支承处宜加设料石砌筑的壁柱。

（4）横墙间距过大导致房屋抗震能力差时，应增设横墙，并与纵墙及屋盖构件可靠连接，新增横墙应设基础；新增墙体的施工应满足本章3.2.1中的有关要求。

（5）整体性差的房屋，应在外墙的楼、屋盖（墙顶）标高处墙体外部增设型钢圈梁，内横墙增设钢拉杆，详细要求和做法参见本章3.2.1中的有关规定。

（6）应采取措施加强墙体与楼（屋）盖系统的连接：

1）木屋架和硬山搁檩房屋，在山墙、山尖墙处增设墙揽与木屋架或檩条连接，墙揽可采用木块、木方、角铁等材料；

2）内横墙墙顶可采用8号铁丝与屋架下弦或檩条连接，或增设铁件、木夹板护墙。

具体做法和要求可参照本章3.2.1节中的有关规定。

3.3 村镇民居重建

村镇民居的重建，应依据行业标准《镇（乡）村建筑抗震技术规程》JGJ 161—2008的相关要求进行抗震设防，保证低造价的村镇房屋也具有一定的抗震能力。

3.3.1 村镇民居抗震设计基本要求

1. 建筑设计和结构体系

（1）房屋体型应简单、规整，平面不宜局部凸出或凹进，立面不宜高度不等。

（2）房屋的结构体系应符合下列要求：

1）纵横墙布置宜均匀对称，在平面内应闭合；

2）抗震墙层高的 1/2 处门窗洞口所占的水平横截面面积与总水平截面面积的比率，对承重横墙不应大于 25%，对承重纵墙不应大于 50%；

3）烟道、风道不应削弱承重墙体；

4）二层房屋的楼层不应错层，不宜设置悬挑楼梯；

5）木屋架应采用有下弦的三角形屋架。

（3）新建房屋应注意结构体系的明确性，不应在同一房屋采用木柱与砖柱、木柱与石柱混合承重的结构体系，也不应在同一层中采用砖墙、石墙、土坯墙、夯土墙等不同材料墙体混合承重的结构体系。在加固过程中如遇此类混合承重的情况，应在加固的同时进行局部改建，明确结构体系。

2. 整体性连接构造一般规定

（1）楼、屋盖构件的支承长度不应小于表 3-1 的规定，当不满足时应采取加固措施。

楼、屋盖构件的最小支承长度（mm）　　　表 3-1

构件名称	木屋架、木梁	对接木龙骨、木檩条		搭接木龙骨、木檩条
位置	墙上	屋架上	墙上	屋架上、墙上
支撑长度与连接方式	240（木垫板）	60（木夹板与螺栓）	120（砂浆垫层、木夹板与螺栓）	满搭

（2）凸出屋面无锚固的烟囱、女儿墙等易倒塌构件的出屋面高度，8 度及 8 度以下时不应大于 500mm；9 度时不应大于 400mm。当超出时，应采取拉结措施或拆矮。

（3）门窗洞口

横墙和内纵墙上的洞口宽度不宜大于 1.5m；外纵墙上的洞口宽度不宜大于 1.8m 或开间尺寸的一半。

门窗洞口过梁的支承长度，6～8 度时不应小于 240mm，9 度时不应小于 360mm。

墙体门窗洞口的侧面应均匀分布预埋木砖，门洞每侧宜埋置 3 块，窗洞每侧宜埋置 2 块，门、窗框应采用圆钉与预埋木砖钉牢。

（4）当采用冷摊瓦屋面时，底瓦的弧边两角应设置钉孔，可采用铁钉与椽条钉牢；盖瓦与底瓦宜采用石灰或水泥砂浆压垄等做法与底瓦粘结牢固。

（5）当采用硬山搁檩屋盖时，山尖墙墙顶处应采用砂浆顺坡塞实找平。

（6）屋檐外挑梁上不得砌筑砌体。

3. 结构材料和施工要求

（1）结构材料性能指标，应符合下列要求：

1）房屋实心砖的强度等级：烧结普通砖不应低于 MU7.5；蒸压灰砂砖、蒸压粉煤灰砖不应低于 MU15；

2）砌筑砂浆强度等级：烧结普通砖、料石和平毛石砌体不应低于 M2.5；蒸压灰砂砖、蒸压粉煤灰砖不应低于 M5；

3）钢筋宜采用 HPB235 级和 HRB335 级热轧钢筋；

4）铁件、扒钉等连接件宜采用 Q235 钢材；

5）木构件应选用干燥、纹理直、节疤少、无腐朽的木材；

6）生土墙体土料应选用杂质少的黏性土；

7）石材应质地坚实，无风化、剥落和裂纹。

拆除的震损房屋的建筑材料如砖、木材、石材等，基本完好并且满足上述要求时，可清理干净后用于重建房屋，以降低成本；倒塌的生土墙体可将土料打碎后还田，也可用于制作土坯或用作夯土墙土料。

（2）施工除各结构类型房屋的要求外，还应符合以下要求：

1）HPB235（光圆）钢筋端头应设置180°弯钩；

2）外露铁件应做防锈处理；

3）嵌在墙内的木柱宜采取防腐措施；木柱伸入基础内的部分必须采取防腐和防潮措施；

4）配筋砖圈梁和配筋砂浆带中的钢筋应完全包裹在砂浆中，不得露筋；砂浆层应密实。

3.3.2 地基和基础

1. 建筑场地和地基

（1）易地重建选择建筑场地时，宜根据规划要求选择对建筑抗震有利的地段，避开不利地段，当无法避开时应采取有效措施；不应在危险地段建造房屋。

（2）同一房屋的基础不宜设置在性质明显不同的地基土上。

（3）当地基有淤泥、可液化土或严重不均匀土层时，应采取垫层换填方法进行处理，换填材料和垫层厚度、处理宽度应符合下列要求：

1）垫层换填可选用砂石、黏性土、灰土或质地坚硬的工业废渣等材料，并应分层夯实；

2）换填材料砂石级配应良好，黏性土中有机物含量不得超过5%；灰土体积配合比宜为2:8或3:7，灰土宜用新鲜的消石灰，颗粒粒径不得大于5mm；

3）垫层的底面宜至老土层，垫层厚度不宜大于3m；

4）垫层在基础底面以外的处理宽度：垫层底面每边应超过垫层厚度的1/2且不小于基础宽度的1/5；垫层顶面宽度可从垫层底面两侧向上，按基坑开挖期间保持边坡稳定的当地经验放坡确定，垫层顶面每边超出基础底边不宜小于300mm。

（4）当地基土为湿陷性黄土或膨胀土时，宜分别按《湿陷性黄土地区建筑规范》GB 50025—2004或《膨胀土地区建筑技术规范》GB 50112—2013中的有关规定处理。

2. 基础

（1）基础材料可采用砖、石、灰土或三合土等；砖基础应采用实心砖砌筑，灰土或三合土应夯实。

（2）基础的埋置深度应综合考虑下列条件确定：

1）除岩石地基外，基础埋置深度不宜小于500mm；

2）当为季节性冻土时，宜埋置在冻深以下或采取其他防冻措施；

3）基础宜埋置在地下水位以上，当地下水位较高，基础不能埋置在地下水位以上时，宜将基础底面设置在最低地下水位200mm以下，施工时还应考虑基坑排水。

（3）石砌基础应符合下列要求（见图3-8）：

1）基础放脚及刚性角要求：

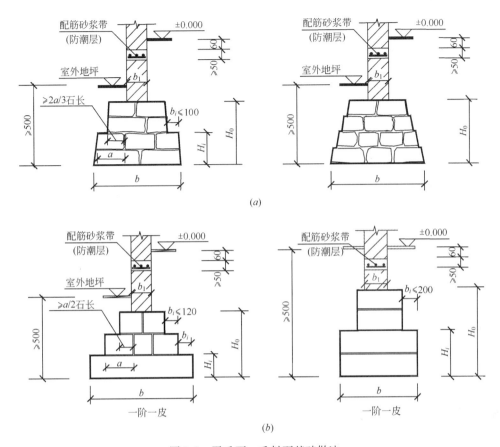

图 3-8 平毛石、毛料石基础做法
（a）平毛石基础；（b）毛料石基础

①石砌基础的高度应符合下式要求：

$$H_0 \geqslant (b - b_1)/3 \qquad (3-1)$$

式中 H_0——基础的高度；

  b——基础底面的宽度；

  b_1——墙体的厚度。

②阶梯形石基础的每阶放出宽度，平毛石不宜大于100mm，每阶应不少于两层；毛料石采用一阶两皮时，不宜大于200mm，采用一阶一皮时，不宜大于120mm。基础阶梯应满足下式要求：

$$H_i/b_i \geqslant 1.5 \qquad (3-2)$$

式中 H_i——基础阶梯的高度；

  b_i——基础阶梯收进宽度。

2）平毛石基础砌体的第一皮块石应坐浆，并将大面朝下；阶梯形平毛石基础，上阶平毛石压砌下阶平毛石长度不应小于下阶平毛石长度的2/3；相邻阶梯的平毛石应相互错缝搭砌。

3）料石基础砌体的第一皮应坐浆丁砌；阶梯形料石基础，上阶石块与下阶石块搭接长度不应小于下阶石块长度的1/2。

4）当采用卵石砌筑基础时，应凿开使用。

117

（4）实心砖或灰土（三合土）基础应符合下列要求（见图 3-9）：

1）砌筑基础的材料应不低于上部墙体的砂浆和砖的强度等级。砂浆强度等级不应低于 M2.5；

2）灰土（三合土）基础厚度不宜小于 300mm，宽度不宜小于 700mm。

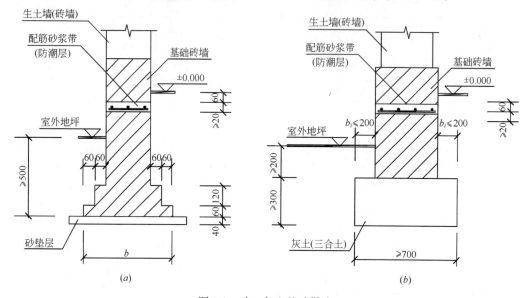

图 3-9　砖、灰土基础做法

（a）砖基础；（b）灰土（三合土）基础

（5）当上部墙体为生土墙时，基础砖（石）墙砌筑高度应取室外地坪以上 500mm 和室内地面以上 200mm 中的较大者。

（6）基础的防潮层宜采用 1：2.5 的水泥砂浆内掺 5％的防水剂铺设，厚度不宜小于 20mm，并应设置在室内地面以下 60mm 标高处；当该标高处设置配筋砖圈梁或配筋砂浆带时，防潮层可与配筋砖圈梁或配筋砂浆带合并设置。

3.3.3　砖木结构房屋

本章适用于 6～9 度地区的砖木结构房屋的重建。

1. 一般规定

（1）砖木结构房屋的层数、高度和层高应符合下列要求：

1）房屋的层数和总高度不应超过表 3-2 的规定；

2）房屋的层高：单层房屋不应超过 4.0m；两层房屋不应超过 3.6m。

房屋层数和总高度限值　　　　　　　　　　　　　　　　　　　表 3-2

墙体类别	最小墙厚（mm）	烈度							
		6		7		8		9	
		总高度（m）	层数	总高度（m）	层数	总高度（m）	层数	总高度（m）	层数
实心砖墙	240	7.2	2	7.2	2	6.6	2	3.3	1
蒸压砖墙	240	7.2	2	6.6	2	6.0	2	3.0	1

注：房屋总高度指室外地面到主要屋面板板顶或檐口的高度。

（2）房屋抗震横墙最大间距，不应超过表3-3的要求。

房屋抗震横墙最大间距（m）　　　　　　　　表3-3

墙体类别	最小墙厚（mm）	房屋层数	楼层	烈度		
				木楼、屋盖		
				6、7	8	9
实心砖墙	240	一层	1	11.0	9.0	5.0
		二层	2	11.0	9.0	—
			1	9.0	7.0	—
蒸压砖墙	240	一层	1	9.0	7.0	5.0
		二层	2	9.0	7.0	—
			1	7.0	5.0	—

（3）砖木结构房屋的局部尺寸限值，宜符合表3-4的要求。

房屋局部尺寸限值（m）　　　　　　　　表3-4

部　位	烈度		
	6、7	8	9
承重窗间墙最小宽度	0.8	1.0	1.3
承重外墙尽端至门窗洞边的最小距离	0.8	1.0	1.3
非承重外墙尽端至门窗洞边的最小距离	0.8	0.8	1.0
内墙阳角至门窗洞边的最小距离	0.8	1.2	1.8

（4）砖木结构房屋的结构体系应符合下列要求：

1）应优先采用横墙承重或纵横墙共同承重的结构体系；

2）屋盖结构宜采用双坡轻质材料屋面；

3）当为8、9度时不应采用硬山搁檩屋盖。

（5）配筋砖圈梁是为加强结构整体性和提高墙体的抗倒塌能力，在承重墙体的底部或顶部，在两皮砖之间砌筑砂浆中配置水平钢筋所构成的水平约束构件。

砖木结构房屋应在下列部位设置配筋砖圈梁：

1）所有纵横墙的基础顶部、每层楼、屋盖（墙顶）标高处；

2）9度时尚应在层高的中部设置一道。

（6）木楼、屋盖砖木结构房屋应在下列部位采取拉结措施：

1）两端开间和中间隔开间的屋架间或硬山搁檩屋盖的山尖墙之间应设置竖向剪刀撑；

2）山墙、山尖墙应采用墙揽与木屋架或檩条拉结；

3）内隔墙墙顶应与梁或屋架下弦拉结。

（7）承重（抗震）墙厚度：实心砖墙、蒸压砖墙不应小于240mm。

（8）当屋架或梁的跨度大于或等于6m时，支承处宜加设壁柱，或采取其他加强措施。

（9）砖木结构房屋的抗震设计计算可按本书附录A的方法进行，也可按本书附录B确定抗震横墙间距L和房屋宽度B。

2. 抗震构造措施

（1）配筋砖圈梁的构造应满足以下要求：

1）砂浆强度等级：6、7 度时不应低于 M5，8、9 度时不应低于 M7.5；

2）砂浆层的厚度不宜小于 30mm；

3）纵向钢筋配置不应少于 2ϕ6；

4）配筋砖圈梁交接（转角）处的钢筋应搭接（见图 3-10）。

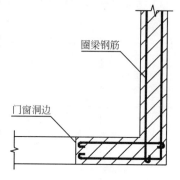

图 3-10 配筋砖圈梁在洞口边、转角处钢筋搭接做法

（2）开间或进深大于 7.2m 的大房间及 8 度和 9 度时，外墙转角及纵横墙交接处，应沿墙高每隔 750mm 设置 2ϕ6 拉结钢筋或 ϕ4@200 拉结钢丝网片，拉结钢筋或网片每边伸入墙内的长度不宜小于 750mm 或伸至门窗洞边（见图 3-11、图 3-12）。

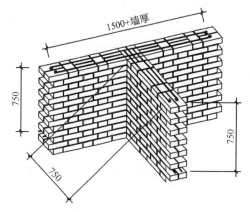

图 3-11 纵横墙交接处拉结（T 形墙）

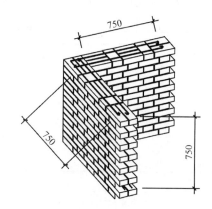

图 3-12 纵横墙交接处拉结（L 形墙）

（3）后砌非承重隔墙应沿墙高每隔 750mm 设置 2ϕ6 拉结钢筋或 ϕ4@200 钢丝网片与承重墙拉结，拉结钢筋或钢丝网片每边伸入墙内的长度不宜小于 500mm，在砌筑承重墙时预留洞口；长度大于 5m 的后砌隔墙，墙顶应与木梁或木檩条连接，连接做法应符合本章 3.3.4 的有关规定。

（4）门窗洞口可采用预制钢筋混凝土过梁或钢筋砖过梁。当门窗洞口采用钢筋砖过梁时，构造应符合下列规定：

1）钢筋砖过梁底面砂浆层中的纵向钢筋配筋量不应低于表 3-5 的要求，间距不宜大于 100mm；钢筋伸入支座砌体内的长度不宜小于 240mm；

钢筋砖过梁底面砂浆层最小配筋　　　　　　　　　　　　表 3-5

过梁上墙体高度（m）	门窗洞口宽度（m）	
	$b \leqslant 1.5$	$1.5 < b \leqslant 1.8$
$h_w \geqslant b/3$	3Φ6	3Φ6
$0.3 < h_w < b/3$	4Φ6	3Φ8

2）钢筋砖过梁底面砂浆层的厚度不宜小于 30mm，砂浆层的强度等级不应低于 M5；

3) 钢筋砖过梁截面高度内的砌筑砂浆强度等级不宜低于 M5。

（5）木屋架、木梁在外墙上的支承部位应符合下列要求：

1) 搁置在砖墙上的木屋架或木梁下应设置木垫板，木垫板的长度和厚度分别不宜小于 500mm、60mm，宽度不宜小于 240mm 或墙厚；

2) 木垫板下应铺设砂浆垫层；木垫板与木屋架、木梁之间应采用铁钉或扒钉连接。

（6）木楼盖应符合下列构造要求：

1) 搁置在砖墙上的木龙骨下应铺设砂浆垫层；

2) 内墙上龙骨应满搭或采用夹板对接或燕尾榫、扒钉连接；

3) 龙骨与搁栅、木板等木构件之间应采用圆钉、扒钉等相互连接。

（7）应在房屋中部屋檐高度处设置纵向水平系杆，系杆应采用墙揽与各道横墙连接或与屋架下弦杆木钉牢。

（8）当 6、7 度采用硬山搁檩屋盖时，应符合下列构造要求：

1) 当为坡屋面时，应采用双坡屋面；

2) 檩条支承处应设垫木，垫木下应铺设砂浆垫层；垫木的长度和厚度分别不宜小于 300mm、30mm，宽度同墙厚；

3) 端檩应出檐，内墙上檩条应满搭或采用夹板对接或燕尾榫、扒钉连接；

4) 木屋盖各构件应采用圆钉、扒钉或铁丝等相互连接；

5) 竖向剪刀撑宜设置在中间檩条和中间系杆处；剪刀撑与檩条、系杆之间及剪刀撑中部宜采用螺栓连接；剪刀撑两端与檩条、系杆应顶紧不留空隙（见图 3-13）；

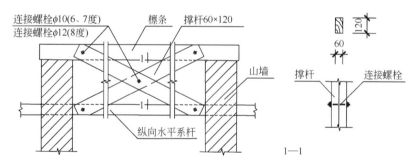

图 3-13 硬山搁檩屋盖山尖墙竖向剪刀撑

6) 木檩条宜采用 8 号铁丝与配筋砖圈梁中的预埋件连接。

（9）当采用木屋架屋盖时，应符合下列构造要求：

1) 木屋架上檩条应满搭或采用夹板对接或燕尾榫、扒钉连接；

2) 屋架上弦檩条搁置处应设置檩托，檩条与屋架应采用扒钉或铁丝等相互连接；

3) 檩条与其上面的椽子或木望板应采用圆钉、铁丝等相互连接；

4) 屋架间竖向剪刀撑的构造做法应符合本章的规定。

3. 施工要求

砖砌体施工应符合下列要求：

（1）砌筑前，砖或砌块应提前 1～2d 浇水润湿。

（2）砖砌体的灰缝应横平竖直，厚薄均匀；水平灰缝的厚度宜为 10mm，不应小于 8mm，也不应大于 12mm；水平灰缝砂浆应饱满，竖向灰缝不得出现透明缝、瞎缝和假缝。

（3）砖砌体应上下错缝，内外搭砌；砖柱不得采用包心砌法（见图3-14）。

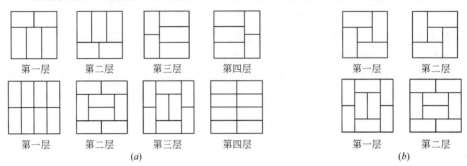

图 3-14　砖柱的砌筑方法
（a）正确的砌筑方法；（b）不正确的包心砌法

（4）砖砌体在转角和内外墙交接处应同时砌筑。对不能同时砌筑而又必须留置的临时间断处，应砌成斜槎，斜槎的水平长度不应小于高度的2/3；严禁砌成直槎。

（5）砌筑钢筋砖过梁时，应设置砂浆层底模板和临时支撑；钢筋砖过梁的钢筋应埋入砂浆层中，过梁端部钢筋伸入支座内的长度应符合本章3.3.1的要求，并设90°弯钩埋入墙体的竖缝中，竖缝应用砂浆填塞密实。

（6）埋入砖砌体中的拉结筋，应位置准确、平直，其外露部分在施工中不得任意弯折；设有拉结筋的水平灰缝应密实，不得露筋。

（7）砖砌体每日砌筑高度不宜超过1.5m。

3.3.4　木结构房屋

本章适用于6～9度地区的木结构房屋的重建。

1. 一般规定

（1）木结构房屋的层数、高度和层高应符合下列要求：

1）房屋的层数和总高度不应超过表3-6的规定；

2）房屋的层高：单层房屋不应超过4.0m；两层房屋不应超过3.6m。

房屋层数和总高度限值　　　　　　　　　　　　　　　　表3-6

结构类型	围护墙种类（墙厚 mm）		烈度							
			6		7		8		9	
			总高度(m)	层数	总高度(m)	层数	总高度(m)	层数	总高度(m)	层数
穿斗木构架和木柱木屋架	砖墙	实心砖（240）	7.2	2	7.2	2	6.6	2	3.3	1
		蒸压砖（240）	7.2	2	6.6	2	6.0	2	3.0	1
	生土墙(≥250)		6.0	2	4.0	1	3.3	1	—	—
	石墙	细料石（240）	7.0	2	7.0	2	6.0	2	—	—
		粗料石（240）	7.0	2	6.6	2	3.6	1	—	—
		平毛石（400）	4.0	1	3.6	1	—	—	—	—

结构类型	围护墙种类 (墙厚 mm)		烈度							
			6		7		8		9	
			总高度(m)	层数	总高度(m)	层数	总高度(m)	层数	总高度(m)	层数
木柱木梁	砖墙	实心砖 (240)	4.0	1	4.0	1	3.6	1	3.3	1
		蒸压砖 (240)	4.0	1	4.0	1	3.6	1	3.0	1
	生土墙(≥250)		4.0	1	4.0	1	3.3	1	—	—
	石墙	细料石 (240)	4.0	1	4.0	1	3.6	1	—	—
		粗料石 (240)	4.0	1	4.0	1	3.6	1	—	—
		平毛石 (400)	4.0	1	3.6	1	—	—	—	—

注：1. 房屋总高度指室外地面到主要屋面板板顶或檐口的高度；

2. 坡屋面应算到山尖墙的 1/2 高度处。

（2）抗震横墙间距，不应超过表 3-7 的要求。

房屋抗震横墙最大间距（m）　　表 3-7

结构类型	围护墙种类 (最小墙厚 mm)		房屋层数	楼层	烈度			
					6	7	8	9
穿斗木构架和木柱木屋架	砖墙	实心砖 (240)	一层	1	11.0	9.0	7.0	5.0
			二层	2	11.0	9.0	7.0	
				1	9.0	7.0	6.0	—
		蒸压砖 (240)	一层	1	9.0	7.0	6.0	
			二层	2	9.0	7.0	6.0	
				1	7.0	6.0	5.0	
	石墙	生土墙(250)	一层	1	6.0	4.5	3.3	
			二层	2	6.0	—	—	—
				1	4.5	—	—	—
		细、半细料石 (240)	一层	1	11.0	9.0	6.0	
			二层	2	11.0	9.0	6.0	
				1	7.0	6.0	5.0	
		粗料、毛料石 (240)	一层	1	11.0	9.0	6.0	
			二层	2	11.0	9.0	—	—
				1	7.0	6.0	—	
		平毛石(400)	一层	1	11.0	9.0	6.0	
木柱木梁	砖墙	实心砖(240)	一层	1	11.0	9.0	7.0	5.0
		多孔砖(190)	一层	1	9.0	7.0	6.0	5.0
	生土墙(250)		一层	1	6.0	4.5	3.3	—
	石墙(240、400)		一层	1	11.0	9.0	6.0	—

注：400mm 厚平毛石房屋仅限 6、7 度。

（3）木结构房屋围护墙的局部尺寸限值，宜符合表 3-8 的要求。

房屋围护墙局部尺寸限值（m）   表 3-8

部　　位	烈度			
	6	7	8	9
房间墙最小宽度	0.8	1.0	1.2	1.5
外墙尽端至门窗洞边的最小距离	0.8	1.0	1.0	1.0
内墙阳角至门窗洞边的最小距离	0.8	1.0	1.5	2.0

（4）木柱木屋架和穿斗木屋架房屋宜采用双坡屋盖，且坡度不宜大于 30°；屋面宜采用轻质材料（瓦屋面）。

（5）生土围护墙的勒脚部分，应采用砖、石砌筑，并采取有效的排水防潮措施。

（6）围护墙应砌筑在木柱外侧，不宜将木柱全部包入墙体中；木柱下应设置柱脚石，不应将未做防腐、防潮处理的木柱直接埋入地基土中。

（7）木结构房屋的围护墙，沿高度应设置配筋砖圈梁、配筋砂浆带或木圈梁，设置位置应符合本章 3.3.3、3.3.5 和 3.3.6 "一般规定"中的有关要求。

（8）木结构房屋应在下列部位采取加强整体性连接的措施：

1）三角形木屋架和木柱木梁房屋应在屋架（木梁）与柱的连接处设置斜撑；

2）两端开间屋架和中间隔开间屋架应设置竖向剪刀撑；

3）穿斗木构架应在屋盖中间柱列两端开间和中间隔开间设置竖向剪刀撑，并应在每一柱列两端开间和中间隔开间的柱与龙骨之间设置斜撑；

4）山墙、山尖墙应采用墙揽与木构架（屋架）连接；

5）内隔墙墙顶应与梁或屋架下弦连接。

（9）木结构房屋应设置端屋架（木梁），不得采用硬山搁檩。

（10）砖抗震墙厚度不应小于 180mm，生土抗震墙厚度不应小于 250mm，石抗震墙厚度不应小于 240mm。

（11）承重木柱梢径不宜小于 150mm。

（12）各类围护墙木结构房屋的抗震设计计算可按本书附录 A 的方法进行，也可按本书附录 C 确定抗震横墙间距 L 和房屋宽度 B。

2. 抗震构造措施

（1）柱脚与柱脚石之间宜采用石销键或石榫连接；柱脚石埋入地面以下的深度不应小于 200mm（见图 3-15）。

（2）砖围护墙、生土围护墙和石围护墙的抗震构造措施和配筋砖圈梁、配筋砂浆带的纵向钢筋配置和构造应分别符合本章 3.3.3、3.3.5 和 3.3.6 "抗震构造措施"中的有关规定。

（3）配筋砖圈梁、配筋砂浆带和木圈梁与木柱的连接应符合下列要求：

1）配筋砖圈梁、配筋砂浆带与木柱应采用不小于 $\phi6$ 的钢筋拉结（见图 3-16）；

2）木圈梁应加强接头处的连接，可采用平接、圆钉或扒钉连接（见图 3-17）；并应与木柱之间采用扒钉等可靠连接（见图 3-18）。

（4）内隔墙墙顶与梁或屋架下弦应每隔 1000mm 采用木夹板或铁件连接，具体构造

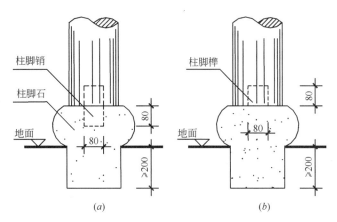

图 3-15 柱脚与柱脚石的锚固

（a）销键结合；（b）榫结合

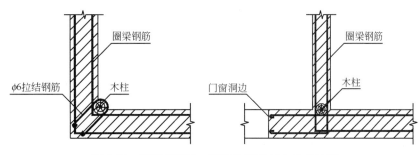

图 3-16 配筋砖圈梁、配筋砂浆带与木柱的拉结

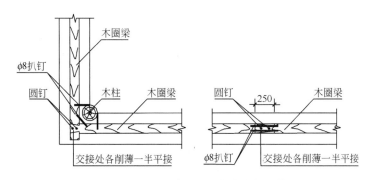

图 3-17 木圈梁接头处及与木柱的连接

参见本章 3.2.1 中有关内容。

（5）山墙、山尖墙墙揽的设置与构造应符合本章
3.2.1 中有关规定。

（6）穿斗木构架房屋的构件设置及节点连接构造应符
合下列要求：

1）木柱横向应采用穿枋连接，穿枋应贯通木构架各
柱，在木柱的上、下端及二层房屋的楼板处均应设置；

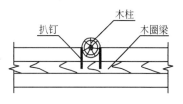

图 3-18 木圈梁与木柱的连接

2) 榫接节点宜采用燕尾榫、扒钉连接；采用平榫时应在对接处两侧加设厚度不小于 2mm 的扁铁，扁铁两端用两根直径不小于 12mm 的螺栓夹紧；

3) 穿枋应采用透榫贯穿木柱，穿枋端部应设木销钉，梁柱节点处应采用燕尾榫（见图 3-19）；

4) 当穿枋的长度不足时，可采用两根穿枋在木柱中对接，并应在对接处柱两侧沿水平方向加设扁铁；扁铁厚度不宜小于 2mm、宽度不宜小于 60mm，与木柱和穿枋贴紧，两端用两根直径不小于 12mm 的螺栓夹紧；

5) 立柱开槽宽度和深度应符合表 3-9 的要求。

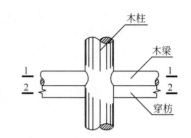
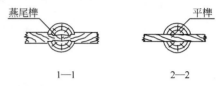

图 3-19 梁柱节点处燕尾榫构造形式

立柱开槽宽度和深度   表 3-9

榫类型		柱类型	
		圆柱	方柱
3B	最小值	$D/4$	$B/4$
	最大值	$D'/3$	$3B/10$
半榫深度	最小值	$D'/6$	$B/6$
	最大值	$D'/3$	$3B/10$

注：D—圆柱直径；D'—圆柱开榫一端直径；B—方柱宽度。

(7) 三角形木屋架的跨中处应设置纵向水平系杆，系杆应与屋架下弦杆钉牢；屋架腹杆与弦杆除用暗榫连接外，还应采用双面扒钉钉牢。

(8) 三角形木屋架或木梁与柱之间的斜撑宜采用木夹板，并采用螺栓连接木柱与屋架上、下弦（木梁）；木柱柱顶应设置暗榫插入柱顶下弦（木梁）或附木中，木柱、附木及屋架下弦（木梁）宜采用"U"形扁铁和螺栓连接（见图 3-20、图 3-21）。

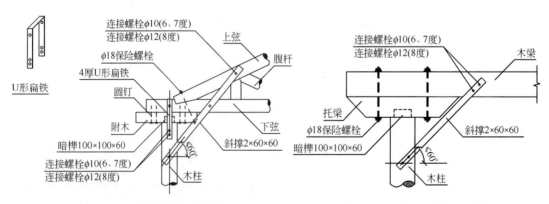

图 3-20 三角形屋架加设斜撑   图 3-21 木柱与木梁加设斜撑

(9) 穿斗木构架纵向柱列间的剪刀撑或柱与龙骨之间的斜撑，上端与柱顶或龙骨、下端与柱身应采用螺栓连接。

（10）檩条与屋架（梁）的连接及檩条之间的连接应符合下列要求：

1）连接用的扒钉直径，6、7度时宜采用$\phi8$，8度时宜采用$\phi10$，9度时宜采用$\phi12$；

2）架上弦上的檩条宜采用搭接，搭接长度不应小于梁或屋架上弦的宽度（直径），檩条与梁、屋架上弦以及檩条与檩条之间应采用扒钉钉牢或8号铁丝缠绕连接；

3）当檩条在梁、屋架、穿斗木构架柱头上采用对接时，应采用燕尾榫对接方式，且檩条与梁、屋架上弦、穿斗木构架柱头应采用扒钉连接；檩条与檩条之间应采用扒钉、木夹板或扁铁连接；

4）三角形屋架在檩条斜下方一侧（脊檩两侧）应设置檩托支托檩条；

5）双脊檩与屋架上弦的连接除应符合以上要求外，双脊檩之间尚应采用木条或螺栓连接。

（11）椽子或木望板应采用圆钉与檩条钉牢。

（12）砖围护墙、生土围护墙和石围护墙的门窗洞口过梁形式、设置及构造要求应分别符合本章3.3.3、3.3.5和3.3.6"抗震构造措施"中的有关规定；过梁底面砂浆层中的配筋及木过梁截面尺寸应符合下列要求：

1）墙厚为180mm、240mm的砖墙，钢筋砖过梁配筋应采用$2\phi6$；墙厚为370mm、490mm时，应采用$3\phi6$；

2）墙厚为240mm的石墙，钢筋石过梁配筋应采用$2\phi6$；墙厚为400mm时，应采用$3\phi6$；

3）木过梁截面尺寸不应小于表3-10的要求，其中矩形截面木过梁的宽度宜与墙厚相同；

木过梁截面尺寸（mm）　　　　　　　　　　　　　　　　　　表3-10

墙厚（mm）	门窗洞口宽度 b（m）					
	$b\leqslant1.2$			$1.2<b\leqslant1.5$		
	矩形截面	圆形截面		矩形截面	圆形截面	
	高度 h	根数	直径 d	高度 h	根数	直径 d
240	35	5	45	45	4	60
370	35	8	45	45	6	60
500	35	10	45	45	8	60
700	35	12	45	45	10	60

注：d 为每一根圆形截面木过梁的直径。

4）当一个洞口采用多根木杆组成过梁时，木杆上表面宜采用木板、扒钉、铁丝等将各根木杆连接成整体。

3. 施工要求

（1）木柱的施工应符合下列要求：

1）木柱不宜有接头；当接头不可避免时，接头处应采用拍巴掌榫搭接，并应采用铁套或铁件将接头处连接牢固，接头处的强度和刚度不得低于柱的其他部位；

2）应避免在木柱同一高度处纵横向同时开槽；

3）在同一截面处开槽面积不应超过截面总面积的二分之一。

（2）砖围护墙、生土围护墙和石围护墙的施工要求应分别符合本章 3.3.3、3.3.5 和 3.3.6 中的有关规定。

3.3.5 生土结构房屋

本章适用于 6～8 度地区的生土结构房屋的重建。

1. 一般规定

（1）生土结构房屋的层数和高度应符合下列要求：

1）房屋的层数和总高度不应超过表 3-11 的规定；

2）房屋的层高：单层房屋不应超过 4.0m；两层房屋不应超过 3.0m。

房屋层数和高度限值　　　　　　　　　　　　　　　　　　表 3-11

烈度					
6		7		8	
高度（m）	层数	高度（m）	层数	高度（m）	层数
6.0	2	4.0	1	3.3	1

（2）房屋抗震横墙间距，不应超过表 3-12 的要求。

房屋抗震横墙最大间距（m）　　　　　　　　　　　　　　表 3-12

房屋层数	楼层	烈度		
		6	7	8
一层	1	6.6	4.8	3.3
二层	2	6.6	—	—
	1	4.8	—	—

注：抗震横墙指厚度不小于 250mm 的土坯墙或夯土墙。

（3）生土结构房屋的局部尺寸限值，宜符合表 3-13 的要求。

房屋局部尺寸限值（m）　　　　　　　　　　　　　　　　表 3-13

部位	烈度		
	6	7	8
承重窗间墙最小宽度	1.0	1.2	1.4
承重外墙尽端至门窗洞边的最小距离	1.0	1.2	1.4
非承重外墙尽端至门窗洞边的最小距离	1.0	1.0	1.0
内墙阳角至门窗洞边的最小距离	1.0	1.2	1.5

（4）生土结构房屋门窗洞口的宽度，6、7 度时不应大于 1.5m，8 度时不应大于 1.2m。

（5）生土结构房屋的结构体系应符合下列要求：

1）应优先采用横墙承重或纵横墙共同承重的结构体系；

2）8 度时不应采用硬山搁檩屋盖。

（6）生土结构房屋不宜采用单坡屋盖；坡屋顶的坡度不宜大于 30°；屋面宜采用轻质材料（瓦屋面）。

（7）生土墙应采用平毛石、毛料石、凿开的卵石、黏土实心砖或灰土（三合土）基础，基础墙应采用混合砂浆或水泥砂浆砌筑。

（8）生土结构房屋的配筋砖圈梁、配筋砂浆带或木圈梁的设置应符合下列规定：

1）所有纵横墙基础顶面处应设置配筋砖圈梁；各层墙顶标高处应分别设一道配筋砖圈梁或木圈梁，夯土墙应采用木圈梁，土坯墙应采用配筋砖圈梁或木圈梁；

2）8度时，夯土墙房屋尚应在墙高中部设置一道木圈梁；土坯墙房屋尚应在墙高中部设置一道配筋砂浆带或木圈梁。

（9）生土结构房屋应在下列部位采取连接措施：

1）每道横墙在屋檐高度处应设置不少于三道的纵向通长水平系杆；并应在横墙两侧设置墙揽与纵向系杆连接牢固，墙揽可采用方木、角铁等材料；

2）两端开间和中间隔开间山尖墙应设置竖向剪刀撑；

3）山墙、山尖墙应采用墙揽与木檩条和系杆等屋架构件连接。

（10）生土承重墙体厚度：外墙不宜小于 400mm，内墙不宜小于 250mm。

（11）生土结构房屋的抗震设计计算可按本书附录 A 的方法进行，也可按本书附录 D 确定抗震横墙间距 L 和房屋宽度 B。

2. 抗震构造措施

（1）8度时生土结构房屋应按下列要求设置木构造柱：

1）在外墙转角及内外墙交接处设置；

2）木构造柱的梢径不应小于 120mm；

3）木构造柱应伸入墙体基础内，并应采取防腐和防潮措施。

（2）生土结构房屋配筋砖圈梁、配筋砂浆带和木圈梁的构造应符合下列要求：

1）配筋砖圈梁和配筋砂浆带的砂浆强度等级 6、7 度时不应低于 M5，8 度时不应低于 M7.5；

2）配筋砖圈梁和配筋砂浆带的纵向钢筋配置不应低于表 3-14 的要求；

土坯墙、夯土墙房屋配筋砖圈梁与配筋砂浆带最小纵向配筋　　　表 3-14

墙体厚度(mm)	烈度		
	6	7	8
$t \leqslant 400$	2Φ6	2Φ6	2Φ6
$400 < t \leqslant 600$	2Φ6	2Φ6	3Φ6
$t > 600$	2Φ6	3Φ6	4Φ6

3）配筋砖圈梁的砂浆层厚度不宜小于 30mm；

4）配筋砂浆带厚度不应小于 50mm；

5）木圈梁的横截面尺寸不应小于（高×宽）40mm×120mm。

（3）生土墙应在纵横墙交接处沿高度每隔 500mm 左右设一层荆条、竹片、树条等编制的拉结网片，每边伸入墙体应不小于 1000mm 或至门窗洞边，拉结网片在相交处应绑扎，当墙中设有木构造柱时，拉结材料与木构造柱之间应采用 8 号铁丝连接（见图 3-22）。

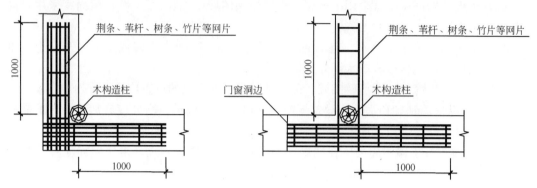

图 3-22 纵横墙拉结做法

（4）生土结构房屋门窗洞口宜采用木过梁，过梁构造应符合下列要求：

1）木过梁截面尺寸不应小于表 3-15 的要求，其中矩形截面木过梁的宽度与墙厚相同；木过梁支承处应设置垫木；

表 3-15

木过梁截面尺寸（mm）

墙厚 (mm)	门窗洞口宽度 b(m)						
	$b\leqslant1.2$			$1.2<b\leqslant1.5$			
	矩形截面	圆形截面		矩形截面	圆形截面		
	高度	根数	直径 d	高度	根数	直径 d	
250	90	2	120	110	—	—	
370	75	3	105	995	3	120	
500	65	5	90	85	4	115	
700	60	8	80	75	6	100	

注：d 为每一根圆形截面木过梁（木杆）的直径。

2）当一个洞口采用多根木杆组成过梁时，木杆上表面宜采用木板、扒钉、铁丝等将各根木杆连接成整体。

（5）生土墙门窗洞口两侧宜设木柱（板）；夯土墙门窗洞口两侧宜沿墙体高度每隔 500mm 左右加入水平荆条、竹片、树枝等编制的拉结网片，每边伸入墙体应不小于 1000mm 或至门窗洞边。

（6）木屋架、木梁在外墙上的支承部位应符合下列要求：

1）搁置在生土墙上的木屋架或木梁在外墙上的支承长度不应小于 370mm，且宜满搭，支承处应设置木垫板，墙体厚度不足 370mm 时应在支承处设置壁柱；木垫板的长度、宽度和厚度分别不宜小于 500mm、370mm 和 60mm；

2）木垫板下应铺设砂浆垫层；木垫板与木屋架、木梁之间应采用铁钉或扒钉连接。

（7）硬山搁檩房屋檩条的设置与构造应符合下列要求：

1）檩条支承处应设置不小于 400mm×200mm×60mm 的木垫板或砖垫（见图 3-23）；

2）内墙檩条应满搭并用扒钉钉牢（见图 3-24），不能满搭时应采用木夹板对接或燕尾榫扒钉连接；

3）檐口处椽条应伸出墙外做挑檐，并应在纵墙墙顶两侧设置双檐檩夹紧墙顶（见图 3-24），檐檩宜嵌入墙内；

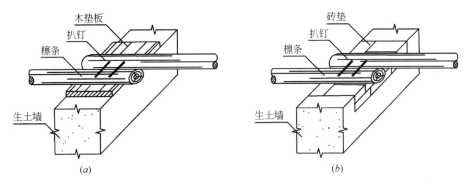

图 3-23　檩条支承及连接做法
（a）檩条下为木垫板；（b）檩条下为砖垫

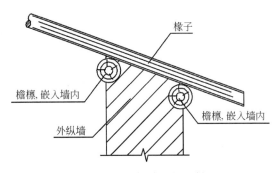

图 3-24　双檐檩檐口构造做法

4）硬山搁檩房屋的端檩应出檐，山墙两侧应采用方木墙揽与檩条连接（见图 3-25）；

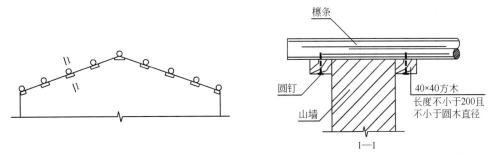

图 3-25　山墙与檩条、墙揽连接做法

5）山尖墙顶宜沿斜面放置木卧梁支撑檩条（见图 3-26）；

6）木檩条宜采用 8 号铁丝与山墙配筋砂浆带或配筋砖圈梁中的预埋件连接。

（8）硬山山墙高厚比大于 10 时应设置扶壁墙垛（见图 3-27）。

（9）7 度及 7 度以上地区，夯土墙在上下层接缝处应设置木杆、竹杆（片）等竖向销键（见图 3-28），沿墙长度方向间距宜取 500mm 左右，长度可取 400mm 左右。

（10）竖向剪刀撑的设置，当采用硬山搁檩屋盖时，应符合本章 3.3.3 中的要求；当采用木屋架屋盖时，应符合本章 3.2.2 中的要求。

（11）山墙与木屋架及檩条的连接、山墙（山尖墙）墙揽的设置与构造、自承重墙与屋架下弦的连接、木屋架（盖）之间的连接等均应符合本章其他部分的相关规定和要求。

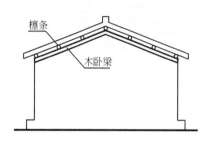

图 3-26　山尖墙斜面木卧梁

图 3-27　山墙扶壁墙垛

3. 施工要求

（1）夯土墙土料含水量宜按最优含水量控制。村镇地区受条件限制，一般可按经验取用，现场检验方法是"手握成团，落地开花"。

（2）生土墙土料中的掺料宜满足下列要求：

1）宜在土料中掺入 0.5%（质量比）左右的碎麦秸、稻草等拉结材料；

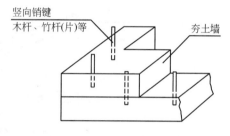

图 3-28　夯土墙上、下层拉结做法

2）夯土墙土料中可掺入碎石、瓦砾等，其质量不宜超过 25%（质量比）；

3）夯土墙土料中掺入熟石灰时，熟石灰含量宜在 5%～10%（质量比）之间。

（3）土坯墙砌筑泥浆内宜掺入 0.5%（质量比）左右的碎草，泥浆不宜过稀，应随拌随用。泥浆在使用过程中出现泌水现象时，应重新拌合。

（4）土坯墙的砌筑应符合下列要求：

1）土坯墙墙体的转角处和交接处应同时咬槎砌筑，对不能同时砌筑而又必须留置的临时间断处，应砌成斜槎（见图 3-29），斜槎的水平长度不应小于高度的 2/3；严禁砌成直槎；

2）土坯墙每天砌筑高度不宜超过 1.2m；临时间断处的高度差不得超过一步脚手架的高度；

3）土坯的大小、厚薄应均匀，墙体转角和纵横墙交接处应采取拉结措施；

4）土坯墙砌筑应采用错缝卧砌，泥浆应饱满；土坯墙接槎时，应将接槎处的表面清理干净，并填实泥浆，保持泥缝平直；

5）土坯墙在砌筑时应采用铺浆法，不得采用灌浆法；严禁使用碎砖石填充土坯墙的缝隙；

6）水平泥浆缝厚度应在 12～18mm 之间。

（5）夯土墙的夯筑应符合下列要求：

1）夯土墙应分层交错夯筑，夯筑应均匀密实，不应出现竖向通缝（见图 3-30）；纵横墙应同时咬槎夯筑，不能同时夯筑时应留踏步槎；

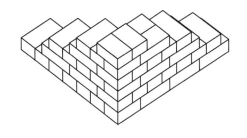

图 3-29　土坯墙体斜槎做法　　　　　　图 3-30　夯土墙交错夯筑做法

2）夯土墙每层夯筑虚铺厚度不应大于 300mm，每层夯击不得少于 3 遍。

（6）房屋室外应做散水，散水面层可采用砖、片石及碎石三合土等。

3.3.6 石木结构房屋

本章适用于 6～8 度地区石木结构房屋的重建。

1. 一般规定

（1）石木结构房屋的层数和高度应符合下列要求：

1）房屋的层数和总高度不应超过表 3-16 的规定；

2）房屋的层高：单层房屋 6 度不应超过 4.0m；两层房屋不应超过 3.6m。

房屋层数和总高度限值　　　　　　　　　　　　　　　　　　表 3-16

墙体类别		最小墙厚（mm）	烈度					
			6		7		8	
			总高度（m）	层数	总高度（m）	层数	总高度（m）	层数
料石砌体	细、半细料石砌体（无垫片）	240	7.0	2	7.0	2	6.6	2
	粗料、毛料石砌体（有垫片）	240	7.0	2	6.6	2	3.6	1
平毛石砌体		400	3.6	1	3.6	1	—	—

注：1. 房屋总高度指室外地面到檐口的高度；对带阁楼的坡屋面应算到山尖墙的 1/2 高度处；

　　2. 平毛石指形状不规则，但有两个平面大致平行且该两平面的尺寸远大于另一个方向尺寸的块石。

（2）房屋抗震横墙间距不应超过表 3-17 的要求。

房屋抗震横墙最大间距（m）　　　　　　　　　　　　　　　表 3-17

房屋层数	楼层	烈度			
		木楼、屋盖		预应力圆孔板楼、屋盖	
		6、7	8	6、7	8
一层	1	11.0	7.0	13.0	9.0
二层	2	11.0	7.0	13.0	9.0
	1	7.0	5.0	9.0	7.0

注：抗震横墙指厚度不小于 240mm 的料石墙或厚度不小于 400mm 的毛石墙。

（3）石木结构房屋的局部尺寸限值，宜符合表 3-18 的要求。

房屋局部尺寸限值（m） 表 3-18

部　　位	烈　　度	
	6、7	8
承重窗间墙最小宽度	1.0	1.0
承重外墙尽端至门窗洞边的最小距离	1.0	1.2
非承重外墙尽端至门窗洞边的最小距离	1.0	1.0
内墙阳角至门窗洞边的最小距离	1.0	1.2

注：出入口处的女儿墙应有锚固。

（4）石木结构房屋的结构体系应符合下列要求：

1）应优先采用横墙承重或纵横墙共同承重的结构体系；

2）8 度时不应采用硬山搁檩屋盖；

3）严禁采用石板、石梁及独立料石柱作为承重构件；

4）严禁采用悬挑踏步板式楼梯。

（5）石木结构房屋应在下列部位设置配筋砂浆带：

1）所有纵横墙的基础顶部、每层楼、屋盖（墙顶）标高处；

2）8 度时尚应在墙高中部增设一道。

（6）石木结构房屋应在下列部位采取连接措施：

1）两端开间屋架和中间隔开间屋架应设置竖向剪刀撑；

2）山墙、山尖墙应采用墙揽与木屋架或檩条连接；

3）内隔墙墙顶应与梁或屋架下弦连接。

（7）石材规格应符合下列要求：

1）料石的宽度、高度分别不宜小于 240mm 和 220mm；长度宜为高度的 2～3 倍且不宜大于高度的 4 倍。料石加工面的平整度应符合表 3-19 的要求。

料石加工面的平整度（mm） 表 3-19

料石种类	外露面及相接周边的表面凹入深度	上、下叠砌面及左右接砌面的表面凹入深度	尺寸允许偏差	
			宽度及高度	长度
细料石	不大于 2	不大于 10	±3	±5
半细料石	不大于 10	不大于 15	±3	±5
粗料石	不大于 20	不大于 20	±5	±7
毛料石	稍加修改	不大于 25	±10	±15

2）平毛石应呈扁平块状，其厚度不宜小于 150mm。

（8）承重石墙厚度，料石墙不宜小于 240mm，平毛石墙不宜小于 400mm。

当屋架或梁的跨度大于 4.8m 时，支承处宜加设壁柱或采取其他加强措施，壁柱宽度不宜小于 400mm，厚度不宜小于 200mm，壁柱应采用料石砌筑（见图 3-31）。

（9）石木结构的抗震设计计算可按本书附录 A 的方法进行，也可按本书附录 E 确定抗震横墙间距 L 和房屋宽度 B。

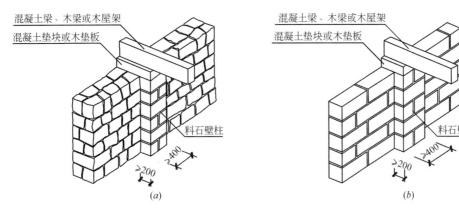

图 3-31　壁柱砌法

（a）平毛石墙体（注：墙厚≥450mm时可不设壁柱）；（b）料石墙体（注：双轨墙体可不设壁柱）

2. 抗震构造措施

（1）配筋砂浆带的构造应符合下列要求：

1）砂浆强度等级6、7度时不应低于M5，8度时不应低于M7.5；

2）配筋砂浆带的厚度不宜小于50mm；

3）配筋砂浆带的纵向钢筋配置不应低于表3-20的要求；

配筋砂浆带最小纵向配筋　　　　　　　　　　　　　　表 3-20

墙体厚度(mm)	烈度	
	6、7	8
≤300	2Φ8	2Φ10
>300	3Φ8	3Φ10

4）配筋砂浆带交接（转角）处钢筋应搭接（见图3-32）。

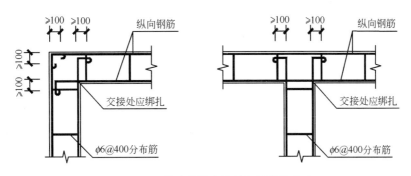

图 3-32　配筋砂浆带交接处钢筋搭接做法

（2）纵横墙交接处应符合下列要求：

1）料石砌体应采用无垫片砌筑，平毛石砌体应每皮设置拉结石（见图3-33）；

2）7、8度时应沿墙高每隔500～700mm设置2φ6拉结钢筋，每边伸入墙内不宜小于1000mm或伸至门窗洞边（见图3-34）。

  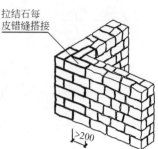

图 3-33　平毛石砌体转角砌法

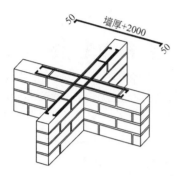 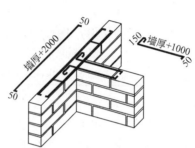 

图 3-34　纵横墙连接处拉结钢筋做法

（3）门窗洞口可采用预制钢筋混凝土过梁或钢筋石过梁。当门窗洞口采用钢筋石过梁时，钢筋石过梁的构造应符合下列规定：

1）钢筋石过梁底面砂浆层中的钢筋配筋量应不低于表 3-21 的规定，间距不宜大于 100mm；

2）钢筋石过梁底面砂浆层的厚度不宜小于 40mm，砂浆层的强度等级不应低于 M5，钢筋伸入支座长度不宜小于 300mm；

3）钢筋石过梁截面高度内的砌筑砂浆强度等级不宜低于 M5。

钢筋石过梁底面砂浆层中的钢筋配筋量　　　　　　　　　　　表 3-21

过梁上墙体高度 h_w(m)	门窗洞口宽度 b(m)	
	$b \leqslant 1.5$	$1.5 < b \leqslant 1.8$
$h_w \geqslant b/2$	4Φ6	4Φ6
$0.3 \leqslant h_w < b/2$	4Φ6	4Φ8

（4）木屋架、木梁在外墙上的支承部位应符合下列要求：

1）搁置在石墙上的木屋架或木梁下应设置木垫板，木垫板的长度和厚度分别不宜小于 500mm、60mm，宽度不宜小于 240mm 或墙厚；

2）木垫板下应铺设砂浆垫层；木垫板与木屋架、木梁之间应采用铁钉或扒钉连接。

（5）应在跨中屋檐高度处设置纵向水平系杆，系杆应采用墙揽与各道横墙连接或与屋架下弦杆钉牢。

（6）当采用硬山搁檩木屋盖时，屋盖木构件拉结措施应符合下列要求：

1）檩条应在内墙满搭并用扒钉钉牢，不能满搭时应采用木夹板对接或燕尾榫扒钉连接；

2）木檩条应用 8 号铁丝与山墙配筋砂浆带中的预埋件连接；

3）木屋盖各构件应采用圆钉、扒钉或铁丝等相互连接。

（7）当采用木屋架屋盖时，屋架的构造措施、山墙与木屋架及檩条的连接、山墙（山尖墙）墙揽的设置与构造以及屋架构件之间的连接措施等均应符合本章 3.3.4 的有关规定和要求。

（8）内隔墙墙顶与梁或屋架下弦应每隔 1000mm 采用木夹板或铁件连接。

3. 施工要求

（1）石木结构的砌筑砂浆稠度、灰缝厚度、每日砌筑高度等应符合下列要求：

1）石砌体砌筑前应清除石材表面的泥垢、水锈等杂质；

2）砌筑砂浆稠度（坍落度）：无垫片为 10～30mm，有垫片为 40～50mm，并可根据气候变化情况进行适当调整；

3）石砌体的灰缝厚度：细料石砌体不宜大于 5mm；半细料石砌体不宜大于 10mm；无垫片粗料石砌体不宜大于 20mm；有垫片粗料石、毛料石、平毛石砌体不宜大于 30mm；

4）无垫片料石和平毛石砌体每日砌筑高度不宜超过 1.2m；有垫片料石砌体每日砌筑高度不宜超过 1.5m；

5）已砌好的石块不应移位、顶高；当必须移动时，应将石块移开，将已铺砂浆清理干净，重新铺浆。

（2）料石砌体施工应符合下列要求：

1）料石砌筑时，应放置平稳；砂浆铺设厚度应略高于规定灰缝厚度，其高出厚度：细料石、半细料石宜为 3～5mm，粗料石、毛料石宜为 6～8mm；

2）料石墙体上下皮应错缝搭砌，错缝长度不宜小于料石长度的 1/3；

3）有垫片料石砌体砌筑时，应先满铺砂浆，并在其四角安置主垫，砂浆应高出主垫 10mm，待上皮料石安装调平后，再沿灰缝两侧均匀塞入副垫；主垫不得采用双垫，副垫不得用锤击入；

4）料石砌体的竖缝应在料石安装调平后，用同样强度等级的砂浆灌注密实，竖缝不得透空；

5）石砌墙体在转角和内外墙交接处应同时砌筑；对不能同时砌筑而又必须留置的临时间断处，应砌成斜槎，斜槎的水平长度不应小于高度的 2/3；严禁砌成直槎。

（3）平毛石砌体施工应符合下列要求：

1）平毛石砌体宜分皮卧砌，各皮石块间应利用自然形状敲打修整，使之与先砌石块基本吻合、搭砌紧密；应上下错缝，内外搭砌，不得采用外面侧立石块中间填心的砌筑方法；中间不得夹砌过桥石（仅在两端搭砌的石块）、铲口石（尖角倾斜向外的石块）和斧刃石（见图 3-35）；

2）平毛石砌体的灰缝厚度宜为 20～30mm，石块间不得直接接触；石块间空隙较大时应先填塞砂浆后用碎石块嵌实，不得采用先摆碎石后塞砂浆或干填碎石块的砌法；

3）平毛石砌体的第一皮和最后一皮，墙体转角和洞口处，应采用较大的平毛石砌筑；

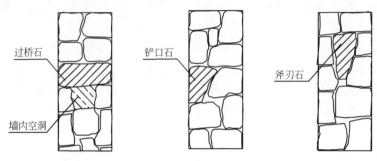

图 3-35　平毛石墙错误砌法

4）平毛石砌体必须设置拉结石（见图 3-36），拉结石应均匀分布，互相错开；拉结石宜每 0.7m^2 墙面设置一块，且同皮内拉结石的中距不应大于 2m。

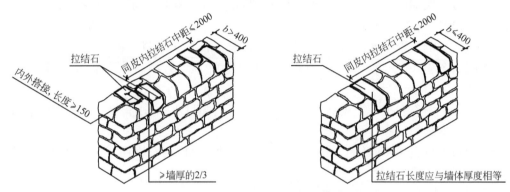

图 3-36　平毛石砌体拉结石砌法

（4）拉结石的长度，当墙厚等于或小于 400mm 时，应与墙厚相等；当墙厚大于 400mm 时，可用两块拉结石内外搭接，搭接长度不应小于 150mm，且其中一块的长度不应小于墙厚的 2/3。

3.4　震后援建钢结构农村住房设计说明

3.4.1　方案概况和设计思路

本方案主要用于四川地震灾区灾后重建中的援建农民住房。建筑有 40.48m^2 和 60m^2 两种形式，援建住房仅考虑居住空间，厨卫等其他辅房需农民自建，设计中提供参考。住房地上均为 2 层，层高 2.8m。

本方案主体结构选用延性好、抗震性能优越的钢框架结构。历次地震震害情况表明，钢结构与砌体结构、混凝土结构等其他结构相比，在减轻建筑破坏、避免人员伤亡、减少经济损失等方面有明显的优势，非常适用于高烈度区建筑。另外，钢结构强度高，构件轻巧，每根构件重量不大，方便现场组装架立，施工速度快，对于灾后重建具有较大意义。

为了满足不同层次用户的需要并考虑就地取材的方便，本方案设计时，墙体考虑了轻钢龙骨轻质墙体、黏土砖（多孔砖）墙、水泥空心砌块墙等多种形式；楼板考虑钢筋桁架混凝土楼板和木质楼板两种形式。用户可以根据自身的实际需要、经济条件以及住宅周边自然环境进行组合选用，并自行搭建厨卫等其他辅房。

3.4.2 结构设计依据

1. 国家现行有关规范、规程

《建筑结构荷载规范》GB 50009—2001（2006 年版）

《建筑抗震设计规范》GB 50011—2001

《钢结构设计规范》GB 50017—2003

《冷弯薄壁型钢结构技术规范》GB 50018—2002

《砌体结构设计规范》GB 50003—2001

《木结构设计规范》GB 50005—2003

《建筑钢结构焊接技术规程》JGJ 81—2002

2. 设计荷载

（1）自然条件（由于范围较广，暂定）

1）基本风压：0.45kN/m^2（50 年），地面粗糙度：B 类（暂定）；

2）基本雪压：0.45kN/m^2；

3）抗震设防烈度为 8 度（0.2g，第一组）；

抗震设防类别：丙类建筑；

特征周期：T_g＝0.35s；

4）场地类别：按Ⅱ类（暂定）。

（2）楼面活荷载

1）楼面 2.0kN/m^2；

2）不上人屋面 0.5kN/m^2；

1.5kN/m^2（考虑太阳能热水器、发电板）。

（3）楼面、屋面恒荷（见表 3-22）

楼面、屋面恒荷 　　　　　　　　　　　　　　　　　　　表 3-22

类别	名称	荷载(kN/m^2)
外墙一	轻钢龙骨轻质墙体	1.0
外墙二	黏土砖(多孔砖)墙	4.4
外墙三	水泥空心砌块墙	2.8
外墙一	木质楼板	1.0
外墙二	钢筋桁架混凝土楼板	4.0

3.4.3 结构设计

1. 参数选用

（1）结构安全等级：二级；

（2）建筑结构设计合理使用年限：50 年；

（3）结构自振周期折减系数：0.9；

（4）地震力放大系数：1.0。

2. 材料选用

主构件钢材材质：Q345B，强屈比不小于1.2。

3. 结构计算软件

PKPM系列的SATWE程序用于结构整体计算分析。

3.4.4　其他说明

（1）地基基础

由于地质条件不明，基础大小和埋深较难计算，从形式上来说，基础可以采用独立基础或条形基础，各独立基础间用基础梁连接。柱下基础处设混凝土短柱，标高至地面以上0.5m处，有利于钢柱防腐。

（2）构件防腐

钢结构在使用期间有防腐蚀问题，对于屋面梁或楼面梁，需涂刷一定厚度的底漆和面漆，面漆配合装修选用。薄壁型钢应采用热镀锌钢板制作。钢柱可采用涂刷防锈漆处理，也可以根据建筑外墙做法进行包裹处理，但柱脚位置应高出地面。

（3）续建接跨

用户自建部分若采用钢结构，可以由原设计人员复核，并与援建建筑连接。连接节点可以预留，也可以铰接连接。若自建建筑采用混凝土结构或砌体结构，应与已建建筑结构设缝处理。

（4）柱脚连接

钢柱与基础通过预埋锚栓连接。

（5）户型组合

业主可以根据具体情况选取户型，也可以两户或多户联体建造，但联体建造时，应选用同一户型。

（6）钢筋桁架模板

钢筋桁架模板是将楼板中钢筋在工厂加工成钢筋桁架，并将钢筋桁架与底模连接成一体的组合模板。现场只需配置少量分配钢筋和搭接钢筋，可以加快施工速度。业主也可以根据具体情况，采用木模板，但现场应配置一定量的受力钢筋和构造钢筋。

（7）黏土砖（多孔砖）墙和水泥空心砌块墙

黏土砖（多孔砖）墙和水泥空心砌块墙抗震性能较差，地震时破坏情况较多，因此本工程墙体优先选用轻质墙体。若采用黏土砖（多孔砖）墙和水泥空心砌块墙，应保证与主体结构连接可靠，沿框架柱每隔500mm设2ϕ6，拉筋沿墙全长贯通。

（8）建议钢结构不作防火处理，虽然钢结构耐火时间不长，与木结构相比，至少是不燃材料。

（9）从视觉方面来说，H型钢梁处理成矩形较美观。

3.4.5　方案说明

由于四川地震灾区灾后重建的援建农民住房范围较广，为了提高方案的适应性，本次设计共提供了四种方案予以选择。

【方案一】独立式（81m²/户）

1. 方案一图

方案一如图 3-37～图 3-45 所示。

图 3-37　方案一援建部分

图 3-38　方案一援建＋自建

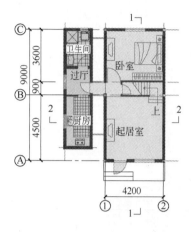

图 3-39 方案一一层平面图

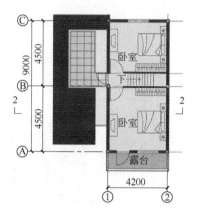

图 3-40 方案一二层平面图

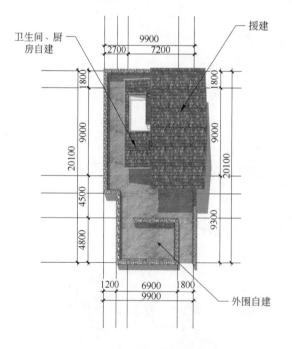

图 3-41 方案一总平面图

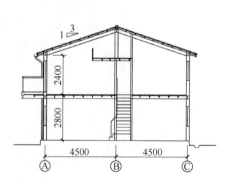

图 3-42 方案一 1—1 剖面图（一）

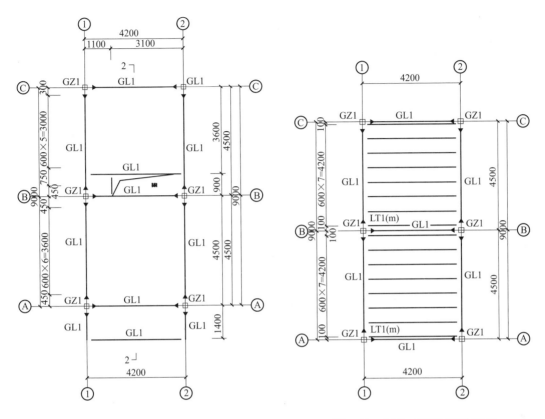

图 3-43 方案一二层结构布置图

图 3-44 方案一屋顶结构布置图

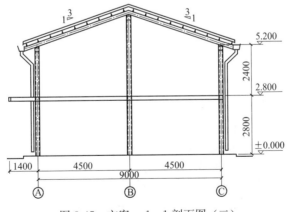

图 3-45 方案一 1—1 剖面图（二）

2. 方案一设计说明

（1）本建筑方案主要用于四川地震灾区农民过渡与永久相结合的生活用房。为了尽快解决灾民的生活安置需求，按照政府补贴与灾民自筹的有限资金，由灾民自主进行建造。建造分两部分进行：第一部分建急需的生活用房；第二部分由灾民自行在援建周边搭建厨、卫等配套设施。

（2）本方案为独立式设计，层数两层。援建部分建筑面积 81m²，占地面积 40.5m²。

自建建筑面积 $10m^2$。每户按照当地农民住房建筑习惯设宅前庭院。每户净用地面积约为 $90 \sim 120m^2$。

（3）方案设计采用坡屋顶，屋面采用轻质构造。坡屋顶内部空间可由住户自行搭建阁楼，设移动直梯上下。

（4）本方案承重采用钢框架结构，墙体为轻钢龙骨 CCA 板墙体或其他轻质填充墙。墙体材料也可根据当地实际情况，采用旧砖块、加气混凝土砌块、空心砌块等。

（5）本方案援建部分用钢量 $4 \sim 5t$，钢结构部分造价 3.6 万～4.5 万元。

方案一构造说明见表 3-23。

	方案一构造说明		表 3-23
项目	做法 1	做法 2	做法 3
墙体	10mm 厚 CCA 板内外复面 C120 轻钢龙骨 岩棉填充	190mm 厚旧黏土砖（或多孔砖） 混合砂浆砌筑 内外抹混合砂浆	190mm 厚水泥空心砌块 （或加气混凝土砌块） 混合砂浆砌筑 内外抹混合砂浆
屋面	彩色油毡瓦或树脂瓦 防水卷材一层 19mm 厚定向刨花板或木板 50mm 厚聚苯泡沫板 Z 型轻钢檩条，间距 600mm 8mm 厚 CCA 板顶棚	利用旧小青瓦砂浆窝牢 防水卷材一层 19mm 厚定向刨花板或木板 50mm 厚聚苯泡沫板 Z 型轻钢檩条，间距 600mm 10mm 厚 CCA 板复面	
楼面	复合地板或粘贴地砖 19mm 厚定向刨花或木板 轻钢龙骨间距 600mm 8mm 厚 CCA 板顶棚	干硬性水泥砂浆铺贴地砖 钢筋桁架混凝土楼板 板底抹灰	
地面	干硬性水泥砂浆铺贴地砖 50mm 厚 C15 混凝土垫层 50mm 厚碎石压实地基	20mm 厚 1：2 水泥砂浆地面 50mm 厚 C15 混凝土垫层 50mm 厚碎石压实地基	
楼梯	钢楼梯	钢筋桁架模板混凝土楼梯	木楼梯

【方案二】双联式（$81m^2/$户）

1. 方案二图

方案二如图 3-46～图 3-51 所示。

图 3-46　方案二援建＋自建（一）

图 3-47 方案二援建＋自建（二）

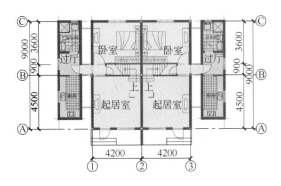

图 3-48 方案二一层平面图

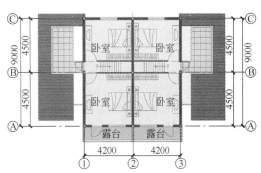

图 3-49 方案二二层平面图

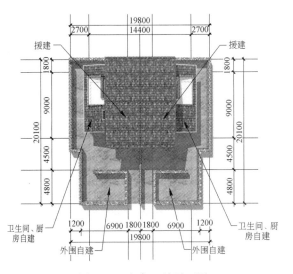

图 3-50 方案二总平面图

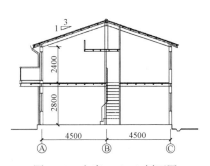

图 3-51 方案二 1—1 剖面图

145

2. 方案二设计说明

（1）本建筑方案将两户双联并置，有利于抗震的同时，提高土地利用率。

（2）每户层数两层。援建部分建筑面积 $81m^2$，占地面积 $40.5m^2$。自建建筑面积 $10m^2$。每户按照当地农民住房建筑习惯设宅前庭院。每户净用地面积约为 $90\sim120m^2$。

（3）方案设计采用坡屋顶，屋面采用轻质构造。坡屋顶内部空间可由住户自行搭建阁楼，设移动直梯上下。

（4）本方案承重采用钢框架结构，墙体为轻钢龙骨 CCA 板墙体或其他轻质填充墙。墙体材料也可根据当地实际情况，采用旧砖块、加气混凝土砌块、空心砌块等。

（5）本方案每户的援建部分用钢量 $4\sim5t$，钢结构部分造价 3.6 万～4.5 万元。

方案二构造说明见表 3-24。

方案二构造说明　　　　　　　　　　　　　　　　表 3-24

项目	做法 1	做法 2	做法 3
墙体	10mm 厚 CCA 板内外复面 C120 轻钢龙骨 岩棉填充	190mm 厚旧黏土砖 （或多孔砖） 混合砂浆砌筑 内外抹混合砂浆	190mm 厚水泥空心砌块 （或加气混凝土砌块） 混合砂浆砌筑 内外抹混合砂浆
屋面	彩色油毡瓦或树脂瓦 防水卷材一层 19mm 厚定向刨花板或木板 50mm 厚聚苯泡沫板 Z 型轻钢檩条，间距 600mm 8mm 厚 CCA 板顶棚	利用旧小青瓦砂浆窝牢 防水卷材一层 19mm 厚定向刨花板或木板 50mm 厚聚苯泡沫板 Z 型轻钢檩条，间距 600mm 10mm 厚 CCA 板复面	
楼面	复合地板或粘贴地砖 19mm 厚定向刨花或木板 轻钢龙骨间距 600mm 8mm 厚 CCA 板顶棚	干硬性水泥砂浆铺贴地砖 钢筋桁架混凝土楼板 板底抹灰	
地面	干硬性水泥砂浆铺贴地砖 50mm 厚 C15 混凝土垫层 50mm 厚碎石压实地基	20mm 厚 1：2 水泥砂浆地面 50mm 厚 C15 混凝土垫层 50mm 厚碎石压实地基	
楼梯	钢楼梯	钢筋桁架模板混凝土楼梯	木楼梯

【方案三】独立式（$120m^2$/户）

1. 方案三图

方案三如图 3-52～图 3-62 所示。

2. 方案三设计说明

（1）本建筑方案主要用于四川地震灾区农民过渡与永久相结合的生活用房。为了尽快解决灾民的生活安置需求，按照政府补贴与灾民自筹的有限资金，由灾民自主进行建造。

（2）本方案为独立式设计，层数两层。援建部分建筑面积 $120m^2$，占地面积 $60m^2$。自建建筑面积 $10m^2$。每户按照当地农民住房建筑习惯设宅前庭院。

图 3-52　方案三援建部分（一）

图 3-53　方案三援建部分（二）

图 3-54　方案三援建＋自建（一）

图 3-55　方案三援建＋自建（二）

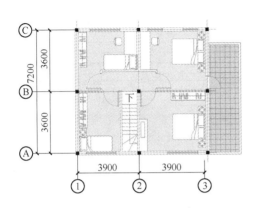

图 3-56 方案三一层平面图

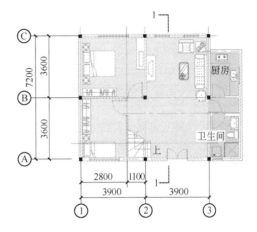

图 3-57 方案三二层平面图

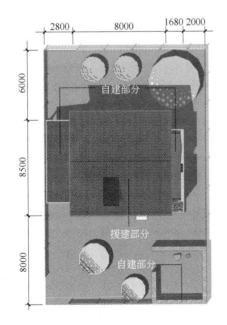

图 3-58 方案三总平面图

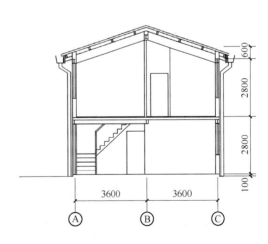

图 3-59 方案三 1—1 剖面图（一）

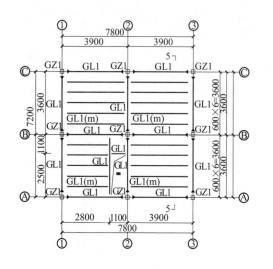

图 3-60　方案三二层结构布置图　　　　　　图 3-61　方案三屋顶结构布置图

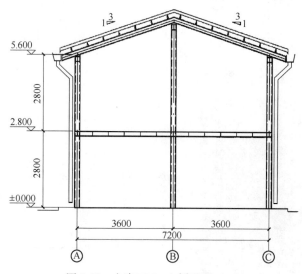

图 3-62　方案三 1—1 剖面图（二）

（3）本方案套型规整，有利于抗震的同时，提高居住空间利用率。开间、进深等空间尺寸尽量统一，减少梁柱等构件规格，使之统一化、工厂化，有利于提高现场施工速度。

（4）本方案承重采用钢框架结构，墙体为轻钢龙骨 CCA 板墙体或其他轻质填充墙。

（5）本方案援建部分用钢量 5～6t，钢结构部分造价 4.5 万～5.5 万元。

方案三构造说明见表 3-25。

方案三构造说明

表 3-25

项目	做法 1	做法 2	做法 3
墙体	10mm 厚 CCA 板内外复面 C120 轻钢龙骨 岩棉填充	190mm 厚旧黏土砖 （或多孔砖） 混合砂浆砌筑 内外抹混合砂浆	190mm 厚水泥空心砌块 （或加气混凝土砌块） 混合砂浆砌筑 内外抹混合砂浆

项目	做法 1	做法 2	做法 3
屋面	彩色油毡瓦或树脂瓦 防水卷材一层 19mm 厚定向刨花板或木板 50mm 厚聚苯泡沫板 Z 型轻钢檩条,间距 600mm 8mm 厚 CCA 板顶棚	利用旧小青瓦砂浆窝牢 防水卷材一层 19mm 厚定向刨花板或木板 50mm 厚聚苯泡沫板 Z 型轻钢檩条,间距 600mm 10mm 厚 CCA 板复面	
楼面	干硬性水泥砂浆铺地砖 钢筋桁架混凝土楼板 板底抹灰	复合地板 19mm 厚定向刨花板或木板 轻钢龙骨间距 600mm 8mm 厚 CCA 板顶棚	
地面	干硬性水泥砂浆铺贴地砖 50mm 厚 C15 混凝土垫层 50mm 厚碎石压实地基	20mm 厚 1∶2 水泥砂浆地面 50mm 厚 C15 混凝土垫层 50mm 厚碎石压实地基	
楼梯	钢楼梯	钢筋桁架模板混凝土楼梯	木楼梯

【方案四】双联式（120m²/户）

1. 方案四图

方案四如图 3-63～图 3-69 所示。

图 3-63 方案四援建部分（一）

2. 方案四设计说明

（1）本方案将两户双联并置，以提高土地利用率。

（2）每户层数两层，援建部分建筑面积 120m²，占地面积 60m²。自建建筑面积 10m²。每户按照当地农民住房建筑习惯设宅前庭院。

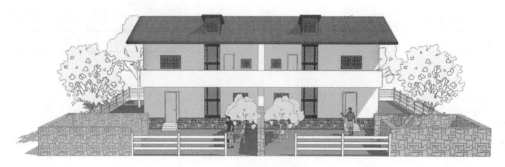

图 3-64 方案四援建部分（二）

图 3-65 方案四援建＋自建（一）

图 3-66 方案四援建＋自建（二）

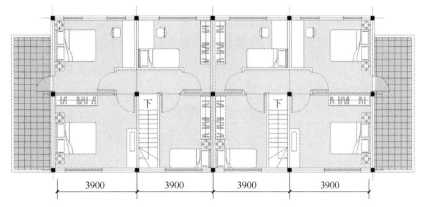

图 3-67　方案四一层平面图

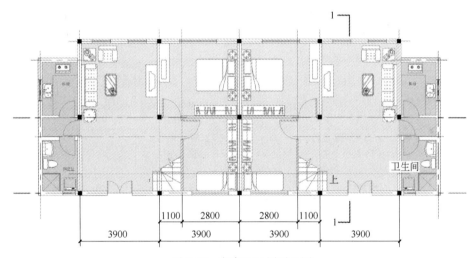

图 3-68　方案四二层平面图

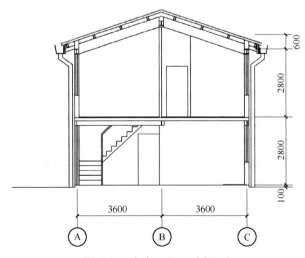

图 3-69　方案四 1—1 剖面图

（3）本方案套型规整，有利于抗震的同时，提高居住空间利用率。开间、进深等空间尺寸尽量统一，减少梁柱等构件规格，使之统一化、工厂化，有利于提高现场施工速度。

（4）本方案承重采用钢框架结构，墙体为轻钢龙骨 CCA 板墙体或其他轻质填充墙。

（5）本方案每户援建部分用钢量 5~6t，钢结构部分造价 4.5 万~5.5 万元。

方案四构造说明见表 3-26。

方案四构造说明 表 3-26

项目	做法 1	做法 2	做法 3
墙体	10mm 厚 CCA 板内外复面 C120 轻钢龙骨 岩棉填充	190mm 厚旧黏土砖（或多孔砖） 混合砂浆砌筑 内外抹混合砂浆	190mm 厚水泥空心砌块 （或加气混凝土砌块） 混合砂浆砌筑 内外抹混合砂浆
屋面	彩色油毡瓦或树脂瓦 防水卷材一层 19mm 厚定向刨花板或木板 50mm 厚聚苯泡沫板 Z 型轻钢檩条，间距 600mm 8mm 厚 CCA 板顶棚	利用旧小青瓦砂浆窝牢 防水卷材一层 19mm 厚定向刨花板或木板 50mm 厚聚苯泡沫板 Z 型轻钢檩条，间距 600mm 10mm 厚 CCA 板复面	
楼面	干硬性水泥砂浆铺地砖 钢筋桁架混凝土楼板 板底抹灰	复合地板 19mm 厚定向刨花板或木板 轻钢龙骨间距 600mm 8mm 厚 CCA 板顶棚	
地面	干硬性水泥砂浆铺贴地砖 50mm 厚 C15 混凝土垫层 50mm 厚碎石压实地基	20mm 厚 1：2 水泥砂浆地面 50mm 厚 C15 混凝土垫层 50mm 厚碎石压实地基	
楼梯	钢楼梯	钢筋桁架模板混凝土楼梯	木楼梯

第4章 地基基础鉴定、加固和抗震技术

4.1 地基基础的基本概念

地基基础的基本概念包括场地、地基、基础、地基承载力、地基变形、地基处理、复合地基、桩基础、扩展基础、无筋扩展基础、地质灾害、液化、震陷等。

4.1.1 场地

场地是指建筑物所直接占有并直接使用的有限面积土地。场地是宏观概念，它不仅代表着所划定的土地范围，还应涉及某种地质现象和工程地质问题所概括的地区，场地范围内及其邻近的地质环境都会直接影响场地的稳定性。在地质条件复杂的地区，场地还指包括建筑占地面积在内的某个地貌、地形和地质单元。

4.1.2 地基

地基是指支承房屋荷载，受房屋影响的那一部分地层。组成房屋地基的土或岩石是自然界的产物。土是岩石经历风化、剥蚀、搬运、沉积生成，而土经压密、固结、胶结、硬化可再转化成岩石。土一般是由土颗粒、水和空气组成的，三部分之间比例的变化反映在土的轻重（重度）、松密（密实度）、干湿（饱和度）、软硬（液性指数）等物理性质和状态上。

4.1.3 基础

房屋埋在地面以下，向地基传递荷载的部分（结构）称为基础。基础是房屋的重要组成部分，为保证房屋的安全和使用年限，基础应当具有足够的强度和耐久性。从室外地面至基础底面的垂直距离称为基础的埋置深度（简称埋深）。通常称埋深小于5m的为浅基础，大于5m的为深基础。

4.1.4 地基承载力

地基承载力是指地基在变形容许和稳定的前提下，地基单位面积所能承受荷载的能力。地基承载力验算应符合公式（4-1）～公式（4-5）的要求。

4.1.5 地基变形

地基变形是指建筑结构通过基础将荷载传给地基，在地基土中将产生附加应力，从而引起建筑结构基础的下沉。工程上将荷载引起的基础下沉称为基础沉降。地基变形都有一个从开始到稳定的过程，在荷载作用下，不同性质的土类，其变形稳定所需的时间差别较大。地基变形验算应符合公式（4-7）的要求。

$$P \leqslant f_a \qquad\qquad (4\text{-}1)$$

$$P = \frac{F+G}{A} \qquad\qquad (4\text{-}2)$$

$$P_{\max} \leqslant 1.2 f_a \qquad\qquad (4\text{-}3)$$

$$P_{\max} = \frac{F+G}{A} + \frac{M}{W} \qquad\qquad (4\text{-}4)$$

$$P_{\min} = \frac{F+G}{A} - \frac{M}{W} \qquad\qquad (4\text{-}5)$$

式中 P——基础底面处的平均压力；

       F——上部结构传至基础顶面的竖向力；

       G——基础自重和基础上的土重，在地下水位以下部分应扣去浮力；

       A——基础底面面积。

       f_a——地基承载力特征值，应按现行的《建筑地基基础设计规范》GB 50007—2011 确定；对于需要加固的地基应在加固后通过检测确定地基承载力特征值；P、$P_{\max}$按地震作用效应标准组合时，取 $f_a = f_{aE}$，f_{aE}按下式计算：

$$f_{aE} = \xi_a \cdot f_a \qquad\qquad (4\text{-}6)$$

       ξ_a——地基抗震承载力调整系数，按表 4-1 取值；

ξ_a 值   表 4-1

岩土名称和性状	ξ_a
岩石，密实的碎石土，密实的砾、粗、中砂，$f_{ak} \geqslant 300$ 的黏性土和粉土	1.5
中密、稍密的碎石土，中密和稍密的砾、粗、中砂，密实和中密的细、粉砂，$150 \leqslant f_{ak} \leqslant 300$ 的黏性土和粉土，坚硬黄土	1.3
稍密的细、粉砂，$100 \leqslant f_{ak} < 150$ 的黏性土和粉土，可塑黄土	1.1
淤泥，淤泥质土，松散的砂，杂填土，新近堆积黄土及流塑黄土	1.0

       $P_{\max}$——基础底面边缘的最大压力；

       M——作用于基础底面的力矩；

       W——基础底面的截面模量；

       $P_{\min}$——基础底面边缘的最小压力。

    当地基受力层范围内有软弱下卧层时，尚应进行软弱下卧层地基承载力的验算；对建造在斜坡上或毗邻深基坑的既有建筑，应验算地基稳定性。

$$S = S_0 + S_1 + S_2 \qquad\qquad (4\text{-}7)$$

式中 S——基础最终沉降量；

       S_0——建筑物地基基础加固前已完成的基础沉降量，可由沉降观测资料确定或根据当地经验估算；

       S_1——地基基础加固后产生的基础沉降量。当地基基础加固时，可采用地基基础加固后经检测得到的压缩模量通过计算确定；当增加荷载时，可采用增加荷载前经检验得到的压缩模量通过计算确定；

       S_2——原建筑荷载下尚未完成的基础沉降量，可由沉降观测资料推算或根据当地经验估算。当原建筑荷载下基础沉降已经稳定时，此值应取零。

基础沉降量的计算可按现行《建筑地基基础设计规范》GB 50007—2011 的有关规定执行；地基变形计算值不得大于现行《建筑地基基础设计规范》GB 50007—2011 规定的地基变形允许值。

4.1.6　地基处理

地基处理是指为提高地基承载力，改善其变形性质或渗透性质而采取的人工处理地基的方法。根据现行的《建筑地基处理技术规范》JGJ 79—2012，目前成熟的地基处理方法有换填垫层法、预压法（堆载预压、真空预压）、强夯法和强夯置换法、振冲法、砂石桩法、水泥粉煤灰碎石桩法、夯实水泥土桩法、水泥土搅拌法、高压喷射注浆法、石灰桩法、灰土挤密桩法和土挤密桩法、柱锤冲扩桩法、单液硅化法和碱液法等。

4.1.7　复合地基

复合地基是指部分土体被增强或被置换而形成的由地基土和增强体共同承担荷载的人工地基。

4.1.8　桩基础

桩基础由基桩和连接于桩顶的承台共同组成。若桩身全部埋于土中，承台底面与地基土接触，则称为低承台桩基；若桩身上部露出地面而承台底位于地面以上，则称为高承台桩基。建筑桩基通常为低承台桩基。根据承台下基桩的数量，桩基又可分为单桩基础和群桩基础。

4.1.9　扩展基础

将上部结构传来的荷载，通过向侧边扩展成一定底面积，使作用在基底的压应力小于等于地基土的允许承载力，而基础内部的应力应同时满足材料本身的强度要求，这种起到压力扩散作用的基础称为扩展基础。

4.1.10　无筋扩展基础

由砖、毛石、混凝土或毛石混凝土、灰土和三合土等材料组成的，且不需配置钢筋的墙下条形基础或柱下独立基础称为无筋扩展基础。

4.1.11　地质灾害

地质灾害是指自然因素或者人为活动引发的危害人民生命和财产安全的与地质作用有关的灾害，包括山体崩塌、滑坡、泥石流、地面塌陷、地裂缝、地面沉降等。

4.1.12　液化

所谓液化是指饱和土在地震等振动作用下，孔隙水压增加，有效应力降低，引起粒状材料（砂土、粉土等）由固态转变成液态而失去承载力的现象。存在液化土层的地基，应根据建筑的抗震设防类别、地基的液化等级，结合具体情况采取相应的措施。

（1）饱和砂土或粉土（不含黄土），当符合下列条件之一时，可初步判别为不液化或可不考虑液化影响：

1）地质年代为第四纪晚更新世（Q_3）及其以前时，7、8 度时可判为不液化。

2）粉土的黏粒（粒径小于 0.005mm 的颗粒）含量百分率，7 度、8 度和 9 度分别不小于 10、13 和 16 时，可判为不液化土（注：用于液化判别的黏粒含量系采用六偏磷酸钠作分散剂测定，采用其他方法时应按有关规定换算）。

3）天然地基的建筑，当上覆非液化土层厚度和地下水位深度符合下列条件之一时，可不考虑液化影响：

$$d_u > d_0 + d_b - 2 \tag{4-8}$$

$$d_w > d_0 + d_b - 3 \tag{4-9}$$

$$d_u + d_w > 1.5 d_0 + 2 d_b - 4.5 \tag{4-10}$$

式中 d_w——地下水位深度，宜按设计基准期内年平均最高水位采用，也可按近期内年最高水位采用；

d_u——上覆盖非液化土层厚度，计算时宜将淤泥和淤泥质土层扣除；

d_b——基础埋置深度，不超过 2m 时应采用 2m；

d_0——液化土特征深度，可按表 4-2 采用。

液化土特征深度（m）　　　　　　　　　　　表 4-2

饱和土类别	烈度		
	7	8	9
粉土	6	7	8
砂土	7	8	9

（2）当初步判别认为需进一步进行液化判别时，应采用标准贯入试验判别法判别地面下 15m 深度范围内的液化；当采用桩基或埋深大于 5m 的深基础时，尚应判别 15～20m 范围内土的液化。当饱和土标准贯入锤击数（未经杆长修正）小于液化判别标准贯入锤击数临界值时，应判为液化土。当有成熟经验时，尚可采用其他判别方法。

在地面下 15m 深度范围内，液化判别标准贯入锤击数临界值可按下式计算：

$$N_{cr} = N_0 [0.9 + 0.1(d_s - d_w)] \sqrt{3/\rho_c} \quad (d_s \leqslant 15) \tag{4-11}$$

在地面下 15～20m 范围内，液化判别标准贯入锤击数临界值可按下式计算：

$$N_{cr} = N_0 [2.4 - 0.1 d_s] \sqrt{3/\rho_c} \quad (15 \leqslant d_s \leqslant 20) \tag{4-12}$$

式中 N_{cr}——液化判别标准贯入锤击数临界值；

N_0——液化判别标准贯入锤击数基准值，应按表 4-3 采用；

d_s——饱和土标准贯入点深度，m；

ρ_c——黏粒含量百分率，当小于 3 或为砂土时，应采用表 4-3。

标准贯入锤击数基准值　　　　　　　　　　　表 4-3

设计地震分组	烈度		
	7	8	9
第一组	6(8)	10(13)	16
第二、三组	8(10)	12(15)	18

（3）对存在液化土层的地基，应探明各液化土层的深度和厚度，按下式计算每个钻孔的液化指数，并按表 4-4 综合划分地基的液化等级：

$$I_{1E} = \sum_{i=1}^{n}\left(1 - \frac{N_i}{N_{cri}}\right)d_i W_i \tag{4-13}$$

式中 I_{1E}——液化指数；

n——在判别深度范围内每一个钻孔标准贯入试验点的总数；

N_i、N_{cri}——分别为 i 点标准贯入锤击数实测值和临界值，当实测值大于临界值时取临界值的数值；

d_i——i 点所代表的土层厚度，m；可采用与该标准贯入试验点相邻的上、下两标准贯入试验点深度差的一半，但上界不高于地下水位深度，下界不深于液化深度；

W_i——i 土层单位土层厚度的层位影响权函数值，m^{-1}。若判别深度为 15m，当该层中点深度不大于 5m 时应采用 10，等于 15m 时应采用 0，5～15m 时应按线性内插法取值；若判别深度为 20m，当该层中点深度不大于 5m 时应采用 10，等于 20m 时应采用 0，5～20m 时应按线性内插法取值。

液化等级　　　　　　　　　　　　　　　　　　　　　　表 4-4

液化等级	轻微	中等	严重
判别深度为 15m 时的液化指数	$0 < I_{1E} \leq 5$	$5 < I_{1E} \leq 15$	$I_{1E} > 15$
判别深度为 20m 时的液化指数	$0 < I_{1E} \leq 6$	$6 < I_{1E} \leq 18$	$I_{1E} > 18$

（4）当液化土层较平坦且均匀时，宜按表 4-5 选用地基抗液化措施；尚可计入上部结构重力荷载对液化危害的影响，根据液化震陷量的估计适当调整抗液化措施。

不宜将未经处理的液化土层作为天然地基持力层。

抗液化措施　　　　　　　　　　　　　　　　　　　　　表 4-5

建筑抗震设防类别	地基的液化等级		
	轻微	中等	严重
乙类	部分消除液化沉陷，或对基础和上部结构处理	全部消除液化沉陷，或部分消除液化沉陷且对基础和上部结构处理	全部消除液化沉陷
丙类	基础和上部结构处理，亦可不采取措施	基础和上部结构处理，或更高要求的措施	全部消除液化沉陷，或部分消除液化沉陷且对基础和上部结构处理
丁类	可不采取措施	可不采取措施	基础和上部结构处理，或其他经济的措施

（5）全部消除地基液化沉陷的措施，应符合下列要求：

1）采用桩基时，桩端伸入液化深度以下稳定土层中的长度（不包括桩尖部分），应按计算确定，且对碎石土，砾、粗、中砂，坚硬黏性土和密实粉土尚不应小于 0.5m，对其他非岩石土尚不宜小于 1.5m。

2）采用深基础时，基础底面应埋入液化深度以下的稳定土层中，其深度不应小 0.5m。

3）采用加密法（如振冲、振动加密、挤密碎石桩强夯等）加固时，应处理至液化深度下界；振冲或挤密碎石桩加固后，桩间土的标准贯入锤击数不宜小于本节第 2 条规定的液化判别标准贯入锤击数临界值。

4）用非液化土替换全部液化土层。

5）采用加密法或换土法处理时，在基础边缘以外的处理宽度，应超过基础底面下处理深度的 1/2 且不小于基础宽度的 1/5。

（6）部分消除地基液化沉陷的措施，应符合下列要求：

1）处理深度应使处理后的地基液化指数减少，当判别深度为 15m 时，其值不宜大于 4，当判别深度为 20m 时，其值不宜大于 5；对独立基础和条形基础，尚不应小于基础底面下液化土特征深度和基础宽度的较大值。

2）采用振冲或挤密碎石桩加固后，桩间土的标准贯入锤击数不宜小于按本节第 2 条规定的液化判别标准贯入锤击数临界值。

3）基础边缘以外的处理宽度，应符合本节第 5 条第 5 款的要求。

（7）减轻液化影响的基础和上部结构处理，可综合采用下列各项措施：

1）选择合适的基础埋置深度。

2）调整基础底面积，减少基础偏心。

3）加强基础的整体性和刚度，如采用箱基、筏基或钢筋混凝土交叉条形基础、加设基础圈梁等。

4）减轻荷载，增强上部结构的整体刚度和均匀对称性，合理设置沉降缝，避免采用对不均匀沉降敏感的结构形式等。

5）管道穿过建筑处应预留足够尺寸或采用柔性接头等。

（8）液化等级为中等液化和严重液化的古河道、现代河滨、海滨，当有液化侧向扩展或流滑可能时，在距常时水线约 100m 以内不宜修建永久性建筑，否则应进行抗滑动验算、采取防土体滑动措施或结构抗裂措施（注：常时水线宜按设计基准期内年平均最高水位采用，也可按近期年最高水位采用）。

（9）地基主要受力层范围内存在软弱黏性土层与湿陷性黄土时，应结合具体情况综合考虑，采用桩基、地基加固处理或本节第 7 条的各项措施，也可根据软土震陷量的估计，采取相应措施。

4.1.13　震陷

所谓震陷是指软弱黏性土（淤泥、淤泥质土）在地震等振动作用下发生沉陷的现象。

地基主要受力层范围内存在软弱黏性土层时，应结合具体情况综合考虑，采用桩基、地基加固处理或参照有关抗液化的措施来消除软土震陷。

基础底面以下非软土层厚度应满足表 4-6 规定的要求。表中厚度系指直接位于基础底面以下的非软土层；b 为基础底面宽度；采用加密或换土法时，基础底面以下软土的处理深度应满足表中规定的非软土层厚度要求；每边外伸处理宽度不宜小于处理深度的 1/3，且不宜小于 2m。

基础底面以下非软土层厚度	表 4-6

烈度	基础底面以下非软土层厚度(m)
8	$\geqslant b$,且$\geqslant 5$
9	$\geqslant b$,且$\geqslant 5$

4.2 震损建筑地基基础鉴定

4.2.1 地基鉴定

地基鉴定的步骤、方法等见图 4-1。

图 4-1 地基鉴定的步骤、方法

4.2.2 基础的鉴定

基础鉴定的步骤、方法等见图 4-2。

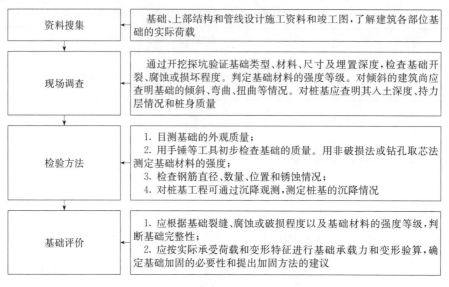

资料搜集	基础、上部结构和管线设计施工资料和竣工图,了解建筑各部位基础的实际荷载
现场调查	通过开挖探坑验证基础类型、材料、尺寸及埋置深度,检查基础开裂、腐蚀或损坏程度。判定基础材料的强度等级。对倾斜的建筑尚应查明基础的倾斜、弯曲、扭曲等情况。对桩基应查明其入土深度、持力层情况和桩身质量
检验方法	1. 目测基础的外观质量; 2. 用手锤等工具初步检查基础的质量。用非破损法或钻孔取芯法测定基础材料的强度; 3. 检查钢筋直径、数量、位置和锈蚀情况; 4. 对桩基工程可通过沉降观测,测定桩基的沉降情况
基础评价	1. 应根据基础裂缝、腐蚀或破损程度以及基础材料的强度等级,判断基础完整性; 2. 应按实际承受荷载和变形特征进行基础承载力和变形验算,确定基础加固的必要性和提出加固方法的建议

图 4-2 基础鉴定的步骤、方法

4.3 地基基础的加固方法

4.3.1 基础加固方法

1. 基础补强注浆加固法

基础补强注浆加固法适用于基础因受不均匀沉降或其他原因引起的基础裂损时的加固,一般适用于毛石或砖砌基础的加固。

注浆施工时,先在原基础裂损处钻孔,并在钻孔内插入注浆管。钻孔与水平面的倾角不应小于 30°,钻孔孔径应比注浆管的直径大 2~3mm,孔距可为 0.5~1.0m。注浆管直径可为 25mm。

注浆液材料可采用水泥浆等,注浆压力可取 0.1~0.3MPa。如果浆液不下沉,则可逐渐加大压力至 0.6MPa,浆液在 10~15min 内不再下沉则可停止注浆。注浆的有效直径为 0.6~1.2m。

对单独基础每边钻孔不应少于 2 个;对条形基础应沿基础纵向分段施工,每段长度可取 1.5~2.0m。

基础补强注浆加固法示意图见图 4-3。

2. 加大基础底面积法

加大基础底面积法适用于地基承载力不满足设计要求时的加固,可采用混凝土套或钢筋混凝土套加大基础底面积。

加大基础底面积的设计和施工应符合下列

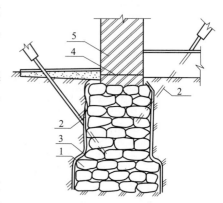

图 4-3 基础补强注浆加固法示意图
1—原有基础;2—注浆管;3—加固浆液;
4—防水层;5—墙体

规定：

（1）当基础承受偏心受压时，可采用不对称加宽；当承受中心受压时，可采用对称加宽。

（2）在灌注混凝土前应将原基础凿毛和刷洗干净后，铺一层高强度等级水泥浆或涂混凝土界面剂，以增加新老混凝土基础的粘结力。

（3）对加宽部分，地基上应铺设厚度和材料均与原基础垫层相同的夯实垫层。

（4）当采用混凝土套加固时，基础每边加宽的宽度其外形尺寸应符合国家现行标准《建筑地基基础设计规范》GB 50007—2011 中有关刚性基础台阶宽高比允许值的规定。沿基础高度隔一定距离应设置锚固钢筋。

（5）当采用钢筋混凝土套加固时，加宽部分的主筋应与原基础内主筋相焊接。

（6）对条形基础加宽时，应按长度 1.5～2.0m 划分成单独区段，分批、分段、间隔进行施工。

当不宜采用混凝土套或钢筋混凝土套加大基础底面积时，可将原独立基础改成条形基础；将原条形基础改成十字交叉条形基础或筏形基础；将原筏形基础改成箱形基础。

加大基础底面积法示意图见图 4-4。

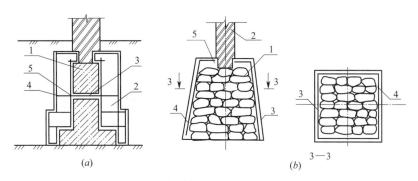

图 4-4　加大基础底面积法示意图

（a）1—原有基础；2—钢筋混凝土套；3—水泥砂浆封堵；4—锚固钢筋；5—钢筋

（b）1—原有基础；2—柱；3—钢筋混凝土套；4—钢筋骨架；5—为设置混凝土套凿出的槽

3. 加深基础法

加深基础法适用于地基浅层有较好的土层可作为持力层且地下水位较低的情况。可将原基础埋置深度加深，使基础支承在较好的持力层上，以满足设计对地基承载力和变形的要求。当地下水位较高时，应采取相应的降水或排水措施。

基础加深的施工应按下列步骤进行：

（1）先在贴近既有建筑基础的一侧分批、分段、间隔开挖长约 1.2m、宽约 0.9m 的竖坑，对坑壁不能直立的砂土或软弱地基要进行坑壁支护，竖坑底面可比原基础底面深 1.5m；

（2）在原基础底面下沿横向开挖与基础同宽、深度达到设计持力层的基坑；

（3）基础下的坑体应采用现浇混凝土灌筑，并在距原基础底面 80mm 处停止灌筑，待养护 1d 后再用掺入膨胀剂和速凝剂的干稠水泥砂浆填入基底空隙，再用铁锤敲击木条，并挤实所填砂浆。

加深基础法示意图见图 4-5。

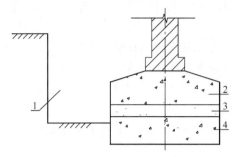

图 4-5　加深基础法示意图

1—竖坑；2—原有基础；3—干稠水泥砂浆（掺入膨胀剂和速凝剂）；4—混凝土

4.3.2　地基加固方法

1. 锚杆静压桩法

（1）适用范围

锚杆静压桩法适用于淤泥、淤泥质土、黏性土、粉土和人工填土等地基土。

（2）设计要求

锚杆静压桩设计要求见表 4-7。

锚杆静压桩设计要求　　　　　　　　　　　　　表 4-7

总要求	桩身要求	原基础承台要求	锚杆要求
1. 锚杆静压桩的单桩竖向承载力可通过单桩载荷试验确定；当无试验资料时，也可按现行《建筑地基基础设计规范》GB 50007—2011 的有关规定估算； 2. 桩位布置应靠近墙体或柱子。设计桩数应由上部结构荷载及单桩竖向承载力计算确定，必须控制压桩力不得大于该加固部分的结构自重。压桩孔宜为上小下大的正方棱台状，其孔口每边宜比桩截面边长大 50~100mm； 3. 当建筑基础承载力不满足压桩要求时，应对基础进行加固补强，也可采用新浇筑钢筋混凝土挑梁或抬梁作为压桩的承台	1. 桩身材料可采用钢筋混凝土或钢材； 2. 对钢筋混凝土桩宜采用方形，其边长为 200~300mm； 3. 每段桩节长度应根据施工净空高度及机具条件确定，宜为 1.0~2.5m； 4. 桩内主筋应按计算确定。当方桩截面边长为 200mm 时，配筋不宜少于 4ϕ10；当边长为 250mm 时，配筋不宜少于 4ϕ12；当边长为 300mm 时，配筋不宜少于 4ϕ16； 5. 桩身混凝土强度等级不应低于 C30； 6. 当桩身承受拉应力时，应采用焊接接头，其他情况可采用硫磺胶泥接头。采用硫磺胶泥接头时，其桩节两端应设置焊接钢筋网片，一端应预埋插筋，另一端应预留插筋孔和吊装孔；当采用焊接接头时，桩节的两端均应设置预埋连接铁件	1. 应满足有关承载力要求； 2. 承台周边至边桩的净距不宜小于 200mm； 3. 承台厚度不宜小于 350mm； 4. 桩顶嵌入承台内长度应为 50~100mm；当桩承受拉力或有特殊要求时，应在桩顶四角增设锚固筋，伸入承台内的锚固长度应满足钢筋锚固要求； 5. 压桩孔内应采用 C30 微膨胀早强混凝土浇筑密实； 6. 当原基础厚度小于 350mm 时，封桩孔应用 2ϕ16 钢筋交叉焊接于锚杆上，并应在浇筑压桩孔混凝土的同时，在桩孔顶面以上浇筑桩帽，厚度不得小于 150mm	1. 当压桩力小于 400kN 时，可采用 M24 锚杆；当压桩力为 400~500kN 时，可采用 M27 锚杆； 2. 锚杆螺栓的锚固深度可采用 10~12 倍螺栓直径，并不应小于 300mm，锚杆露出承台顶面长度应满足压桩机具要求，一般不应小于 120mm； 3. 锚杆螺栓在锚杆孔内的粘结剂可采用环氧砂浆或硫磺胶泥； 4. 锚杆与压桩孔、周围结构及承台边缘的距离不应小于 200mm

（3）施工要求

1）锚杆静压桩施工前应做好下列准备工作：

①清理压桩孔和锚杆孔施工工作面；

②制作锚杆螺栓和桩节的准备工作；

③开凿压桩孔，并应将孔壁凿毛，清理干净压桩孔；将原承台钢筋割断后弯起，待压桩后再焊接；

④开凿锚杆孔，应确保锚杆孔内清洁干燥后再埋设锚杆，并以粘结剂加以封固。

2）锚杆静压桩施工应符合下列规定：

①压桩架应保持竖直，锚固螺栓的螺帽或锚具应均衡紧固，压桩过程中应随时拧紧松动的螺帽；

②就位的桩节应保持竖直，使千斤顶、桩节及压桩孔轴线重合，不得偏心加压，压桩时应垫钢板或麻袋，套上钢桩帽后再进行压桩；桩位平面偏差不得超过±20mm，桩节垂直度偏差不得大于1%的桩节长；

③整根桩应一次连续压到设计标高，当必须中途停压时，桩端应停留在软弱土层中，且停压的间隔时间不宜超过24h；

④压桩施工应对称进行，不应数台压桩机在一个独立基础上同时加压；

⑤焊接接桩前应对准上、下节桩的垂直轴线，清除焊面铁锈后进行满焊；

⑥采用硫磺胶泥接桩时，其操作施工应按现行国家标准《建筑地基基础工程施工质量验收规范》GB 50202—2002的有关规定执行；

⑦桩尖应到达设计持力层深度，且压桩力应达到现行国家标准《建筑地基基础设计规范》GB 50007—2011规定的单桩竖向承载力标准值的1.5倍，且持续时间不应少于5min；

⑧封桩前应凿毛和刷洗干净桩顶侧表面后再涂混凝土界面剂，封桩可分不施加预应力法和预应力法两种。

当封桩不施加预应力时，在桩端达到设计压桩力和设计深度后，即可使千斤顶卸载，拆除压桩架，焊接锚杆交叉钢筋，清除压桩孔内杂物、积水及浮浆，然后与桩帽梁一起浇筑C30微膨胀早强混凝土。当施加预应力时，应在千斤顶不卸载条件下，采用型钢托换支架，清理干净压桩孔后立即将桩与压桩孔锚固，当封桩混凝土达到设计强度后，方可卸载。

（4）质量检验

1）最终压桩力与桩压入深度应符合设计要求。

2）桩身试块强度和封桩混凝土试块强度应符合设计要求，硫磺胶泥性能应符合现行国家标准《建筑地基基础工程施工质量验收规范》GB 50202—2002的有关规定。

（5）加固方法示意图

锚杆静压桩法示意图见图4-6。

2. 坑式静压桩法

（1）适用范围

坑式静压桩法适用于淤泥、淤泥质土、黏性土、粉土和人工填土等地基土，且地下水位较低的情况。

（2）设计要求

坑式静压桩设计应符合下列规定：

1）坑式静压桩的单桩承载力应按现行国家标准《建筑地基基础设计规范》GB 50007—2011 的有关规定估算。

2）桩身可采用直径为 150～300mm 的开口钢管或边长为 150～250mm 的预制钢筋混凝土方桩，每节桩长可按建筑基础下坑的净空高度和千斤顶的行程确定。

3）桩的平面布置应根据建筑的墙体和基础形式及荷载大小确定，应避开门窗等墙体薄弱部位，设置在结构受力节点位置。

4）当建筑基础结构的强度不能满足压桩反力时，应在原基础的加固部位加设钢筋混凝土地梁或型钢梁，以加强基础结构的强度和刚度，确保工程安全。

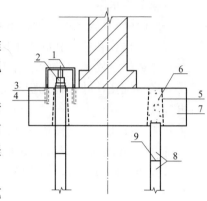

图 4-6　锚杆静压桩法示意图
1—压桩架；2—千斤顶；3—锚杆孔；
4—锚杆螺栓；5—压桩孔；
6—C30 微膨胀早强混凝土；7—原有基础；
8—桩节；9—桩接头

（3）施工要求

坑式静压桩施工应符合下列规定：

1）施工时先在贴近被加固建筑物的一侧开挖长 1.2m、宽 0.9m 的竖坑，对坑壁不能直立的砂土或软弱土等地基应进行坑壁支护，再在基础梁、承台梁或直接在基础底面下开挖长 0.8m、宽 0.5m 的基坑。

2）压桩施工时，先在基坑内放入第一节桩，并在桩顶上安置千斤顶及测力传感器，再驱动千斤顶压桩，每压入下一节桩后，再接上一节桩。

对钢管桩，其各节的连接处可采用套管接头。当钢管桩很长或土中有障碍物时需采用焊接接头。整个焊口（包括套管接头）应为满焊。

对预制钢筋混凝土方桩，桩尖可将主筋合拢焊在桩尖辅助钢筋上，在密实砂和碎石类土中，可在桩尖处包以钢板桩靴。桩与桩间接头可采用焊接或硫磺胶泥接头。

3）桩位平面偏差不得大于 ±20mm，桩节垂直度偏差应小于 1‰ 的桩节长。

4）桩尖应到达设计持力层深度，且压桩力达到现行国家标准《建筑地基基础设计规范》GB 50007—2011 规定的单桩竖向承载力标准值的 1.5 倍，持续时间不应少于 5min。

5）对钢筋混凝土方桩，顶进至设计深度后即可取出千斤顶，再用 C30 微膨胀早强混凝土将桩与原基础浇筑成整体。当施加预应力封桩时，可采用型钢支架，而后浇筑混凝土。

对钢管桩，应根据工程要求，在钢管内浇筑 C20 微膨胀早强混凝土，最后用 C30 混凝土将桩与原基础浇筑成整体。

封桩可根据要求采用预应力法或非预应力法施工。

（4）质量检验

1）最终压桩力与桩压入深度应符合设计要求。

2）桩材试块强度应符合设计要求。

（5）加固方法示意图

坑式静压桩法示意图见图4-7。

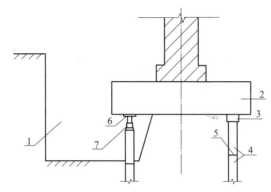

图4-7　坑式静压桩法示意图
1—竖坑；2—原有基础；3—C30微膨胀早强混凝土；4—桩节；
5桩接头；6—钢板；7—千斤顶

3. 树根桩法

（1）适用范围

树根桩法适用于淤泥、淤泥质土、黏性土、粉土、砂土、碎石土及人工填土等地基土。

（2）设计要求

树根桩设计应符合下列规定：

1）树根桩的直径宜为150～300mm，桩长不宜超过30m，桩的布置可采用直桩型或网状结构斜桩型。

2）树根桩的单桩竖向承载力可通过单桩载荷试验确定；当无试验资料时，也可按现行国家标准《建筑地基基础设计规范》GB 50007—2011的有关规定估算。

树根桩的单桩竖向承载力的确定，尚应考虑既有建筑的地基变形条件的限制和桩身材料的强度要求。

3）桩身混凝土强度等级应不小于C20，钢筋笼外径宜小于设计桩径40～60mm。主筋不宜少于3根。对软弱地基，主要承受竖向荷载时的钢筋长度不得小于1/2桩长；主要承受水平荷载时应全长配筋。

4）树根桩设计时，尚应对建筑的基础进行有关承载力的验算。当不满足上述要求时，应先对原基础进行加固或增设新的桩承台。

（3）施工要求

树根桩施工应符合下列规定：

1）桩位平面允许偏差±20mm；直桩垂直度和斜桩倾斜度偏差均应按设计要求不得大于1%。

2）可采用钻机成孔，穿过原基础混凝土。在土层中钻孔时宜采用清水或天然泥浆护壁，也可用套管。

3）钢筋笼宜整根吊放。当分节吊放时，节间钢筋搭接焊缝长度双面焊不得小于5倍钢筋直径。单面焊不得小于10倍钢筋直径。注浆管应直插到孔底。需二次注浆的树根桩应插两根注浆管，施工时应缩短吊放和焊接时间。

4）当采用碎石和细石填料时，填料应经清洗，投入量不应小于计算桩孔体积的0.9倍，填灌时应同时用注浆管注水清孔。

5）注浆材料可采用水泥浆液、水泥砂浆或细石混凝土，当采用碎石填灌时，注浆应采用水泥浆。

6）当采用一次注浆时，泵的最大工作压力不应低于1.5MPa，开始注浆时，需要1MPa的起始压力，将浆液经注浆管从孔底压出，接着注浆压力宜为0.1～0.3MPa，使浆液逐渐上冒，直至浆液泛出孔口停止注浆。

当采用二次注浆时，泵的最大工作压力不应低于4MPa。待第一次注浆的浆液初凝时方可进行第二次注浆，浆液的初凝时间根据水泥品种和外加剂掺量确定，可控制在45～60min范围。第二次注浆压力宜为2～4MPa，二次注浆不宜采用水泥砂浆和细石混凝土。

7）注浆施工时应采用间隔施工、间歇施工或增加速凝剂掺量等措施，以防止出现相邻桩冒浆和串孔现象。树根桩施工不应出现缩颈和塌孔。

8）拔管后应立即在桩顶填充碎石，并在1～2m范围内补充注浆。

（4）质量检验

1）每3～6根桩应留一组试块，测定抗压强度，桩身强度应符合设计要求。

2）应采用载荷试验检验树根桩的竖向承载力，有经验时也可采用动测法检验桩身质量。两者均应符合设计要求。

（5）加固方法示意图

树根桩法示意图见图4-8。

4. 石灰桩法

（1）适用范围

石灰桩法适用于处理地下水位以下的黏性土、粉土、松散粉细砂、淤泥、淤泥质土、杂填土或饱和黄土等地基及基础周围土体的加固。对重要工程或地质复杂而又缺乏经验的地区，施工前应通过现场试验确定其适用性。

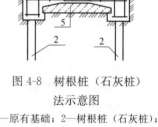

图4-8　树根桩（石灰桩）
法示意图
1—原有基础；2—树根桩（石灰桩）；
3—钢筋混凝土套；4—受力钢筋；
5—插筋通孔（微膨胀干稠水泥
砂浆填充）；6—墙

（2）设计要求

石灰桩设计应符合下列规定：

1）石灰桩由生石灰和粉煤灰（火山灰或其他掺合料）组成。采用的生石灰其氧化钙含量不得低于70%，含粉量不得超过10%，含水量不得大于5%，最大块径不得大于50mm。粉煤灰应采用Ⅰ、Ⅱ级灰。

2）根据不同的地质条件，石灰桩可选用不同配比。常用配比（体积比）为生石灰：粉煤灰为1:1、1:1.5或1:2。为提高桩身强度亦可掺入一定量的水泥、砂或石屑。

3）石灰桩桩径主要取决于成孔机具。桩距宜为2.5～3.5倍桩径，可按三角形或正方形布置，地基处理的范围应比基础的宽度加宽1～2排桩，且不小于加固深度的一半。桩长由加固目的和地基土质等条件决定。

4）石灰桩每延米灌灰量可按下式估算：

$$q = \eta_c \frac{\pi \times d^2}{4} \tag{4-14}$$

式中 q——石灰桩每延米灌灰量，m^3/m；

  d——设计桩径，m；

  η_c——充盈系数，可取 $1.4 \sim 1.8$。振动管外投料成桩取高值，螺旋钻成桩取低值。成桩时必须控制材料的干密度 $\rho_d = 1.1 t/m^3$。

5）在石灰桩顶部宜铺设一层 $200 \sim 300mm$ 厚的石屑或碎石垫层。

6）复合地基承载力标准值应按现场相同土层条件下的复合地基载荷试验确定，也可用单桩和桩间土的载荷试验按下式估算：

$$f_{sp,k} = m f_{p,k} + (1-m) f_{s,k} \tag{4-15}$$

式中 $f_{sp,k}$——复合地基承载力标准值；

  $f_{p,k}$——桩体单位截面积承载力标准值；

  $f_{s,k}$——加固后桩间土的承载力标准值；

  m——面积置换率。

$$m = \frac{\pi \times d^2}{4 l_1 l_2} \tag{4-16}$$

式中 d——石灰桩膨胀后的桩径，一般为设计桩径的 $1.1 \sim 1.2$ 倍；

  l_1、l_2——分别为桩的列距和行距。

复合地基载荷试验可按国家现行标准《建筑地基处理技术规范》JGJ 79—2012 的规定进行，当复合地基承载力基本值按相对变形值确定时，石灰桩复合地基可取 s/b 或 $s/d = 0.010 \sim 0.015$ 所对应的荷载（s 为相应于复合地基承载力基本值时压板沉降量，b 和 d 分别为压板宽度或直径）。

7）石灰桩加固地基的变形计算，应按现行国家标准《建筑地基基础设计规范》GB 50007—2011 的有关规定执行，其中复合土层的压缩模量可按下式进行估算：

$$E_{sp} = m E_p + (1-m) E_s \tag{4-17}$$

式中 E_{sp}——复合土层的压缩模量；

  E_p——桩体的压缩模量；

  E_s——加固后桩间土的压缩模量。

（3）施工要求

石灰桩施工应符合下列规定：

1）根据加固设计要求、土质条件、现场条件和机具供应情况，可选用振动成桩法（分管内填料成桩和管外填料成桩）、锤击成桩法、螺旋钻成桩法或洛阳铲成桩工艺等。桩位中心点的偏差不应超过桩距设计值的 8%，桩的垂直度偏差不应大于 1.5%。

2）振动成桩法和锤击成桩法：采用振动管内填料成桩法时，为防止生石灰膨胀堵住桩管，应加压缩空气装置及空中加料装置；管外填料成桩应控制每次填料数量及沉管的深度。采用锤击成桩法时，应根据锤击的能量控制分段的填料量和成桩长度。

桩顶上部空孔部分，应用 3:7 灰土或素土填孔封顶。

3）螺旋钻成桩法：正转时将部分土带出地面，部分土挤入桩孔壁而成孔。根据成孔时电流大小和土质情况，检验场地情况与原勘察报告和设计要求是否相符。钻杆达设计要求深度后，提钻检查成孔质量，清除钻杆上泥土。把整根桩所需的填料按比例分层堆在钻杆周围，再将钻杆沉入孔底，钻杆反转，叶片将填料边搅拌边压入孔底。钻杆被压密的填料逐渐顶起，钻尖升至离地面 1～1.5m 或预定标高后停止填料，用 3：7 灰土或素土封顶。

4）洛阳铲成桩法：适用于施工场地狭窄的地基加固工程。成桩直径可为 200～300mm，每层回填料厚度不宜大于 300mm，用杆状重锤分层夯实。

5）施工过程中，应有专人监测成孔及回填料的质量，并做好施工记录。如发现地基土质与勘察资料不符，应查明情况采取有效措施后方可继续施工。

6）当地基土含水量很高时，桩宜由外向内或沿地下水流方向施打，并宜采用间隔跳打施工。

（4）质量检验

1）施工时应及时检查施工记录，当发现回填料不足、缩径严重时，应立即采取有效补救措施。

2）检查施工现场有无地面隆起异常情况、有无漏桩现象；按设计要求抽查桩位、桩距，详细记录，对不符合者应采取补救措施。

3）一般工程可在施工结束 28d 后采用标贯、静力触探以及钻孔取样做室内试验等测试方法，检测桩体和桩间土强度，验算复合地基承载力。

4）对重要或大型工程应进行复合地基载荷试验。

5）石灰桩的检验数量不应少于总桩数的 2%，并不得少于 3 根。

（5）加固方法示意图

石灰桩法示意图见图 4-8。

5. 注浆加固法

（1）适用范围

注浆加固法适用于砂土、粉土、黏性土和人工填土等地基加固，一般用于提高地基土的强度和变形模量以及控制地层沉降等。

注浆设计前宜进行室内浆液配比试验和现场注浆试验，以确定设计参数和检验施工方法及设备，也可参考当地类似工程的经验确定设计参数。

（2）设计要求

注浆设计应符合下列规定：

1）对软弱土处理，可选用以水泥为主剂的浆液，也可选用水泥和水玻璃的双液型混合浆液。在有地下水流动的情况下，不应采用单液水泥浆液。

2）注浆孔间距可取 1.0～2.0m，并应能使被加固土体在平面和深度范围内连成一个整体。

3）浆液的初凝时间应根据地基土质条件和注浆目的确定。在砂土地基中，浆液的初凝时间宜为 5～20min；在黏性土地基中，宜为 1～2h。

4）注浆量和注浆有效范围应通过现场注浆试验确定，在黏性土地基中，浆液注入率宜为 15%～20%。注浆点上的覆盖土厚度应大于 2m。

5）对劈裂注浆的注浆压力，在砂土中，宜选用 0.2～0.5MPa；在黏性土中，宜选用 0.2～0.3MPa。对压密注浆，当采用水泥砂浆浆液时，坍落度宜为 25～75mm，注浆压力为 1~7MPa。当坍落度较小时，注浆压力可取上限值。当采用水泥－水玻璃双液快凝浆液时，注浆压力应小于 1MPa。

（3）施工要求

注浆施工应符合下列规定：

1）施工场地应预先平整，并沿钻孔位置开挖沟槽和集水坑。

2）注浆施工时，宜采用自动流量和压力记录仪，并应及时对资料进行整理分析。

3）注浆孔的孔径宜为 70~110mm，垂直度偏差应小于 1%。

4）花管注浆法施工可按下列步骤进行：

5）压密注浆施工可按下列步骤进行：

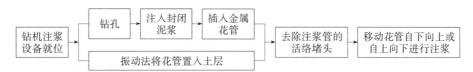

6）封闭泥浆 7d 立方体试块（边长为 7.07cm）抗压强度应为 0.3~0.5MPa，浆液黏度应为 80~90s。

7）浆液宜用 P.O32.5 或 P.O42.5 普通硅酸盐水泥。

8）注浆时可掺用粉煤灰代替部分水泥，掺入量可为水泥质量的 20%~50%。

9）根据工程需要，可在浆液拌制时加入速凝剂、减水剂和防析水剂。

10）注浆用水不得采用 pH 值小于 4 的酸性水和工业废水。

11）水泥浆的水灰比可取 0.6~2.0，常用的水灰比为 1.0。

12）注浆的流量可取 7~10L/min，对充填型注浆，流量不宜大于 20L/min。

13）当用花管注浆和带有活堵头的金属管注浆时每次上拔或下钻高度宜为 0.5m。

14）浆体应经过搅拌机充分搅拌均匀后才能开始压注，并应在注浆过程中不停缓慢搅拌，搅拌时间应小于浆液初凝时间。浆液在泵送前应经过筛网过滤。

15）日平均温度低于 5℃或最低温度低于-3℃的条件下注浆时，应在施工现场采取措施，保证浆液不冻结。

16）水温不得超过 30℃~35℃；并不得将盛浆桶和注浆管路在注浆体静止状态暴露于阳光下，防止浆液凝固。

17）注浆顺序应按跳孔间隔注浆方式进行，并宜采用先外围后内部的注浆施工方法。当地下水流速较大时，应从水头高的一端开始注浆。

18）对渗透系数相同的土层，首先应注浆封顶，然后由下向上进行注浆，防止浆液上冒。如土层的渗透系数随深度而增大，则应自下向上注浆。对互层地层，首先应对渗透性或孔隙率大的地层进行注浆。

19）进行注浆加固时，应对其邻近建筑、地下管线和地面的沉降、倾斜、位移和裂缝进行监测，并应采用多孔间隔注浆和缩短浆液凝固时间等措施，减少建筑基础因注浆而产生的附加沉降。

（4）质量检验

1）注浆检验时间应在注浆结束 28d 后进行。可选用标准贯入、轻型动力触探或静力触探对加固地层进行检测。对重要工程可采用载荷试验测定。

2）注浆检验点可为注浆孔数的 2‰~5‰。当检验点合格率小于或等于 80%，或虽大于 80% 但检验点的平均值达不到强度设计要求时，应对不合格的注浆区实施重复注浆。

（5）加固方法示意图

注浆加固法示意图见图 4-9。

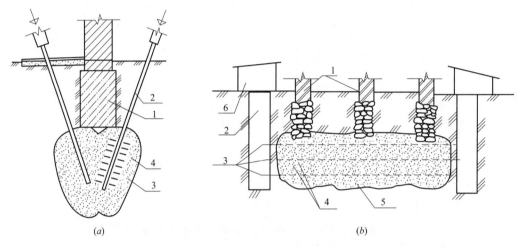

图 4-9　注浆加固法示意图

（a）1—原有基础；2—从地基表面插入的注浆管；3—加固了的土体；4—加固浆液的分布方向

（b）1—原有基础；2—作业井；3—从作业井中水平插入的注浆管；4—注浆管插入的方向；

5—加固了的土体；6—地面工艺设备

6. 其他地基加固方法

其他地基加固方法有高压喷射注浆法、灰土挤密桩法、深层搅拌法、硅化法（双液硅化法和单液硅化法）等。

高压喷射注浆法适用于淤泥、淤泥质土、黏性土、粉土、黄土、砂土、人工填土和碎石土等地基；灰土挤密桩法适用于处理地下水位以上的湿陷性黄土、素填土和杂填土等地基；深层搅拌法适用于处理淤泥、淤泥质土、粉土和含水量较高的黏性土等地基；硅化法可分双液硅化法和单液硅化法。当地基土为渗透系数大于 2.0m/d 的粗颗粒土时，可采用双液硅化法（水玻璃和氯化钙）；当地基土为渗透系数为 0.1~2.0m/d 的湿陷性黄土时，可采用单液硅化法（水玻璃）；对自重湿陷性黄土，宜采用无压力单液硅化法。

高压喷射注浆法、灰土挤密桩法、深层搅拌法和硅化法的设计和施工应按现行国家标准《建筑地基处理技术规范》JGJ 79—2012 有关规定执行。

4.4 村镇重建地基基础设计与施工

4.4.1 村镇重建地基基础设计

村镇重建过程中，在规划选址完成后，根据建筑物特点（房屋类型和结构），建筑地基基础设计可按图 4-10 的步骤进行。

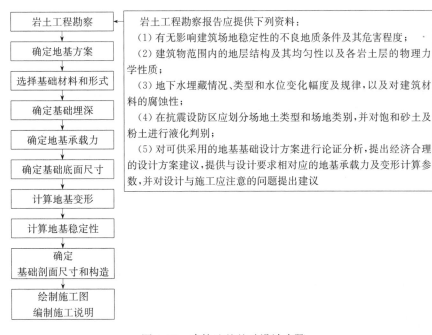

图 4-10 建筑地基基础设计步骤

4.4.2 地基类型

1. 山区地基

山区（包括丘陵地带）地基的设计，应考虑下列因素：

（1）建设场区内，在自然条件下，有无滑坡现象，有无断层破碎带；

（2）施工过程中，因挖方、填方、堆载和卸载等对山坡稳定性的影响；

（3）建筑地基的不均匀性；

（4）岩溶、土洞的发育程度；

（5）出现崩塌、泥石流等不良地质现象的可能性；

（6）地面水、地下水对建筑地基和建设场区的影响。

山区建设中，应充分利用和保护天然排水系统和山地植被。当必须改变排水系统时，应在易于导流或拦截的部位将水引出场外。在受山洪影响的地段，应采取相应的排洪措施。

2. 土岩组合地基

建筑地基的主要受力层范围内如遇有下卧基岩表面坡度较大、石芽密布并有出露、大块孤石或个别石芽出露的地基都属于土岩组合地基。对土岩组合地基设计时，应注意以下问题：

（1）对于石芽密布并有出露的地基，当石芽间距小于 2m，其间为硬塑或坚硬状态的红黏土时，对于房屋为六层和六层以下的砌体承重结构、三层和三层以下的框架结构或具有 15t 和 15t 以下吊车的单层排架结构，其基底压力小于 200kPa，可不作地基处理。

如不能满足上述要求时，可利用经检验稳定性可靠的石芽作支墩式基础，也可在石芽出露部位做褥垫。当石芽间有较厚的软弱土层时，可用碎石、土夹石等进行置换。

（2）对于大块孤石或个别石芽出露的地基，当土层的承载力特征值大于 150kPa、房屋为单层排架结构或一二层砌体承重结构时，宜在基础与岩石接触的部位采用褥垫进行处理。对于多层砌体承重结构结合以下几条进行综合处理。

（3）褥垫可采用炉渣、中砂、粗砂、土夹石等材料，其厚度宜取 300～500mm，夯填度（褥垫夯实后的厚度与虚铺厚度的比值）应根据试验确定。当无资料时，可参照下列数值进行设计：

中砂粗砂 0.87±0.05；土夹石（其中碎石含量为 20％～30％）0.70±0.05。

（4）当建筑物对地基变形要求较高或地质条件比较复杂，按上述方法进行地基处理不能满足要求时，可适当调整建筑平面位置，也可采用桩基或梁拱跨越等处理措施。

（5）在地基压缩性相差较大的部位，宜结合建筑平面形状、荷载条件设置沉降缝。沉降缝宽度宜取 30～50mm，在特殊情况下可适当加宽。

3. 压实填土地基

压实填土包括分层压实和分层夯实的填土。当利用压实填土作为建筑工程的地基持力层时，应按下列要求进行压实填土地基处理，未经检验查明以及不符合质量要求的压实填土均不得作为地基持力层。

（1）压实填土的填料应符合下列规定：

1）级配良好的砂土或碎石土；

2）性能稳定的工业废料；

3）以砾石、卵石或块石作填料时，分层夯实时其最大粒径不宜大于 400mm，分层压实时其最大粒径不宜大于 200mm；

4）以粉质黏土、粉土作填料时，其含水量宜为最优含水量；

5）不得使用淤泥、耕土、冻土、膨胀性土以及有机质含量大于 5％的土。

（2）压实填土的施工应符合下列规定：

1）铺填料前，应清除或处理场地内填土层底面以下的耕土和软弱土层；

2）分层填料的厚度、分层压实的遍数应根据所选用的压实设备通过试验确定；

3）在雨季、冬季进行压实填土施工时，应采取防雨、防冻措施，防止填料（粉质黏土、粉土）受雨水淋湿或冻结，并应采取措施防止出现"橡皮"土；

4）压实填土的施工缝各层应错开搭接，在施工缝的搭接处，应适当增加压实遍数；

5）压实填土施工结束后宜及时进行基础施工。

4.4.3 基础方案的选择

1. 基础方案的选择

对于一个具体工程，应在满足上部结构要求的条件下，结合工程地质、工程所具备的施工能力以及可能提供的建筑材料等有关情况，综合考虑，通过经济技术比较，确定最佳方案。一般是先假设后计算,需反复几次才能完成。因天然地基上的浅基础设计施工较人工地基上的基础和桩基础,施工设备简单、工期短、造价低,进行地基基础设计时,一般应首先考虑采用天然地基上浅基础方案,其次为人工地基上的浅基础和深基础方案。

2. 浅基础类型及特点

浅基础可按照结构形式、所用材料和受力特点分类。常用浅基础分类参见表 4-8,示意图见图 4-11~图 4-16。

常见浅基础分类 表 4-8

受力特点	结构形式	使用材料	适用范围
无筋扩展基础	柱下独立基础、墙下条形基础	灰土、三合土、砖、毛石、混凝土、毛石混凝土	属刚性基础,受压极限强度较大,受拉、受弯极限强度较小,常用于地基土较坚硬的村镇低层和多层民用建筑及轻型厂房
扩展基础	柱下独立基础、墙下条形基础		属于柔性基础,受拉、受弯极限强度较高,适用于地基比较软、上部结构荷载较大的多层建筑
柱下条形基础	条形基础、交叉条形基础	钢筋混凝土	
筏形基础	平板式、梁板式	钢筋混凝土	适用于上部荷载较大的多层和高层建筑

（1）无筋扩展基础

无筋扩展基础系指由砖、毛石、混凝土或毛石混凝土、灰土和三合土等材料组成的墙下条形基础或柱下独立基础。无筋扩展基础是最基本的形式,具有施工简单、便于就地取材等特点,适用于多层民用建筑和轻型厂房。

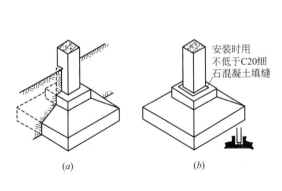

图 4-11 柱下独立基础
（a）现浇基础；（b）杯口基础

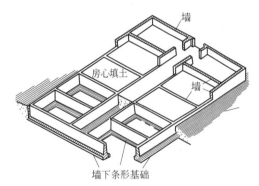

图 4-12 墙下条形基础

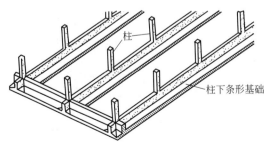

图 4-13 柱下条形基础

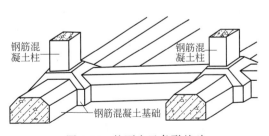

图 4-14 柱下交叉条形基础

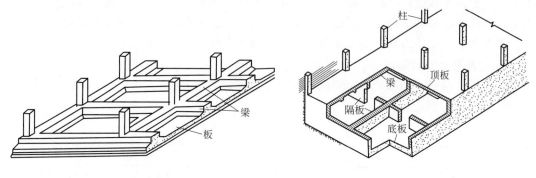

图 4-15 梁板式筏形基础　　　　　　　　图 4-16 箱形基础

无筋扩展基础用脆性材料砌筑而成，常用的基础类型剖面参见表 4-9。为保证刚性基础正常工作，设计时采取限定基础和每个台阶的相对高度（高度与相应宽度之比）的措施，使基础具有足够的刚度，其构造示意见图 4-17。

无筋扩展基础剖面形式　　　　　　　　表 4-9

序号	名称	剖面形式	序号	名称	剖面形式
1	灰土基础		2	三合土基础	
3	毛石基础		4	毛石混凝土基础	
5	砖基础		6	组合基础	

序号	名称	剖面形式
7	混凝土基础	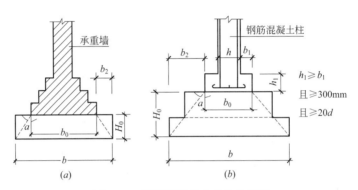 台阶式　　角链式

图 4-17　无筋扩展基础构造示意图

（*a*）承重墙基础；（*b*）钢筋混凝土柱基础

d—柱中纵向钢筋直径

由于材料的抗压强度较高，抗拉、抗弯强度较低，因此稍有挠曲变形，基础内拉应力就会超过材料的抗拉强度，在基础一边或一角产生裂缝。裂缝发展很快，随后基底反力和基础内力重分布，其他部分也相继出现裂缝，直至贯通，基础破坏，其典型破坏形式见图 4-18。

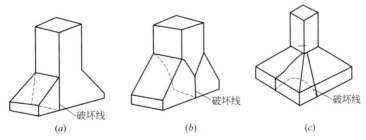

图 4-18　基础的典型破坏形式

（*a*）条形基础（$\alpha=55°$）；（*b*）条形基础（$\alpha=45°$）；（*c*）方形基础

（2）扩展基础

扩展基础是指柱下钢筋混凝土独立基础和墙下钢筋混凝土条形基础。钢筋混凝土基础具有较大的抗拉、抗弯能力，相对于无筋扩展基础具有一定的柔性，也称柔性基础。扩展基础多用于砖混结构、单层或多层框架结构中。

柱下基础多做成对称式，基础剖面可做成台阶式或锥角形。基础施工可以现浇，也可预制，做成杯口形的预制基础称为杯口基础。墙下条形基础一般做成无肋板，若地基软弱或不均匀，可加肋，以调整不均匀沉降，见图 4-19。扩展基础所能承受的拉应力是有限的，独立扩展基础的破坏模式多呈弯曲和冲切两种形式，见图 4-20。

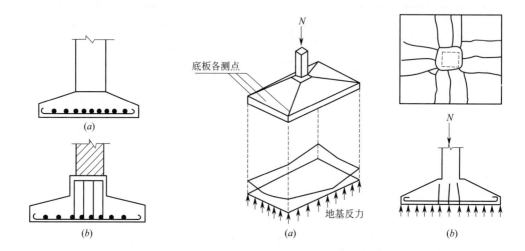

图 4-19　扩展基础示意图
（a）柱下独立基础；（b）墙下条形基础

图 4-20　扩展基础弯曲破坏示意图
（a）底板各测点的垂直位移；（b）底板受弯破坏的裂缝情况

1）弯曲破坏：当地基净反力产生的弯曲内力超过了基础的抗弯强度时，则发生弯曲破坏。随荷载增加，底板出现双向弯曲，沿柱边缘和基础中心线产生两组相互垂直的裂缝，自基础底面向上扩展，最大弯矩多在柱边截面和基础中心线截面上。

2）冲切破坏：在柱荷载和地基反力作用下，基础发生从柱边沿 45°角穿透底板形成角锥体破坏，破坏面上的主拉应力超过了混凝土的抗拉强度。

4.4.4　基础埋置深度的确定

基础埋置深度的大小对建筑物的安全使用、稳定性、施工技术和工期等都有很大影响。合理确定基础埋深，应综合考虑地基土性质和建筑物类型、建筑物功能和基础类型、相邻建筑物的基础埋深、地基土冻胀和融陷的影响几方面因素。

1. 地基土性质和建筑物类型

地基通常由多层土组成，考虑到地表一定深度内，由于气温变化、雨水侵蚀、动植物生长和活动的影响，除岩石地基外基础埋深不宜小于 0.5m，为保护基础不外露，基础顶面应低于室外至少 10cm，为便于施工，基础宜埋在地下水位以上，见图 4-21。

在抗震设防区，除岩石地基外，天然地基上的箱形和筏形基础其埋置深度不宜小于建筑物高度的 1/15；桩箱或桩筏基础的埋置深度（不计桩长）不宜小于建筑物高度的 1/18～1/20。

（1）地基压缩层范围内由压缩性均匀的土层组成时，基础埋深由地基土的冻胀性、作用在地基上的荷

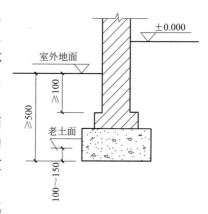

图 4-21　基础的最小埋置深度

载大小和规范规定的最小埋深确定。压缩性较大，天然地基不能满足稳定和变形需要时，则需采用人工地基或桩基础。

（2）地基压缩层范围内由两层土组成，当上层为压缩性较大的软土，下层为压缩性较小的硬土时，基础埋深应根据软土层厚度和建筑物类型综合考虑，若上面软土层较薄（<5m），宜将基础埋到下面硬土上面。若软土层较厚（≥5m），对低层建筑和无吊车设备的单层工业厂房，应以利用上部土层为主，必要时，可加强上部结构刚度或人工地基与桩基础。若上层为硬土且有足够厚度时，则基础埋深宜相对浅些，否则应采用人工地基。

（3）建筑物类型和荷载大小及性质影响基础埋深。如基础只受垂直力作用，可根据荷载大小和地基承载力计算确定埋深，如基础同时还承受较大水平荷载时（如土墙、厂房柱基、烟囱、水塔等构筑物基础），则应考虑加大基础埋深，增强土层对基础的嵌固作用。

2. 建筑物功能和基础类型

（1）建筑物的功能影响基础埋深，有地下室的建筑，埋深由地下室标高决定。工业建筑中的地下设施和设备基础，与建筑物基础的距离有具体要求，必要时应加大基础埋深。

（2）基础类型是影响基础埋深的主要因素。灰土基础和砖基础，基础材料的刚性角较小，基础高度较大，为避免路基础顶面高出地面，埋深应适当加大。混凝土基础的刚性角较大，基础高度较小，当基础宽度及埋深均较大时，可选用混凝土基础，当需要宽基础浅埋时，可采用钢筋混凝土基础。

3. 相邻建筑物的基础埋深

为避免新建建筑物基础施工期间影响原有建筑物的安全和正常使用，新建建筑物的基础埋深不宜大于原有建筑基础，当埋深大于原有建筑基础时，两基础间应保持一定净距，其数值应根据原有建筑荷载大小、基础形式和土质情况确定。当上述要求不能满足时，应采取分段施工，设临时加固支撑、打板桩等施工措施，或加固原有建筑物地基。见图4-22。

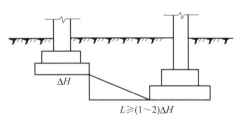

图 4-22　不同埋深的相邻基础

4. 地基土冻胀和融陷的影响

当地基土的温度降到0℃以下时，地基土会因其孔隙中的水结冰而冻结。地基土冻结的极限深度称为冻结深度，一般均超过 0.5m。当温度升高超过冰点后，冻土又溶化，体积减小，产生溶陷。土冻结后的冻胀性与地基土的颗粒的粗细程度、含水量大小和地下水位高低等有关。粉砂、粉土和黏性土一般均有不同程度的冻胀性。土的冻胀性可能对建筑物产生严重危害，应通过保证基础的埋深及其他措施减小或消除冻胀力。季节性冻土地基上的基础最小埋深可按《建筑地基基础设计规范》GB 50007—2011 计算确定。

4.4.5　地基稳定性计算

1. 需进行稳定性计算的情况

一般建筑物在满足地基承载力的条件下，不需要进行地基稳定性计算，但当遇到下列情况时，则应进行地基稳定性计算。

（1）建造在斜坡上或边坡附近的建筑物和构筑物；

（2）经常受水平荷载作用的高层建筑、高耸结构和挡土墙。

2. 稳定性计算方法

《建筑地基基础设计规范》GB 50007—2011 建议：

（1）地基稳定性可采用圆弧滑动面法进行验算。最危险的滑动面上诸力对滑动中心所产生的抗滑力矩与滑动力矩应符合下式要求：

$$M_R/M_S \geqslant 1.2 \tag{4-18}$$

式中　M_S——滑动力矩；

　　　M_R——抗滑力矩。

（2）位于稳定土坡坡顶上的建筑，当垂直于坡顶边缘线的基础底面边长小于或等于 3m 时，其基础底面外边缘线至坡顶的水平距离应符合下式要求，但不得小于 2.5m，见图 4-23。

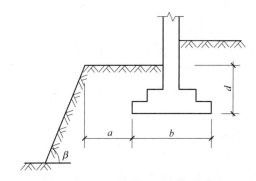

图 4-23　基础底面外边缘线至坡顶的水平距离示意图

条形基础：

$$a \geqslant 3.5b - \frac{d}{\tan\beta} \tag{4-19}$$

矩形基础：

$$a \geqslant 2.5b - \frac{d}{\tan\beta} \tag{4-20}$$

式中　a——基础底面外边缘线至坡顶的水平距离；

　　　b——垂直于坡顶边缘线的基础底面边长；

　　　d——基础埋置深度；

　　　β——边坡坡角。

当基础底面外边缘线至坡顶的水平距离不满足公式（4-19）、公式（4-20）的要求时，可根据基底平均压力按公式（4-18）确定基础距坡顶边缘的距离和基础埋深。

当边坡坡角大于 45°、坡高大于 8m 时，尚应按公式（4-18）验算坡体稳定性。

4.4.6　基础底面尺寸的确定

1. 确定荷载

确定基础底面尺寸，首先应算出传递到基础上的荷载。作用在结构上的荷载按其性质分为恒载和活荷载两类。恒载是作用在结构上的不变荷载，如梁、板、柱和墙的重量；活荷载是作用在结构上的可变荷载，如屋面雪载、楼面使用荷载（人、家具等的重量）等。作用在基础上的总荷载包括屋顶的自重和活荷载、由上到下各层结构（梁、板等）自重及楼面活荷载、各层墙和柱的自重。这些荷载在墙和柱的承载面积（墙或柱在水平面上应负担荷载的范围）内的总和，就是作用在基础上的上部结构荷载（外墙和外柱算至室内设计地面和室外设计地面平均标高处；内墙和内柱算至室内设计地面标高处），再加上基础自重和基础台阶上的回填土重，就是作用在地基上的全部荷载，见图 4-24。

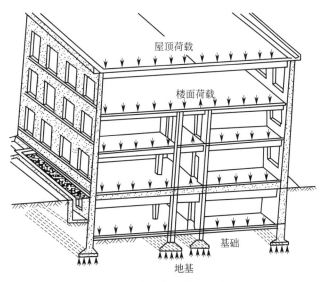

图 4-24　房屋荷载传递示意图

2. 确定形状

基础底面形状应与上部结构相适应。一般墙下用条形基础，柱下用方形或矩形独立基础，视柱截面形状而定（两者应一致）。矩形基础的边长比应与柱截面的边长比相同或相近，多为 1～2，一般不超过 3。应尽量设计成中心受压状态，使荷载通过基础底面积形心。必须设计成偏心受压状态（如两相邻柱基或墙基间距较小）时，应尽量设计成偏心距较小的单向偏心，且偏心位于基础长边方向。

3. 确定尺寸

基础底面形状确定后，可根据承载力计算，并综合墙或柱截面尺寸、基础材料等条件确定尺寸。

（1）柱下独立基础

1）中心受压（见图 4-25），底面积 A 按下式计算：

$$A \geqslant \frac{F_k + G_k}{f_a}$$

(4-21)

式中　A——基础底面面积；

　　　F_k——相应于荷载效应标准组合时，上部结构传至基础顶面的竖向荷载；

　　　G_k——基础自重和台阶上覆盖土重；

　　　f_a——修正后的地基承载力特征值。

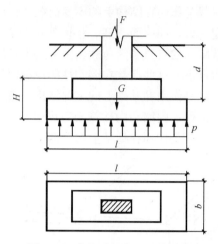

图 4-25　中心受压柱下独立基础

2）偏心受压

基底面积用试算法确定。先按中心受压计算底面积，然后视偏心大小将其值提高 10%～40%，初步确定平面尺寸后，按实际荷载采用公式计算基础边缘最大、最小压应力，按公式进行验算。不满足时，重新选定 A，再次验算，直至满足。

（2）墙下条形基础

1）中心受压：计算方法同柱基，计算单元取单位长（一般为 1）墙体，利用公式可直接求得条形基础的宽度。

2）偏心受压：计算方法仍同柱基，计算单元也取单位长墙体，求的尺寸为条形基础宽度。

4.4.7　基础剖面尺寸的确定与构造要求

1. 无筋扩展基础（刚性基础）

（1）基础高度

剖面尺寸包括形状和各部尺寸的确定。刚性基础（无筋扩展基础）无论柱基与墙基，其剖面都相似，荷载偏心与否对剖面设计影响不大，在完成基础底面设计后，几种刚性基础均可按下述方法确定剖面。根据刚性基础的特点，基础底面与高度之比必须限制在一定范围内才能保证基础的整体刚度，这个限值通常用刚性角表示，如图 4-17 所示。刚性角不仅与材料特性有关，而且与承受的压应力值有关。根据《建筑地基基础设计规范》GB 50007—2011 的规定，基础高度应符合下式要求：

$$H_0 > \frac{b - b_0}{2\tan\alpha} \tag{4-22}$$

式中　b——基础底面宽度；

　　b_0——基础顶面的墙体宽度或柱脚宽度；

　　H_0——基础高度；

　　b_2——基础台阶宽度；

　　$\tan\alpha$——基础台阶宽高比 $b_2 : H_0$，其允许值可按表 4-10 选用。

<table>
<tr><td colspan="6" align="center">无筋扩展基础台阶宽高比的允许值　　　表 4-10</td></tr>
<tr><td rowspan="2">基础材料</td><td rowspan="2">质量要求</td><td colspan="3" align="center">台阶宽高比的允许值</td></tr>
<tr><td>$p_k \leqslant 100$</td><td>$100 < p_k \leqslant 200$</td><td>$200 < p_k \leqslant 300$</td></tr>
<tr><td>混凝土基础</td><td>C15 混凝土</td><td>1：1.00</td><td>1：1.00</td><td>1：1.25</td></tr>
<tr><td>毛石混凝土基础</td><td>C15 混凝土</td><td>1：1.00</td><td>1：1.25</td><td>1：1.50</td></tr>
<tr><td>砖基础</td><td>砖不低于 MU10、砂浆不低于 M5</td><td>1：1.50</td><td>1：1.50</td><td>1：1.50</td></tr>
<tr><td>毛石基础</td><td>砂浆不低于 M5</td><td>1：1.25</td><td>1：1.50</td><td>—</td></tr>
<tr><td>灰土基础</td><td>体积比为 3：7 或 2：8 的灰土,其最小密度:粉土 1.55t/m³;粉质黏土 1.50t/m³;黏土 1.45t/m³</td><td>1：1.25</td><td>1：1.50</td><td>—</td></tr>
<tr><td>三合土基础</td><td>体积比 1：2：4 或 1：3：6(石灰:砂:骨料),每层约虚铺 220mm,夯至 150mm</td><td>1：1.50</td><td>1：2.00</td><td>—</td></tr>
</table>

注：1. p_k 为荷载效应标准组合时基础底面处的平均压力值（kPa）；

2. 阶梯形毛石基础的每阶伸出宽度，不宜大于 200mm；

3. 当基础由不同材料叠合组成时，应对接触部分作抗压验算；

4. 基础底面处的平均压力值超过 300kPa 的混凝土基础，尚应进行抗剪验算。

需要注意的是，基础平面与剖面设计是相互联系的，必须同时满足各项要求，如按刚性角要求确定的基础高度不满足基础埋深要求时，则应改变基础类型，重新设计。

（2）构造要求

采用无筋扩展基础的钢筋混凝土柱，其柱脚高度 h_1 不得小于 b_1（见图 4-17），并不应小于 300mm 且不小于 20d（d 为柱中的纵向受力钢筋的最大直径）。当柱纵向钢筋在柱脚内的竖向锚固长度不满足锚固要求时，可沿水平方向弯折，弯折后的水平锚固长度不应小于 10d 也不应大于 20d。

2. 扩展基础（钢筋混凝土基础）

钢筋混凝土基础底面积的确定同刚性基础，应注意偏心荷载，在上部荷载组合时往往算至放脚顶面，计算底面积时应换算至基础底面。柔性基础除满足构造要求外，还必须在基础底面配置适量钢筋，并使基础有足够的有效高度。柔性基础的高度和配筋主要由基础的抗冲切与抗弯计算确定。

（1）抗冲切计算

冲切破坏主要存在于柱下独立基础，对矩形截面柱的矩形基础应验算柱与基础交接处以及基础变阶处的受冲切承载力。

受冲切承载力应按下列公式验算：

$$F_l \leqslant 0.7\beta_{hp} f_t a_m h_0$$
$$a_m = (a_t + a_b)/2$$
$$F_l = p_j A_l \tag{4-23}$$

式中　β_{hp}——受冲切承载力截面高度影响系数，当 h 不大于 800mm 时，β_{hp} 取 1.0；当 h 大于等于 2000mm 时，β_{hp} 取 0.9，其间按线性内插法取用；

　　　　f_t——混凝土轴心抗拉强度设计值；

　　　　h_0——基础冲切破坏锥体的有效高度；

　　　　a_m——冲切破坏锥体最不利一侧计算长度；

a_t——冲切破坏锥体最不利一侧斜截面的上边长，当计算柱与基础交接处的受冲切承载力时，取柱宽；当计算基础变阶处的受冲切承载力时，取上阶宽；

a_b——冲切破坏锥体最不利一侧斜截面在基础底面积范围内的下边长，当冲切破坏锥体的底面落在基础底面以内（见图 4-26(a)、(b)），计算柱与基础交接处的受冲切承载力时，取柱宽加两倍基础有效高度；当计算基础变阶处的受冲切承载力时，取上阶宽加两倍该处的基础有效高度。当冲切破坏锥体的底面在 1 方向落在基础底面以外即 $a + 2h_0 \geqslant 1$ 时（见图 4-26(c)），$a_b = 1$；

p_j——扣除基础自重及其上土重后相应于荷载效应基本组合时的地基土单位面积净反力，对偏心受压基础可取基础边缘处最大地基土单位面积净反力；

A_l——冲切验算时取用的部分基底面积（图 4.26(a)、(b)中的阴影面积 $ABCDEF$ 或图 4-26(c)中的阴影面积 $ABCD$）；

F_l——相应于荷载效应基本组合时作用在 A_1 上的地基土净反力设计值。

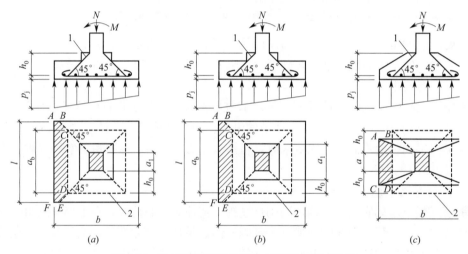

图 4-26　计算阶形基础的受冲切承载力截面位置

1—冲切破坏锥体最不利一侧的斜截面；2—冲切破坏锥体的底面线

（2）抗弯计算

柔性基础的配筋主要由抗弯计算确定。在轴心荷载或单向偏心荷载作用下柔性基础底板受弯可按下列简化方法计算：

1）对于柱下独立矩形基础，当台阶的宽高比小于或等于 2.5 和偏心距小于或等于 1/6 基础宽度时，任意截面的弯矩可按下列公式计算（见图 4-27）：

$$M_{\text{I}} = \frac{1}{12} a_1^2 \left[(2l + a') \left(p_{\max} + p - \frac{2G}{A} \right) + (p_{\max} - p)l \right]$$

$$M_{\text{II}} = \frac{1}{48} (l - a')^2 (2b + b') \left(p_{\max} + p_{\min} - \frac{2G}{A} \right) \tag{4-24}$$

式中　M_{I}、M_{II}——任意截面 Ⅰ—Ⅰ、Ⅱ—Ⅱ 处相应于荷载效应基本组合时的弯矩设计值；

　　　　a_1——任意截面 Ⅰ—Ⅰ 至基底边缘最大反力处的距离；

l、b——基础底面的边长；

$p_{\max}$、$p_{\min}$——相应于荷载效应基本组合时的基础底面边缘最大和最小地基反力设计值；

p——相应于荷载效应基本组合时在任意截面Ⅰ—Ⅰ处基础底面地基反力设计值；

G——考虑荷载分项系数的基础自重及其上的土自重；当组合值由永久荷载控制时，$G=1.35G_k$，G_k 为基础及其上土的标准自重。

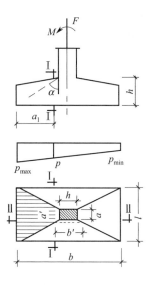

图 4-27　矩形基础底板计算示意图

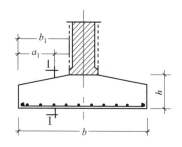

图 4-28　墙下条形基础计算示意

2）对于墙下条形基础任意截面的弯矩（见图 4-28），可取 $l=a'=1$m 按公式(4-24)进行计算，其最大弯矩截面的位置，应符合下列规定：

当墙体材料为混凝土时，取 $a_1=b_1$；如为砖墙且放脚不大于 1/4 砖长时，取 $a_1=b_1$ +1/4 砖长。

（3）局部受压计算

当扩展基础的混凝土强度等级小于柱的混凝土强度等级时，尚应验算柱下扩展基础顶面的局部受压承载力。

（4）构造要求

扩展基础的构造应符合下列要求：

1）锥形基础的边缘高度，不宜小于 200mm；阶梯形基础的每阶高度，宜为300～500mm。

2）垫层的厚度不宜小于 70mm；垫层混凝土强度等级应为 C10。

3）扩展基础底板受力钢筋的最小直径不宜小于 10mm；间距不宜大于 200mm，也不宜小于 100mm。墙下钢筋混凝土条形基础纵向分布钢筋的直径不小于 8mm；间距不大于 300mm；每延米分布钢筋的面积应不小于受力钢筋面积的 1/10。当有垫层时钢筋保护层的厚度不小于 40mm；无垫层时不小于 70mm。

4）混凝土强度等级不应低于 C20。

5）当柱下钢筋混凝土独立基础的边长和墙下钢筋混凝土条形基础的宽度大于或等于2.5m时，底板受力钢筋的长度可取边长或宽度的0.9倍，并宜交错布置（见图4-29(*a*)）。

6）钢筋混凝土条形基础底板在 T 形及十字形交接处，底板横向受力钢筋仅沿一个主要受力方向通长布置，另一方向的横向受力钢筋可布置到主要受力方向底板宽度 1/4 处（见图4-29(*b*)）。在拐角处底板横向受力钢筋应沿两个方向布置（见图4-29(*c*)）；

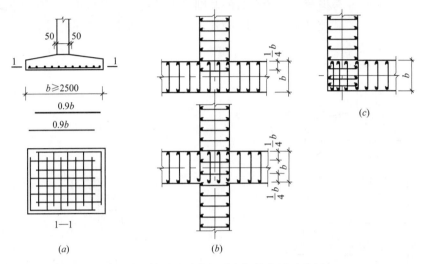

图 4-29　扩展基础底板受力钢筋布置示意图

7）钢筋混凝土柱和剪力墙纵向受力钢筋在基础内的锚固长度 l_a 应根据钢筋在基础内的最小保护层厚度按现行《混凝土结构设计规范》GB 50010—2010（2015 年版）的有关规定确定。

8）有抗震设防要求时纵向受力钢筋的最小锚固长度 l_{aE} 应按下式计算。

一、二级抗震等级：

$$l_{aE} = 1.15\, l_a \tag{4-25}$$

三级抗震等级：

$$l_{aE} = 1.05\, l_a \tag{4-26}$$

四级抗震等级：

$$l_{aE} = l_a \tag{4-27}$$

式中　l_a——纵向受拉钢筋的锚固长度。

（5）现浇柱基础

1）现浇柱基础其插筋的数量、直径以及钢筋种类应与柱内纵向受力钢筋相同。插筋的锚固长度应满足上述要求，插筋与柱的纵向受力钢筋的连接方法，应符合现行《混凝土结构设计规范》GB 50010—2010（2015 年版）的规定。插筋的下端宜做成直钩放在基础底板钢筋网上。当符合下列条件之一时，可仅将四角的插筋伸至底板钢筋网上，其余插筋锚固在基础顶面下 l_a 或 l_{aE}（有抗震设防要求时）处（见图4-30）。

①　柱为轴心受压或小偏心受压，基础高度大于等于 1200mm；

②　柱为大偏心受压，基础高度大于等于 1400mm。

2）预制钢筋混凝土柱与杯口基础的连接应符合下列要求（见图4-31）：

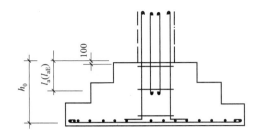

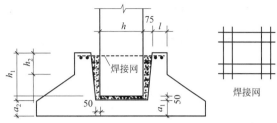

图 4-30　现浇柱的基础中插筋构造示意图　　　图 4-31　预制钢筋混凝土柱独立基础示意图
（注：$a_2 \geqslant a_1$）

① 柱的插入深度可按表 4-11 选用，并应满足钢筋锚固长度要求及吊装时柱的稳定性。

柱的插入深度 h_1（mm）　　　　　　　　　　　　　　　　表 4-11

矩形或工字形柱				双支柱
$h<500$	$500 \leqslant h<800$	$800 \leqslant h<1000$	$h>1000$	
$h \sim 1.2h$	h	$0.9h$ 且 $\geqslant 800$	$0.8h$ 且 $\leqslant 1000$	$(1/3 \sim 2/3)h_a$、$(1.5 \sim 1.8)h_b$

注：1. h 为柱截面长边尺寸；h_a 为双支柱全截面长边尺寸；h_b 为双支柱全截面短边尺寸；

　　2. 柱轴心受压或小偏心受压时，h_1 可适当减小，偏心距大于 $2h$ 时，h_1 应适当加大。

② 基础的杯底厚度和杯壁厚度可按表 4-12 选用。

基础的杯底厚度和杯壁厚度　　　　　　　　　　　　　　表 4-12

柱截面长边尺寸 h(mm)	杯底厚度 a_1(mm)	杯壁厚度 t(mm)
$h<500$	$\geqslant 150$	$150 \sim 200$
$500 \leqslant h<800$	$\geqslant 200$	$\geqslant 200$
$800 \leqslant h<1000$	$\geqslant 200$	$\geqslant 300$
$1000 \leqslant h<1500$	$\geqslant 250$	$\geqslant 350$
$1500 \leqslant h<2000$	$\geqslant 300$	$\geqslant 400$

注：1. 双支柱的杯底厚度值，可适当加大；

　　2. 当有基础梁时，基础梁下的杯壁厚度，应满足其支承宽度的要求；

　　3. 柱子插入杯口部分的表面应凿毛，柱子与杯口之间的空隙，应用比基础混凝土强度等级高一级的细石混凝土充填密实，当达到材料设计强度的 70% 以上时，方能进行上部吊装。

③ 当柱为轴心受压或小偏心受压且 $t/h_2 \geqslant 0.65$ 时，或大偏心受压且 $t/h_2 \geqslant 0.75$ 时，杯壁可不配筋，当柱为轴心受压或小偏心受压且 $0.5 \leqslant t/h_2 <0.65$ 时，杯壁可按表 4-13 构造配筋；其他情况下，应按计算配筋。

杯壁构造配筋　　　　　　　　　　　　　　　　　　表 4-13

柱截面长边尺寸(mm)	$h<1000$	$1000 \leqslant h<1500$	$1500 \leqslant h \leqslant 2000$
钢筋直径(mm)	$8 \sim 10$	$10 \sim 12$	$12 \sim 16$

注：表中钢筋置于杯口顶部，每边两根（见图 4-31）。

4.4.8 地基基础抗震设计

1. 地基基础抗震设计面对的主要问题

已有震害资料表明，大量的一般性地基都具有较好的抗震性能。很少发现因地基承载力不够而导致的震害例子，基础结构的损坏则更少。我国多次强地震中遭受破坏的建筑，只有不到10%的例子是因地基原因导致上部结构破坏。地基破坏的实例中有40%以上属于地裂、滑坡和明显不均匀地基，40%左右是地基液化，不到20%为软弱黏性土震陷。

2. 地基基础抗震设计与措施

地震的强度不同，地震作用下地基的受力性能也不同，地基基础抗震设计的任务则是保证在地震过程中和地震停止后，地基基础在强度和变形方面能满足使用要求。

（1）选择安全的场地

对于地震导致的地表断裂、滑坡、过大变形、砂土液化和软土震陷等地基失效问题，一般应通过场地选择来避免。选择建筑场地时，应根据工程需要，掌握地震活动情况、工程地质和地震地质的有关资料，对抗震有利、不利和危险地段做出综合评价。对不利地段，应提出避开要求；当无法避开时应采取有效措施；不应在危险地段建造甲、乙、丙建筑。

（2）采用利于抗震的设计原则

1）同一结构单元的基础不宜设置在性质截然不同的地基上；

2）同一结构单元不宜部分采用天然地基部分采用桩基；

3）地基为软弱黏性土、液化土、新近填土或严重不均匀土时，应估计地震时地基不均匀沉降或其他不利影响，并采取相应的措施。

3. 消除地基液化和震陷

地基液化和软弱黏土层的震陷可使基础产生过大的沉降和不均匀沉陷，直至使地基丧失承载力而失稳。存在饱和砂土和饱和粉土（不含黄土）的地基，除6度设防外，应进行液化判别；存在液化土层的地基，应根据建筑的抗震设防类别、地基的液化等级，结合具体情况采取相应的措施。可采取以下措施来全部或部分消除地基液化震陷。

（1）采用桩基时，桩端伸入液化深度以下稳定土层中的长度（不包括桩尖部分），应按计算确定，且对碎石土，砾、粗、中砂，坚硬黏性土和密实粉土尚不应小于0.5m，对其他非岩石土尚不宜小于1.5m。

（2）采用深基础时，基础底面应埋入液化深度以下的稳定土层中，其深度不应小于0.5m。

（3）采用加密法（如振冲、振动加密、挤密碎石桩、强夯等）加固时，应处理至液化深度下界。

（4）用非液化土替换全部液化土层。

（5）采用加密法或换土法处理时，在基础边缘以外的处理宽度，应超过基础底面下处理深度的1/2，且不小于基础宽度的1/5。

（6）地基主要受力层范围内存在软弱黏性土层与湿陷性黄土时，可采用桩基、地基加固处理等措施消除软土震陷。

4. 地基基础抗震构造措施

由于地震作用的不确定性和地基基础在地震作用下的复杂性，抗震设计难以理论计算，综合使用下列构造措施提高地基基础抗震能力是一个重要途径。

（1）选择合适的基础埋置深度。

（2）调整基础底面积，减少基础偏心。

（3）加强基础的整体性和刚度，如采用箱形基础、筏形基础或钢筋混凝土交叉条形基础，加设基础圈梁等。

（4）减轻荷载，增强上部结构的整体刚度和均匀对称性，合理设置沉降缝，避免采用对不均匀沉降敏感的结构形式等。

（5）管道穿过建筑处应预留足够尺寸或采用柔性接头等。

4.4.9 基础施工

基础施工一般包括定位放线、基坑开挖、验槽、地基处理、基础砌筑和基坑回填等内容。

1. 基础的定位放线和基坑开挖

基础的定位放线，就是利用有关仪器把建筑物在平面上的位置和基础各部分的标高，在施工现场标定出来。首先应进行水平定位，在基坑平面图上标出建筑物的主轴线（一般为对称线）及放线架的位置，然后用经纬仪将主轴线和放线架的位置标定于施工现场。自主轴线两侧分别量出所有建筑物的墙柱轴线、基础边线和基坑边线的位置，用石灰标出。经检查确信水平定位无误后，使用水准仪进行垂直定位，在放线架木板上注明木板顶面距离基坑底面的距离，以此作为施工依据。

在检查灰线和标高均无问题之后，可进行基坑开挖。一般采用分段逐层挖土法，随挖随刷边，以保持基槽规则。挖、填土宜平衡进行，尽量分散弃土，弃土堆在槽边时，堆土的坡脚距槽边的距离不宜小于 70cm，以免压塌槽壁。坑底的持力层应避免扰动，在使用机械开挖时，应留出 10～20cm 的土层，人工铲平。

2. 验槽与局部地基处理

验槽就是进行基槽检验。因为地基基础的设计是以勘察资料为依据的，而勘察工作一般只能在建筑物场地的几个点进行，相邻勘察点之间土的变化规律无法预知，特别是地质情况复杂的场地。为普遍探明基槽内土质变化情况和局部特殊土质情况，核对建筑物的位置、平面形状，需要在基础施工前验槽。

根据验槽结果，判断原地基基础设计方案是否需要修正，确定局部特殊地基情况（如松软、软硬差异大、坑、沟、墓穴等）处理方法，并进行处理。

3. 基础砌筑

基坑挖好后，验槽和局部处理完（如需要），应及时做基础或垫层。结合以下几种基础材料，在基础顶加设基础圈梁。

（1）砖和毛石基础

这两种基础均为砌筑成形。砖基础在地下水位以上用混合砂浆，地下水位以下用水泥砂浆（不低于）砌筑。在寒冷地区宜用高强度等级的水泥砂浆砌筑。毛石基础可用白灰砂浆砌筑，一般呈阶梯形。因毛石形状不规则，为保证毛石基础的整体刚性，传力均匀，须满足基础台阶高宽比的允许值，见图4-32。

砖基础习惯上采用"二一间隔法"砌成大放脚，即从基底开始，每砌两皮砖收1/4砖长，再砌一皮砖收1/4砖长，如此反复至与墙体（柱）相连，即可满足宽高比要求。基底可铺设垫层（灰土、三合土均可），一般不超过10cm厚，不计入基础总高。在南方，垫层厚度可达15~25cm，此时垫层作为基础的一部分考虑。垫层两侧各宽出基础5~10cm，垫层的主要作用是整平基础砌筑底面。砌筑前必须先铺底灰，用水将砖浇透，并保证砂浆饱满，见图4-33。

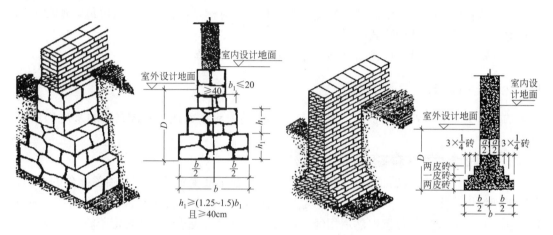

图4-32　毛石基础　　　　　　　　　　图4-33　砖基础

（2）混凝土和毛石混凝土基础

混凝土基础为现场浇筑成形，见图4-34。在混凝土中加入少量毛石（小于基础体积的30%）即为毛石混凝土基础，毛石强度等级不低于MU20，其长度不大于300mm。在寒冷地区，混凝土和毛石强度等级相应提高到MU10和MU30以上。基础剖面为阶梯形和角锥形两种。毛石混凝土基础的底层应先铺设120~150mm的混凝土层，再铺设毛石。毛石插入混凝土约一半深度后，再灌混凝土，填满所有空隙，如此反复至完成，见图4-35。

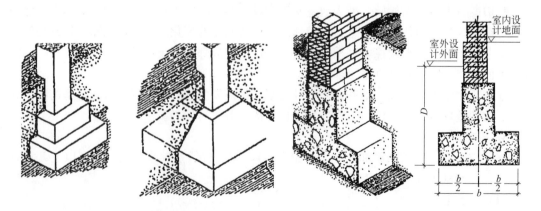

图4-34　混凝土基础　　　　　　　　　图4-35　毛石混凝土基础

（3）灰土和三合土基础

灰土即石灰（块状生石灰为宜，消化1~2d后使用）与塑性指数较低的黏性土配置而成（体积比3∶7或2∶8）。三合土，即石灰、砂和骨料（碎砖、碎石、矿渣等）配制而成（体积比1∶2∶4或1∶3∶6）。北方干燥地区多用灰土，南方则多用三合土。

这两种基础是在基槽内分层铺土夯实而成。每层虚铺厚度25cm，夯至15cm（俗称一步）。三层及三层以下房屋可用两步，三层以上宜用三步。施工时应注意保持基坑干燥，控制灰土的含水量，灰土含水量过大或过小均不宜夯实，施工前应通过试验求得最佳含水量，在最佳含水量下夯实到最大密实度。基础夯实后应及时回填，以避免雨水冲蚀，若造雨水淋蚀，应刮去软弱表层，重新铺设夯实。灰土基础与砖墙衔接部分要做砖放脚，见图4-36。

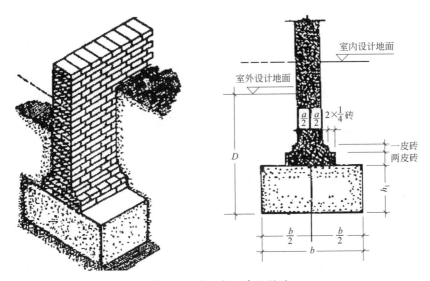

图4-36　灰土与三合土基础

第5章 建筑抗震新技术应用指导

5.1 叠层橡胶支座基础隔震技术

5.1.1 技术描述

基础隔震就是在建筑物的基础和上部结构之间设置隔震装置（或系统）形成隔震层，把房屋结构与基础隔离开来，利用隔震装置来隔离或耗散地震能量以避免或减少地震能量向上部结构传输，以减少建筑物的地震反应，实现地震时建筑物只发生轻微运动和变形，从而使建筑物在地震作用下不损坏或倒塌。

传统建筑物基础固结于地面，地震时建筑物受到的地震作用由底向上逐渐放大，从而引起结构构件的破坏，建筑物内的人员也会感到强烈的振动。为了保证建筑物的安全，必然加大结构构件的设计强度，耗用材料多，而地震力是一种惯性力，建筑物的构件断面大，所用材料多，质量大，同时受到地震作用也增大，想要在经济和安全之间找到一个平衡点往往是比较难的。

而基础隔震系统通过在基础和上部结构之间，设置一个专门的橡胶隔震支座和耗能元件（如铅阻尼器、油阻尼器、钢棒阻尼器、黏弹性阻尼器和滑板支座等），形成高度很低的柔性底层，称为隔震层。通过隔震层的隔震和耗能元件，使基础和上部结构断开，延长上部结构的基本周期，从而避开地震的主频带范围，使上部结构与水平地面运动在相当程度上解除了耦连关系，同时利用隔震层的高阻尼特性，消耗输入地震动的能量，使传递到隔震结构上的地震作用进一步减小。

基础隔震结构与传统的抗震结构相比具有以下特点：

（1）提高了结构地震安全性及舒适感。根据基底隔震结构在地震中的强震记录和振动台模拟地震试验可知，这种隔震结构的加速度反应是传统抗震结构的 $1/4 \sim 1/12$（见图 5-1）。

（2）防止了非结构构件破坏和建筑物内物品的振动、移动和翻倒（见图 5-2）。在中小地震作用下，隔震结构基本没有损坏，仍处在弹性阶段；在罕遇大地震作用下，隔震结构一般仅发生部分破坏或非结构构件破坏，而不致倒塌，上部结构近似于刚体振动。

（3）结构平立面设计较为灵活。由于上部结构地震作用减少很多，使得对建筑和结构设计时的严格限制大大放宽。

（4）可以保持仪器和设备的正常使用功能。

隔震层一般由隔震器和阻尼器组成。隔震器一方面在竖向支撑建筑物的重量，另一方面在水平方向具有弹性，能提供一定的水平刚度，延长建筑物的基本周期，以避开地震动的卓越周期，降低建筑物的地震反应，能提供较大的变形能力和自复位能力，常用的隔震器有叠层橡胶支座、螺旋弹簧支座、摩擦滑移支座等。阻尼器主要用来吸收或耗散地震能量，抑制结构产生大的位移反应，同时在地震终了时帮助隔震器迅速复位，常用的阻尼器有弹塑性阻尼器、黏弹性阻尼器、黏滞阻尼器、摩擦阻尼器等。

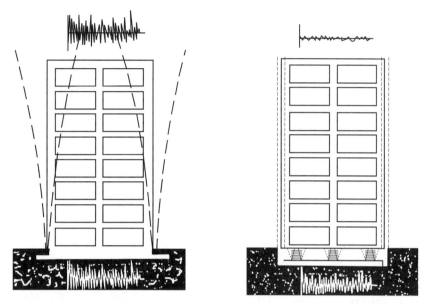

图 5-1　隔震结构模型

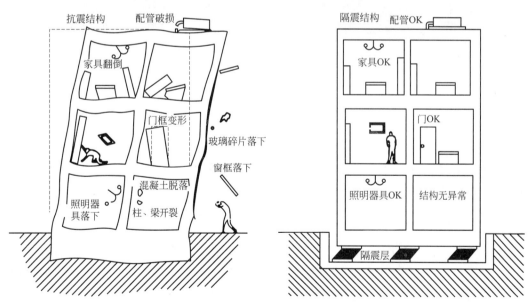

图 5-2　隔震与非隔震结构地震反应对比

　　基础隔震系统包括摩擦滑移系统、叠层橡胶支座系统、摩擦摆系统等，目前工程界最常用的是叠层橡胶支座隔震系统。这种隔震系统采用叠层橡胶支座（Laminated Rubber Bearing）作为隔震元件，该支座由一层层的薄钢板和橡胶相互叠置，经过专门的硫化工艺粘合而成，其结构、配方、工艺需要特殊的设计，属于一种橡胶厚制品。

目前常用的橡胶隔震支座有：天然橡胶支座（NB，Natural Rubber Bearing）、铅芯橡胶支座（LRB，Leadplug Rubber Bearing）、高阻尼橡胶支座（HDB，High Damping Rubber Bearing）等。

1. 普通多层橡胶支座

普通多层橡胶支座用天然橡胶或氯丁二烯橡胶制造，它具有弹性性质，本身没有明显的阻尼性能，所以通常它需和阻尼器一起使用。该种支座的做法是先在每层钢板上涂满胶粘剂，再把橡胶片与钢板交替叠放在一起，然后置于高温高压下硫化成型，即得到橡胶片与钢板叠合在一起的多层橡胶支座，如图 5-3 所示。

2. 铅芯多层橡胶支座

在普通多层橡胶支座中部竖向灌入铅棒就构成了铅芯多层橡胶支座，如图 5-4 所示。铅棒可以增加支座的耗能能力，利用铅棒的塑性变形吸收能量，使得支座具有一定的阻尼作用；同时铅棒还可以增加支座的早期刚度，控制结构的风振反应和抵抗地基的微振动。铅芯多层橡胶支座由于既起到隔震的作用，又起到阻尼的作用，所以它可以单独在隔震结构中使用，无需另设阻尼器，使隔震系统的阻尼变得简单。

图 5-3 普通多层橡胶支座 　　　　　图 5-4 铅芯多层橡胶支座

3. 高阻尼多层橡胶支座

高阻尼多层橡胶支座是采用高阻尼橡胶材料制造而成。高阻尼橡胶可以通过在天然橡胶中掺入石墨得到，并且可根据石墨的掺入量调节材料的阻尼特性。高阻尼橡胶也可以是由高分子材料合成的人工橡胶，这种人工合成橡胶不仅阻尼性能好，而且抗劣化性能也很好。它也可以既起到隔震的作用，又起到阻尼的作用，在隔震结构中能单独使用。

20 世纪 80 年代后期开始，我国学者针对橡胶支座隔震技术，开展了一系列的试验研究和理论分析工作，在结构隔震设计理论和方法、施工和安装技术、橡胶支座的制造技术等方面取得了相当的成就，开发了橡胶支座性能测试和检测技术、施工要求、隔震结构体系的实用设计方法和要点、隔震支座节点做法及隔震层构造措施等，颁布了隔震技术相关的规范、规程和标准图集。

国内目前已建成了超过 200 万 m² 的隔震建筑，包括框架、砖混（含底框）等，多为住宅、小型综合楼等，分布在北京、天津、辽宁、河北、河南、山西、新疆、江苏近二十个省市，基本覆盖了我国中、高烈度区（见图 5-5）。

图 5-5　夹层橡胶支座隔震工程实例

5.1.2　适用条件和范围

基础隔震技术适用地震区的各类中、低层一般工业与民用建筑（包括砌体结构、底层框架、内框架、框架等各种结构），城市生命线工程及重要建筑（如核电站、医院、消防、电力、通信、指挥中心等），同时也适用于各类桥梁、设备、环境隔震等。

采用叠层橡胶支座隔震的各类房屋结构的设计。建筑结构采用的隔震方案，宜符合下列要求：

（1）非隔震时，结构基本周期小于 1.0s。

（2）体型基本规则，高度不超过 40m，在两个主轴方向以剪切变形为主且质量和刚度沿高度分布比较均匀的结构，以及近似于单质点体系的结构。

（3）建筑场地宜为 I、II、III 类，并应选用稳定性较好的基础类型。

（4）风荷载和其他非地震作用的水平荷载标准值产生的总水平力，不宜超过结构总重力的 10%。

5.1.3　设计要点

1. 设防目标

房屋或结构采用隔震技术后，其设防水准高于相应的非隔震房屋或结构。与各烈度水准相应的设防目标是：当遭受低于本地区设防烈度的多遇地震时应不损坏，且不影响使用功能；当遭受本地区设防烈度的地震时，应仅产生非结构性损坏或轻微的结构损坏，一般不需修理仍可继续使用；当遭受高于本地区设防烈度的预估的罕遇地震时，应不致发生危及生命的破坏和丧失使用功能。

2. 设计基本要求

隔震设计应根据预期的水平向减震系数和位移控制要求选择适当的隔震支座（含阻尼器）及为抵抗地基微振动与风荷载提供初刚度的部件组成结构的隔震层。

隔震支座应进行竖向承载力的验算和罕遇地震下水平位移的验算。

隔震层以上结构的水平地震作用应根据水平向减震系数确定其竖向地震作用标准值，8度和9度时分别不应小于隔震层以上结构总重力荷载代表值的20%和40%。

隔震层下的结构（包括地下室和隔震塔楼下的底盘）中直接支承隔震层以上结构的相关构件，应满足嵌固的刚度比和隔震后设防地震的抗震承载力要求，并按罕遇地震进行抗剪承载力验算。

隔震建筑地基基础的抗震验算和地基处理仍应按本地区抗震设防烈度进行。

3. 设计步骤

结构隔震设计步骤如图 5-6 所示。

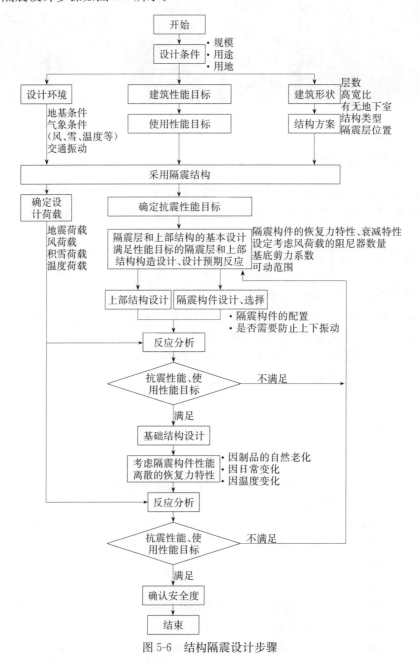

图 5-6　结构隔震设计步骤

4. 计算分析方法

隔震体系的计算，一般情况下宜采用时程分析法，对于砌体结构及基本周期与其相当的结构也可采用规范给出的简化方法。

5. 隔震支座的布置与选型

隔震层应设置在建筑上部结构与基础之间；有地下室的建筑，其隔震层应设置在地下室的顶部与上部结构之间。橡胶隔震支座设置在受力较大的位置，其规格、数量和分布，应根据竖向承载力、侧向刚度和阻尼的要求通过计算确定。隔震层在罕遇地震下应保持稳定，不宜出现不可恢复的变形。

隔震层橡胶支座在罕遇地震作用下，不宜出现拉应力。

隔震支座的布置及选型原则如下：

（1）隔震支座的布置应遵循下述原则：纵横向承重墙交接处；框架柱、独立柱、承重墙下；其他需设隔震支座的部位。

（2）隔震支座的选型应遵循下述原则：隔震支座的类型不宜过多；由上部结构计算出每个支座上的轴力设计值，按照表5-1中对橡胶隔震支座竖向平均压应力限值的规定，初步确定出每个支座的直径。

橡胶隔震支座平均压应力限值   表 5-1

建筑类别	甲类建筑	乙类建筑	丙类建筑
平均压应力限值（MPa）	10	12	15

隔震层橡胶隔震支座的基本要求和设计参数，隔震层水平动刚度和等效黏滞阻尼比的计算详规范。

6. 上部结构设计

上部结构的截面抗震验算，应按现行国家标准《建筑抗震设计规范》GB 50011—2010 对非隔震结构的规定进行。其中的水平地震作用效应，可依据水平向减震系数确定。

计算水平减震系数，对应多遇地震的情况，即采用隔震支座剪切变形为50%的水平刚度和等效黏滞阻尼比。

上部结构的截面抗震验算和抗震变形验算详相关规范。

7. 构造措施

图5-7为框架结构和砌体结构橡胶支座节点构造示例。

隔震结构的构造措施详相关规范和图集。

5.1.4 施工技术要点

1. 施工安装

支承隔震支座的支墩（或柱），其顶面水平度误差不宜大于5‰；在隔震支座安装后，隔震支座顶面的水平度误差不宜大于8‰。

隔震支座中心的平面位置与设计位置的偏差不应大于5.0mm。

隔震支座中心的标高与设计标高的偏差不应大于5.0mm。

同一支墩上多个隔震支座之间的顶面高差不宜大于5.0mm。

隔震支座连接板和外露连接螺栓应采取防锈保护措施。

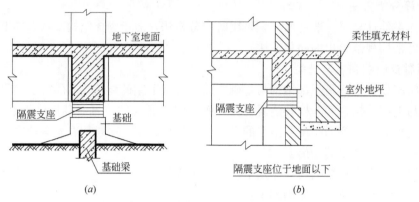

图 5-7　隔震支座节点构造示例

（*a*）框架节点；（*b*）砌体节点

在隔震支座安装阶段，应对支墩（或柱）顶面和隔震支座顶面的水平度、隔震支座中心的平面位置和标高进行观测并记录。

在工程施工阶段，对隔震支座宜有临时覆盖保护措施。

2. 施工测量

在工程施工阶段，应对隔震支座的竖向变形做观测并记录。

在工程施工阶段，应对上部结构、隔震层部件与周围固定物的脱开距离进行检查。

3. 工程验收

隔震结构的验收除应符合国家现行有关施工及验收规范的规定外，尚应提交下列文件：

（1）隔震层部件供货企业的合法性证明；

（2）隔震层部件出厂合格证书；

（3）隔震层部件的产品性能出厂检验报告；

（4）隐蔽工程验收记录；

（5）预埋件及隔震层部件的施工安装记录；

（6）隔震结构施工全过程中隔震支座竖向变形观测记录；

（7）隔震结构施工安装记录；

（8）含上部结构与周围固定物脱开距离的检查记录。

4. 隔震层维护

应制定和执行对隔震支座进行检查和维护的计划。

应定期观察隔震支座的变形及外观。

应经常检查是否存在可能限制上部结构位移的障碍物。

隔震层部件的改装、更换或加固，应在有经验的工程技术人员指导下进行。

5.1.5　相关标准

《建筑抗震设计规范》GB 50011—2010

《橡胶支座　第 1 部分：隔震橡胶支座试验方法》GB/T 20688.1—2007

《橡胶支座　第 2 部分：桥梁隔震橡胶支座》GB 20688.2—2006

《橡胶支座　第 3 部分：建筑隔震橡胶支座》GB 20688.3—2006

《叠层橡胶支座隔震技术规程》CECS 126—2001

《建筑工程抗震性态设计通则（试用）》CECS 160—2004

《建筑结构隔震构造详图》03SG 610—1

《建筑隔震橡胶支座》JG 118—2000

《石油浮放设备隔震技术标准》SY/T 0318—1998

《高压电气设备减震技术规定》DLGJ 160—2003

5.1.6　技术经济性分析

隔震结构与传统抗震结构相比，增加造价一般在 10% 左右，而地震后产生的损失和所需的修复费用要小很多，若考虑这部分维修费用，则隔震建筑具有传统抗震建筑无法比拟的经济效益。

5.2　金属屈服和摩擦消能减震技术

5.2.1　基本概念

消能减震技术是利用安装在建筑物中的消能器，消耗地震作用下建筑物的振动能量，减小建筑物的振动反应，从而达到提高建筑物抗震能力的一项新抗震技术。该项技术无论在安全性、合理性，还是在经济性方面都优于传统抗震加固方法。

消能器是消能减震的关键器件，分速度相关型、位移相关型或其他类型。速度相关型消能器指黏滞消能器和黏弹性消能器等；位移相关型消能器指金属屈服消能器和摩擦消能器等。由于金属屈服消能器和摩擦消能器具有更高的经济性，本章只介绍这两种消能器的设计方法。

消能器即斜撑、墙体、梁或节点等支承构件组成消能部件。

图 5-8～图 5-10 为采用消能减震技术的工程实例。

图 5-8　金属屈服消能器的工程实例

图 5-9　防屈曲支撑工程实例　　　　　图 5-10　采用消能减震加固工程实例

5.2.2　适用条件和范围

　　消能减震利用建筑物楼层的变形，驱动消能部件中的消能器做功消耗能量，因此金属屈服和摩擦消能减震适用于框架结构、高层框架剪力墙结构、框架筒体结构、钢结构、排架厂房和体育场馆等，对这些结构的抗倒塌性能的提高尤其显著。

5.2.3　金属屈服消能器

　　金属屈服阻尼器主要有以下几种类型：
　　（1）X 形状金属屈服阻尼器（见图 5-11）；
　　（2）蜂窝状梳形低碳软钢屈服阻尼器（见图 5-12）；
　　（3）开孔式金属屈服阻尼器（见图 5-13）；
　　（4）铅阻尼器（见图 5-14）。

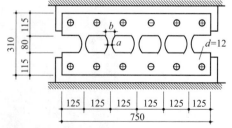

图 5-11　X 形状金属屈服阻尼器　　　　图 5-12　蜂窝状梳形低碳软钢屈服阻尼器

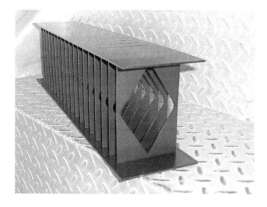 

图 5-13　开孔式金属屈服阻尼器　　　　　　　　图 5-14　铅阻尼器

5.2.4　摩擦消能器

摩擦消能器以 Pall 型摩擦阻尼器使用最多，见图 5-15。

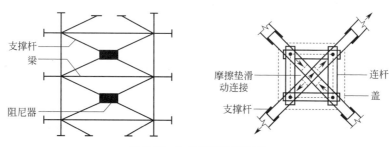

图 5-15　Pall 型摩擦阻尼器

5.2.5　设计方法

1. 基本要求

（1）消能部件可根据需要沿结构的两个主轴方向分别设置。消能部件宜设置在层间变形较大的位置，其数量和分布应通过综合分析合理确定，并有利于提高整个结构的消能减震能力，形成均匀合理的受力体系。

（2）消能器与斜撑、墙体、梁或节点等支承构件的连接，应符合钢构件连接或钢与钢筋混凝土构件连接的构造要求，并能承担消能器施加给连接节点的最大作用力。

（3）与消能部件相连的结构构件，应计入消能部件传递的附加内力，并将其传递到基础。

（4）消能器和连接构件应具有耐久性能和较好的易维护性。

2. 计算方法

（1）一般情况下，宜采用静力非线性分析方法或非线性时程分析方法。

（2）当主体结构基本处于弹性工作阶段时，可采用线性分析方法作简化估算，并根据结构的变形特征和高度等，分别采用底部剪力法、振型分解反应谱法和时程分析法。其地震影响系数可根据消能减震结构的总阻尼比按《建筑抗震设计规范》GB 5011—2010 的规定采用。

（3）消能减震结构的总刚度应为结构刚度和消能部件有效刚度的总和。

（4）消能减震结构的总阻尼比应为结构阻尼比和消能部件附加给结构的有效阻尼比的总和。

（5）消能减震结构的层间弹塑性位移角限值，框架结构宜采用 1/80。

（6）消能部件附加给结构的有效阻尼比，可按下列方法确定：

消能部件附加的有效阻尼比可按下式估算：

$$\xi_a = W_c / (4\pi W_s) \tag{5-1}$$

式中 ξ_a——消能减震结构的附加有效阻尼比；

　　W_c——所有消能部件在结构预期位移下往复一周所消耗的能量；

　　W_s——设置消能部件的结构在预期位移下的总应变能。

$$W_c = \sum A_j \tag{5-2}$$

式中 A_j——第 j 个消能器的恢复力滞回环在相对水平位移 Δu_j 时的面积。

消能器的有效刚度可取消能器的恢复力滞回环在相对水平位移 Δu_j 时的割线刚度。

（7）消能部件附加给结构的有效阻尼比超过 20% 时，宜按 20% 计算。

（8）对非线性时程分析法，宜采用消能部件的恢复力模型计算；对静力非线性分析法，消能器附加给结构的有效阻尼比和有效刚度，可采用第 6 条的方法确定。

3. 消能器试验方法

（1）消能器应由往复静力加载确定设计容许位移、极限位移和恢复力模型参数。位移相关型消能器与斜撑、墙体或梁等支承构件组成消能部件时，该部件的恢复力模型参数宜符合下列要求：

$$\Delta_{upy} / \Delta_{usy} \leqslant 2/3 \tag{5-3}$$

$$(K_P / K_S)(\Delta_{upy} / \Delta_{usy}) \geqslant 0.8 \tag{5-4}$$

式中 K_P——消能部件在水平方向的初始刚度；

　　Δ_{upy}——消能部件的屈服位移；

　　K_S——设置消能部件的结构楼层侧向刚度；

　　Δ_{usy}——设置消能部件的结构层间屈服位移。

（2）在最大应允许位移幅值下，按应允许的往复周期循环 20 圈后，消能器的主要性能衰减量不应超过 10% 且不应有明显的低周疲劳现象。

4. 消能部件常用形式

消能器通过支撑与结构相连，图 5-16 为几种常用的连接方法。

5.2.6 施工技术要求

1. 消能器购买和质量保证

消能器生产厂应具有完整的质量体系、广泛的工程应用经验、严格的生产工作程序，保证产品达到设计要求。

产品应有完善的售后服务计划。公司定期进行巡检，发现问题及时解决。

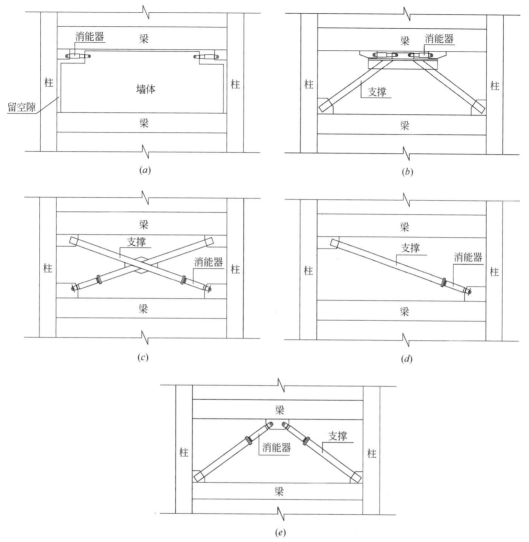

图 5-16 消能器与支撑的几种连接方式

(a) 消能器通过墙与结构水平连接；(b) 消能器通过支撑与结构水平连接；
(c) 消能器安装在交叉支撑中；(d) 消能器安装在单向支撑中（防屈曲支撑通常采用这种方式）；
(e) 消能器安装在"人"字形支撑中

产品使用年限 30 年。

消能器到现场后，在甲方和监理的监督下，抽取数量＝每种类型数×2‰，送检测单位检测，检测合格后再进行安装施工。

2. 消能减震施工流程

消能部件的安装方法分为平行安装法和后安装法两大类。平行安装法是按一般施工顺序，与主体结构同步进行安装施工；后安装法是在主体结构施工时先安装消能部件的支座（或连接件），待主体结构完成后，再进行消能部件的安装。对于新建建筑工程，两种方法均可采用，但一般都采用后者。对于消能减震加固工程一般采用后安装法，且消能部件的支座（连接件）也是后安装上去的。

消能减震加固工程的施工，就是在加固建筑上安装消能器，这些消能器都需要通过支撑与建筑物连接。因此，消能减震加固施工要解决的主要问题就是将有阻尼器的支撑与建筑物牢固地连接。虽然阻尼器是各种各样的，但其施工方法却大同小异。

在施工前要根据现场实际情况，确定支撑是采取现场制作还是工厂预制，施工管理人员在制作前先熟悉图纸各种节点构造要求，并对施工操作人员进行技术交底，明确每道工序操作顺序及工作要求；准备好所有要求用到的施工设备，在指定的位置就位，便于施工。

加固工艺流程：按图标记消能器安装部位—→拆除结构面装饰层及抹灰层、检查结构状况—→加固部位按图放线—→钻锚栓孔—→锚栓锚固施工、报验—→加固钢板按实际尺寸下料、打磨—→安装焊接—→封缝胶封缝、埋灌浆嘴—→消能器节点板下料、与加固板焊接—→钢支撑下料、安装、临时固定—→消能器安装—→检查安装精度、达设计要求—→焊接固定—→加固钢板压力注结构胶—→检查验收—→防锈、防火处理—→验收。

3. 消能支撑验收

按国家相关验收标准要求，验收按以下方法进行：

（1）支撑钢结构部分按钢结构验收标准进行。

（2）粘钢锚筋施工按钢筋混凝土结构加固规程进行。

（3）消能器质量和安装：消能器质量要求产品提供的技术参数全部达到设计要求；消能器安装精度按设计要求验收。

5.2.7 相关标准

《建筑抗震设计规范》GB 50011—2001

5.2.8 技术经济分析

采用消能减震对结构进行加固的费用为 $80\sim150$ 元/m^2。消能器的费用根据吨位的不同费用在 $6000\sim12000$ 元/个。

第6章 震后建筑垃圾综合利用技术

四川汶川特大地震给当地造成了极为严重的生命和财产损失，震区大部分建筑遭到破坏，部分地区被夷为平地，灾害产生的建筑废弃物数量巨大，灾后重建是当前面临的一项紧迫而又艰巨的任务。借鉴发达国家灾后重建的经验，用合理的方法指导灾后建筑垃圾再利用具有重要意义。

6.1 发达国家和地区灾后建筑垃圾利用

6.1.1 美国灾后建筑垃圾利用

1989年10月17日，美国旧金山发生6.9级大地震；1994年1月17日，美国洛杉矶发生7.0级大地震。这两次地震灾后，美国政府十分重视灾后废弃物的资源化，制定了再生利用计划，使60%的废建筑、瓦砾等灾后废弃物得到了资源化利用。美国将建筑废弃物分级利用：一是低级利用，废弃物现场分拣后，做一般性回填利用等，占建筑垃圾循环利用量的50%左右；二是中级利用，将废弃物用作建筑物或道路的基础材料，或经处理厂加工，再制成各种建筑用骨料、砖瓦等，约占建筑垃圾循环利用量的40%；三是高级利用，将建筑垃圾还原成水泥、沥青、"资源保护层"示范工程等再利用方式。2006年，美国建筑废弃物循环利用率已达70%以上。

6.1.2 日本灾后建筑垃圾利用

1995年1月17日，日本阪神—淡路发生了7.2级大地震，震区大部分房屋倒塌，其中兵库县是受害最严重的省份之一。在震后重建过程中，兵库县政府将可持续发展、建设循环型社会作为重要内容，促进废弃物的循环利用。兵库县制定了震灾废弃物妥善处理与资源化计划，将"减量化、再使用、资源化"的循环经济理念，体现在灾后大量废弃物紧急处理、建筑物大规模解体和恢复、基础设施全面重建、产业创造性复兴的全过程。日本灾后近2000万t地震废弃物得到有效利用，其中瓦砾等不易回收的废弃物资源化率达到51%。对于没有足够空间处理建筑垃圾的城市，采取区域资源共享的方式，将建筑垃圾运至有足够设备和处理能力的临近城市。具体措施如下：

1. 收集运输

由于道路塌陷的修复与路面垃圾的清理，建筑垃圾运输耗费了大量的时间、精力和财力。神户的建筑垃圾半个月后才运至大阪垃圾填埋场填埋；日本3·11地震后的几年内仍有大量建筑垃圾未被处理。此外，灾区政府在源头收集时尽量将有机垃圾和有害物质分离出来，以免污染环境。

2. 处理处置

灾区的建筑垃圾主要采取填埋的处理方式，每天约有 5000 辆运输车进入填埋场倾倒垃圾。由于管理不当，垃圾胡乱堆放，占用了较多库容。后来，为了延长填埋场使用年限，政府采取粉碎减容后填埋的处理方法；针对木材等垃圾，采取了焚烧的处理方案。

此外，由于日本缺乏天然资源，许多建筑垃圾进行了资源化利用，既降低了运输费用，又可以节约时间和人力。比如，有将近 328 万 t 的混凝土压碎后作为海坡新生地的填料，或运送至大阪的最终处置中心，用于陆地开垦工程。1995 年 2 月，神户修订了新的建设方案，允许 660 万 m³ 的建筑垃圾用于围海造田。

6.1.3　台湾地区灾后建筑垃圾利用

1999 年 9 月 21 日，台湾发生的"9·21"地震是台湾目前遭受的破坏力最强的地震。地震产生的建筑垃圾约 1800 万 t，台湾地区环保署通过协调，布置了 106 处临时堆场来存放这些建筑垃圾。该地区地震建筑垃圾处理的主要特点如下：

（1）清理现场时建筑垃圾大多未进行分类收集，造成了后来资源化回收的困难。

（2）不少建筑垃圾被利用回填低洼地或谷地，避免了洪水侵袭或日后发生积水。

（3）建筑垃圾堆填满后大部分就地封场修复，一部分实施搬迁，小部分进行资源化处理，资源化再利用的建筑垃圾占总量的 8%～13%。

6.2　震后建筑垃圾综合利用原则

地震灾害后形成的建筑垃圾，其利用技术与常规建筑垃圾利用技术基本相同，只是在一些利用原则方面有其特殊性。

（1）震后建筑垃圾资源化利用应做到工艺简单、生产快捷、易于推广、成熟实用、因地制宜、就地利用、经济合理、性能可靠。并应根据灾区建筑垃圾的基本材性、价值特征、可利用的种类和数量，合理确定建筑垃圾再生利用技术和途径。

（2）为保证短时间内消纳大量建筑垃圾，灾区建筑垃圾利用应优先考虑就近回填利用以及简单、实用的再生利用方式。

（3）建筑垃圾资源化处理设施宜附设于建筑垃圾填埋场或建筑垃圾暂存堆场；如确需单独选址建设资源化处理设施，应尽可能靠近建筑垃圾填埋场。且建筑垃圾再生产品或再生材料的生产场地及其布局应与地震灾区重建规划相协调，尽量减小运输距离，就近利用。

（4）对有保护价值的古建筑和传统民居坍塌后形成的建筑垃圾，应征求文物管理等相关部门的意见之后再行选择资源化利用方式。

（5）对含有或疑有生物性污染物和传染性污染源、有毒有害危险化学品场所的建筑垃圾，应征求环保、卫生等相关部门的意见后再行利用。

（6）对震后建筑垃圾，应实行建筑垃圾来源综合调配，资源化利用技术及信息共享，以最大限度地提高建筑垃圾利用效率。

（7）应率先在公共建筑中推广使用建筑垃圾再生材料或再生建筑产品。

6.3 震后建筑垃圾资源化利用技术

建筑垃圾资源化处理方式可分为三类：一是"低级利用"，如回填利用、分选直接回收等；二是"中级利用"，如生产再生骨料、再生砌块、再生沥青等，三是"高级利用"，如生产再生水泥等。为保证短时间内消纳大量建筑垃圾，灾后建筑垃圾资源化利用以低级和中级利用为主。

对于废钢材、废钢筋及其他废金属材料及构件，如果性能等技术条件尚可以满足工程直接应用要求，则可以直接回用；对于不能直接回用的废钢材、废钢筋及其他废金属材料，可采用回炉加工，此类技术较为成熟，本手册中不介绍此类技术。

6.3.1 震后建筑垃圾资源化低级利用技术

1. 经分选后直接回用

建筑垃圾经分拣或分选后，未明显破坏的木材、砖瓦、钢筋等，经清理及由相关机构检测判定后，可直接回用于农房建设及搭建临时过渡安置房或简易房等。

2. 回填利用

经处理后的渣土、碎石、砖块等建筑垃圾可用于场地平整、道路路基、洼地填充等回填利用方式。用于场地平整、道路路基的建筑垃圾应根据使用要求破碎后回填利用，用于洼地填充的建筑垃圾可不经破碎直接回填利用。

建筑垃圾回填点多为低洼地，容易积存雨水、杂物，回填之前应做适当的清理。清理的主要目的在于清除有机物质及有毒害性的物质，避免简单堆填后垃圾内部发生化学反应，生成气体或者其他有害物质，造成安全隐患，也不利于回填点土地日后再利用。对于面积、深度较大，且边坡陡峭的回填洼地，应根据现场情况，考虑边坡加固，防止塌方。建筑垃圾陆运到达回填点，卸料于回填洼地边缘，以推土机摊铺，适当碾压。如果回填点为平地或者洼地边坡足够稳定，亦可直接将垃圾卸至回填位置，再行摊铺、碾压。回填至预订量以后，应以砂土覆盖，在灾后重建阶段，根据规划对场地进行开发利用。回填作业流程详见图6-1。

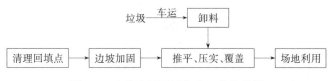

图 6-1　建筑垃圾回填作业工艺流程图

6.3.2 震后建筑垃圾资源化中级利用技术

1. 废弃混凝土利用技术

利用废弃混凝土可生产再生粗细骨料，主要可用于配制混凝土或砂浆，也可用来生产再生建筑砌块、再生砖等。

此处的废弃混凝土包括废弃建筑混凝土、废弃道路混凝土。

（1）再生骨料生产主要工艺

废弃混凝土块进料→筛除渣土→破碎→分选筛分→2～3次破碎→多层筛分→形成分级骨料（例如0～5mm、5～16mm、5～20mm、5～25mm、5～31.5mm）。

（2）再生粗细骨料技术标准

再生骨料可以参考《普通混凝土用砂、石质量及检验方法标准》JGJ 52—2006）进行质量评定，配制的再生混凝土应满足《混凝土强度检验评定标准》GB/T 50107—2010、《混凝土质量控制标准》GB 50164—2011、《预拌混凝土》GB/T 14902—2012、《混凝土结构工程施工质量验收规范》GB 50204—2015等相关标准要求。

（3）再生粗细骨料适用范围

再生粗细骨料可用于配制C30及以下强度等级的现浇混凝土及预制混凝土制品，再生细骨料可用于配制建筑砂浆。再生骨料也可用来生产再生建筑砌块、再生砖等。

（4）再生骨料生产所需主要设备

进料斗、强制式振筛机、颚式破碎机、反击式破碎机、立式冲击式破碎机、多层振动筛、磁性分选机、胶带运输机、铲车等；亦可参考现行人工砂石生产线所用设备选择。

（5）技术经济分析

目前国内天然砂石骨料原料价格为10～15元/t，而建筑垃圾原料不应收费，按国外和国内部分地区规定还应交给处理企业一定费用，而且根据财政部和国家税务局的文件，可以享受税收优惠政策，故再生混凝土骨料加工费可与天然骨料持平或略低。再生骨料如图6-2所示。

2. 废砖瓦利用技术

不能直接回用的废砖瓦经过破碎等工艺处理后，可以用于生产再生砌块、再生砖等制品，强度等级可达到MU7.5～MU15（见图6-3～图6-7）。

（1）主要生产工艺

1）废砖瓦再生骨料：废砖瓦进料→筛除渣土→破碎→筛分→二次破碎→双层筛分→合格骨料；

2）制砖（砌块）：原材料进料→混合搅拌→压制成型→自然养护→成品。

（2）技术标准

图6-2 再生骨料

再生砖产品应符合《非烧结垃圾尾矿砖》JC/T 422—2007、《混凝土普通砖和装饰砖》NY/T 671—2003等的技术要求；再生砌块应符合《普通混凝土小型砌块》GB/T 8239—2014、《轻集料混凝土小型空心砌块》GB/T 15229—2011等标准的要求。

（3）适用范围

再生砖、再生砌块可用于低层建筑的承重墙及建设工程的非承重结构，再生古建砖适用于仿古建筑的修建。

（4）主要设备

1）废砖瓦再生骨料生产：进料斗、喂料机、颚式破碎机、反击式破碎机、振动筛、胶带运输机（一般为 4 台）、铲车等；亦可参考现行人工砂石生产线所用设备选择。

2）制砖（以生产能力 3000 万块/年为例）：原料罐 3 个、计量搅拌设备 1 套、液压振动制砖成型设备 1 台、托板若干、叉车等；亦可参考现行水泥机制砖生产线所用设备选择。

再生砌块生产设备类似于此。

（5）技术经济分析

目前，烧结黏土砖市场售价平均约为 0.25 元/块，再生砖生产成本约为 0.15 元/块，根据地区不同，每块再生砖利润在 0.05～0.1 元/块；以年产 1 亿块砖计算，年利润在 500 万～1000 万元之间。同时，1 亿块再生砖可消纳建筑垃圾 37 万 t（以碎砖瓦占 60%计），减少垃圾堆放占地 74 亩（1 亩＝666.7m²，以堆高 5m 测算）；节省标准煤 3.9 万 t；减少大量的二氧化碳及二氧化硫气体排放。

烧结古建砖目前市场价格在 2～4 元/块之间，而再生古建砖的成本仅为 0.8 元/块，有较大的利润空间。

（6）再生砖（砌块）的特性

以北京某企业生产的再生砖及再生古建砖质量检测结果为例，再生砖技术性能可达到表 6-1 的水平。

再生砖及再生古建砖质量检测结果　　　　　　　　表 6-1

序号	检验项目		标准要求		检验结果	本项结论
			一等品	合格品		
1	尺寸偏差(mm)	长度	±2	±3	±1	一等品
		宽度	±2	±3	+2	
		厚度	±2	±3	−1	
2	抗折强度(MPa)≥	平均值	2.5		3.0	MU15 级
		单块最小值	1.5		2.3	
3	抗压强度(MPa)≥	平均值	15.0		19.3	MU15 级
		单块最小值	10.0		14.8	
4	吸水率(%)≤		20		12	合格
5	耐水性(MPa)≥		10.0		11.4	MU15 级
6	抗冻性	外观质量	合格		合格	合格
		强度损失(%)≤	25		20	合格
7	放射性	内照射指数	1.0		0.199	合格
		外照射指数	1.0		0.422	合格

以邯郸市某建材有限公司生产的再生砌块质量检测结果为例，再生砌块技术性能可达

到表 6-2 的水平。

再生砌块质量检测结果

表 6-2

生产厂家	邯郸某建材有限公司		规格型号	390mm×190mm×190mm
序号	检验项目	技术要求	检测结果	单项结论
1	孔洞率(%)	—	40	—
2	抗压强度(MPa)	平均值,≥10.0	12.1	合格
		单块最小值,≥8.0	8.9	合格
3	密度(kg/m³)	≤1400	1130	合格
4	尺寸偏差	符合标准	符合标准	合格
5	外观质量	符合标准	符合标准	合格
6	放射性	内照射指数≤1.0	0.32	合格
		外照射指数≤1.0	0.61	合格
7	最小外壁厚(mm)	≥20	22	合格
8	最小肋厚(mm)	≥20	20	合格
9	200mm 厚砌体传热系数 [W/(m²·K)]	—	1.76	

图 6-3　再生砖及再生古建砖生产　　　图 6-4　再生砌块生产线示例

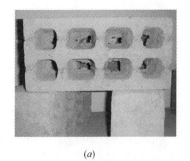

(a)　　　　　　　　　　　(b)　　　　　　　　　　　(c)

图 6-5　利用建筑垃圾生产的再生砖、再生砌块等建筑制品(一)
(a) kp1 型多孔砖；(b) 地砖；(c) 芬兰人行步道砖；

(d)

(e)

(f)

图 6-5 利用建筑垃圾生产的再生砖、再生砌块等建筑制品（二）

（d）荷兰地砖；（e）屋面隔热空心板；（f）建筑垃圾再生制品

图 6-6 再生多孔砖

图 6-7 再生多孔砖生产线示例

3. 渣土用作建筑桩基填料技术

近年来，以北京某岩土工程公司为代表的企业，利用回收的废弃混凝土等建筑垃圾，不进行加工改造，直接作为一种建筑材料，通过一定的机械运作，打入地下数米的范围内，成为一种人工处理后的复合载体。

载体桩技术采用柱锤夯击、反压护筒成孔或沉管设备成孔，达到设计标高后，分批向孔内填入碎砖及废弃混凝土等建筑垃圾填充料，经反复夯实、挤密，使桩端下一定深度和范围的土体得到充分加固挤密，显著地改善了原状土层的物理力学性质，呈层状分布的、由不同材料组成的"复合载体"连同其周围被挤密的土体，形成了深层复合地基。当满足三击贯入度要求后，再填入干硬性混凝土或低流态混凝土夯实，在桩端形成复合载体，最后放置钢筋笼、灌注混凝土形成载体桩（见图 6-8）。

载体桩由载体和混凝土桩身构成，而载体包括三部分：混凝土、填充料和挤密土体（见图 6-9），从混凝土、填充料到挤密土体，材料强度逐渐降低、压缩模量也逐渐降低，应力也逐渐扩散，上部荷载通过混凝土桩身、载体的混凝土、填充料和挤密土体，压力逐渐降低，当传递到持力土层时，小于地基土的承载力，因此载体桩的受力类似于扩展基础，载体桩的受力原理即为扩展基础的受力。

（1）工艺流程

1）桩位确定，移机就位；

2）通过重锤夯击成孔，反压护筒使护筒下沉到设计标高；

3）提锤填料，对桩端土体进行夯击挤密；

4）测量三击贯入度，若大于设计要求三击贯入度，重复工序 3），直到满足设计要求；

5）填入干硬性混凝土，夯击密实；

6）放入钢筋笼；

7）灌注桩身混凝土。

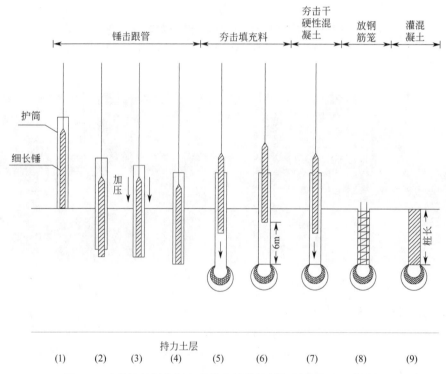

图 6-8　建筑垃圾用作复合载体夯扩桩填料加固软土地基流程图

（2）技术标准

《载体桩设计规程》JGJ 135—2007。

（3）适用范围

该技术适用于多层、高层建筑，市政桥梁工程、铁路、化工等的基础工程和地基处理。

应用技术条件：在地面下一定深度有持力层，除沿海软土较深的地区外，其他地区的土层比较适合，包括西北、东北、西南的部分软土地区。

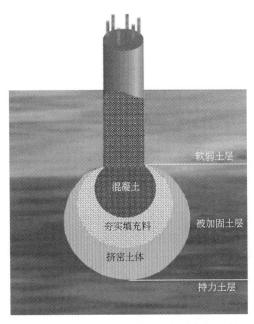

软弱土层

混凝土

被加固土层

夯实填充料

挤密土体

持力土层

图 6-9　建筑垃圾用作复合载体夯扩桩填料加固软土地基

（4）技术经济分析

载体桩单桩承载力为 300～4000kN，是普通混凝土桩承载力的 3～5 倍，节约造价约 20%～30%。以北京万科紫台会所为例，采用桩径 400mm 或 600mm 的载体桩，桩长 7.0m，承载力为 1000kN 和 2000kN，由于上部为杂填土，若采用相同桩长的普通混凝土桩，承载力只有 400kN，故必须加大桩长和桩径，桩长 9.0m，桩径为 1000mm，人工挖孔扩大桩底，单桩承载力为 3000kN。经核算，采用载体桩造价为 11.3 万元，采用人工挖孔桩造价为 20.2 万元，载体桩与普通桩基础相比节约造价 78%。

平均每根桩消纳建筑垃圾 $0.3m^3$。

4. 废弃木材制再生板材技术

（1）工艺过程

再生墙体板原材料构成：氧化镁、氯化镁、玻璃丝网格布、聚苯板、改性剂、防水剂、防护剂等原材料占 50%，建筑垃圾占 50%；每平方米再生墙体板质量 60kg。

再生墙体板工艺流程：破碎，搅拌完成；浇注、滚压，模具成型。

废旧木材复合墙体板原料构成：氧化镁、氯化镁、玻璃丝网格布、改性剂、防水剂、防护剂等原材料占 50%；废弃木材占 50%；每立方米废旧木材复合墙体板质量 1.6t。

废旧木材复合墙体板工艺流程：破碎，搅拌完成；浇注、滚压，模具成型。

（2）技术标准

《建筑隔墙用轻质条板》JG/T 169—2005 等建筑板材标准。

（3）适用范围及应用条件

再生板材适用于工业与民用中低层建筑、日光温室、大棚构造。

（4）主要设备

生产车间占地 $4500m^2$。

主要设备包括粉碎机、破碎机、球磨机、搅拌机、板材自动化流水线（每台班生产1000m²）。

（5）技术经济分析

再生墙板销售价格约 100 元/m²。使用强化轻体复合再生板建造厂房、楼房及民用设施，可比黏土砖建筑节省工程造价 50%，缩短工期 50%，节省钢材 50%，节省砌筑砂浆 50%，节省抹面砂浆 40%，节省人工 40%，节省木材 50%，减轻建筑物自重 8 倍，有效增加建筑物实用面积近 20%。产品原料及辅助材料可消纳利用建筑物垃圾总量达到 50%以上，废旧木材利用率达 100%，可替代页岩砖、陶粒砖、加气砌块，部分替代木材等，具有资源综合利用价值。

5. 废弃路面沥青再生利用技术

所谓废弃路面沥青再生利用技术，就是将废弃的旧沥青路面经过翻挖回收、破碎筛分处理，可掺入再生剂，并与骨料、新沥青材料等按比例重新配制形成具有一定路用性能的再生沥青混凝土，用于铺筑路面面层或基层的整套工艺技术。

废弃路面沥青再生利用技术一般包括热再生和冷再生两种，由于现场再生工艺难度较大，所以目前我国沥青再生处理一般采用工厂再生。

（1）热再生生产工艺

1）清除旧沥青料黏附的泥土、石粉和杂质，收集贮存于拌合场，堆置高度小于 1.5m；

2）破碎筛分，采用破碎机械将沥青废料破碎（应在较低温度下进行），并用筛分机把超规格的粒料筛除，把质量较好的一定规格的旧料分别堆存备用；

3）掺入再生剂，可就地取材选用废机油；

4）旧沥青采用集中厂拌再生工艺，新料预热温度在 140～160℃，旧料在 130～180℃加热熔化后掺入到新料中，拌合均匀后运输到工地进行摊铺、碾压成型。

（2）技术标准

《公路沥青路面再生技术规范》JTG F41—2008。

（3）适用范围

适用于废旧沥青混凝土路面的沥青混合料再生利用。

（4）主要设备

翻挖设备、破碎设备、加热设备、搅拌设备、摊铺设备、碾压设备。

（5）技术经济分析

与普通沥青混合料生产相比，采用再生沥青混合料可节约成本 50%左右。

6.4 建筑垃圾利用工程实例

6.4.1 建筑垃圾再生砌块利用工程实例

"邯郸市金世纪国际商务中心"地处邯郸行政、经济、商业、文化、娱乐中心区的核心地段——人民路中心。该项目是一座集酒店、办公、休闲、购物、餐饮为一体的多功能大厦（见图 6-10），被列为邯郸市重点工程，2006 年底已竣工交付使用。"国际商务中心"工程单体建筑面积 98399m²，高度 138m，共计 36 层，地下 2 层，负一层及地上 1～6 层为商场，7～9 层为宾馆，10～26 层为商务区，27～33 层为酒店，其中 33 层为邯郸市首个旋转餐厅。该楼设计新颖、理念超前、设备先进、智能化高，外墙设计在邯郸首个采用通透性一流的玻璃幕墙结构。该项目的建成已成为邯郸标志性建筑，也是邯郸最高、群楼之首。项目总投资 3.75 亿元，现已竣工交付使用。该高层建筑围护结构采用了由邯郸某建材有限公司利用建筑垃圾制成的 390mm×190mm×190mm 的再生砌块约 130 万块，消纳建筑垃圾约 8000t。邯郸市建筑科学研究所对墙体进行质量跟踪，到目前为止，未发现墙体裂纹和其他质量问题，应用效果良好。

图 6-10 采用建筑垃圾再生砖的高层建筑——邯郸市金世纪国际商务中心

6.4.2 废弃混凝土再生全级配骨料混凝土试验建筑

北京建筑工程学院（现更名为"北京建筑大学"）于 2008 年 1 月在其院内建成了全国第一座再生全级配骨料混凝土试验建筑。该试验建筑的建筑面积 1256m²，为框架—剪力墙现浇混凝土结构，共三层，混凝土设计等级均为 C30。该楼的垫层，独立柱基础，地下、一、二层柱、梁、剪力墙、底板均采用再生混凝土，再生混凝土方量为 295m³。再生混凝土用骨料为废弃混凝土再生全级配骨料，即废混凝土经除土与 2 次破碎后不经筛分，所得到的全部成分都用于新混凝土的配制。实践证明，再生混凝土在施工过程中表现出良好的施工性能，无离析和泌水，流动性接近自流平混凝土，成型后外观质量良好，未见明显裂缝等，现场所留 17 组混凝土试块经检测 28d 强度均大于设计强度等级要求，最小值

215

33.0MPa，最大值44.7MPa，平均抗压强度为38.5MPa，标准差3.3MPa，达到混凝土质量控制优级水平。现场留样的耐久性试验，慢速冻融100次循环和抗氯离子渗透试验均达到相关标准要求。直接综合经济成本与普通混凝土持平。

6.4.3 废弃混凝土筑路工程实例

2003年7月，同济大学利用废弃混凝土在其校园内铺筑了一条"再生路"，见图6-11。几年来，"再生路"每天都要经受数百次大小车辆的碾压，路面却依然平整如初。

2007年，上海宝山区蕰川路上一段500m的道路试验摊铺再生混凝土，将原先废弃的道路混凝土经过破碎、清洗、分级等技术处理后形成再生骨料，再按3：7的比例和普通道路混凝土相混合配制成一种新的道路混凝土。经测试，它的密实度、强度等各项指标都不低于普通混凝土。以往摊铺道路的混凝土原料主要采用天然石子，不仅成本高，遇到道路改造，还要把原先路面的旧水泥混凝土板块敲掉，然后找地方堆放，这样又造成了环境污染。使用再生混凝土既可节约天然资源，又有利于环境保护。之后进行的沪太路拓宽工程，也使用再生混凝土，初步估计将可以节约14万t的天然石子，折合节约成本700万元。

6.4.4 建筑垃圾载体桩应用实例

北京市六环路是一条连接北京市郊区卫星城镇和疏导市际过境交通的高速公路（见图6-12），其中西沙屯—温泉段位于昌平区和海淀区，由于该段黏土含水量大、压缩模量小、承载力低，无法作为桥头路面地基，故采用北京某公司的扩顶建筑垃圾载体桩复合地基技术进行处理，为国家节省投资25%，其技术经济对比见表6-3。载体桩以第三层粉质黏土作为桩端持力层，桩长为6.0m，桩径为400mm，桩顶扩径为600mm，桩间距为1.8m×1.8m，三击贯入度不大于25cm，设计单桩承载力特征值为400kN，处理后的复合地基承载力特征值为233kPa。

图6-11 同济大学校园内的"再生路"　　　　图6-12 北京市六环路某标段高架桥

载体桩复合地基与其他桩基础的技术经济对比　　　　表6-3

方案	桩径(mm)	桩长(m)	桩间距(m)	总桩数(根)	造价(万元)
水泥土搅拌桩	500	13.0	1.6	643	44.6
CFG桩复合地基	400	10.0	1.7	574	41.7
载体桩复合地基	400	6.0	1.8	507	31.5

第7章 滑坡崩塌地质灾害易发区城镇工程建设安全管理

7.1 概论

　　滑坡、崩塌地质灾害常给山区的城镇、交通、水利水电、能源、工矿等基本建设造成极大的危害，给国家和人民的生命财产造成巨大的损失。我国滑坡、崩塌遍布在约占国土面积 2/3 的山区，是世界上少数几个滑坡、崩塌地质灾害极为严重的国家之一。随着地区城市化的发展与兴起，很多地方在滑坡、崩塌地质灾害易发区进行了大量的工程建设，人类对环境的干预和破坏不断加剧，各种潜在的地质灾害不仅应运而生，而且会在相当长的一段时间内维持增加的趋势。量大面广的滑坡、崩塌地质灾害若不加防范，一旦在人口密集的城镇地区发生，很易引起强烈的社会影响与震荡。因此，在及早制定和不断完善城镇规划的同时，制定城镇防灾规划，是实施城镇可持续发展中一项不应忽视的城镇建设基础工作。

7.1.1 斜坡安全管理的对象

　　斜坡是山地坡状倾斜地形的总称，位置介于山顶与山麓之间。斜坡的形态多样，形成原因各有不同，通常表现出受岩性、构造活动及外动力地质作用的控制，也反映整个山地的演化历史和新构造活动的性质。在工程活动中，人为开挖或填筑形成的边坡、高切坡也是斜坡的一种类型，都将其归属在斜坡之中。因此，在斜坡上所进行的工程活动，以及可能受斜坡上所发生的崩塌、滑坡地质灾害威胁的地区都是斜坡安全管理的对象。

7.1.2 斜坡安全管理系统的组成

　　斜坡安全管理包括技术措施和管理措施。技术措施主要通过区域性的研究，明确滑坡、崩塌产生的机理及必要条件，有针对性地提出防治规划措施，制定相关技术标准，建立滑坡、崩塌地质灾害的评估系统等。管理措施主要由主管部门制定滑坡、崩塌地质灾害防治的管理制度，如土地利用的规划审批、岩土工程勘察设计审查、施工监督、质量验收、安全维护、应急抢险等相关规定，建立预报预警系统，制定减灾防灾预案，提供紧急服务，以及根据滑坡、崩塌地质灾害的评估结果制定滑坡、崩塌地质灾害治理计划并组织和监督实施等。

　　斜坡安全管理系统将技术措施和管理措施有机地结合起来，通过斜坡安全管理机构，依据滑坡、崩塌地质灾害防治的管理制度，利用成熟的技术手段，在城市土地规划阶段就开始对滑坡、崩塌地质灾害进行管理与控制，并对其后的勘察、设计、施工、验收及运行等每一步进行必要的监督和管理。同时与气象、新闻媒体、公安、急救、交通、国土资源等相关部门密切合作，建立滑坡、崩塌地质灾害预报预警系统，提供灾害紧急救助服务，普及滑坡、崩塌地质灾害防治知识等。因此斜坡安全管理系统应包括斜坡安全管理机构、斜坡安全评估系统、斜坡安全监管系统、滑坡及崩塌地质灾害预警系统、公众教育系统和斜坡管理信息系统等。

7.1.3 斜坡安全管理机构及职能

1. 斜坡安全管理机构的设置

加强滑坡、崩塌地质灾害防治是城镇防灾的重要内容，是一项政府行为，必须受到政府主管部门的高度重视。受现有管理体系制约，目前我国的斜坡管理分属在各有关行业主管行政部门，无统筹管理的机构，造成各地普遍存在重救灾、轻预防，防灾工作被动滞后的现象，灾害年年救，灾害年年有，长期以来一直得不到有效控制。

搞好滑坡、崩塌地质灾害防治工作涉及城市规划、国土资源及城市建设管理等主管部门的密切协调与合作，同时还须有大量岩土工程技术与科学管理的支持，是一项复杂的系统工程。在滑坡、崩塌地质灾害易发区，应成立由当地政府直接管辖的专门的斜坡安全管理机构，对斜坡安全进行严格的控制与监管。各地应结合当地的实际情况，研究决定斜坡安全管理的具体程序和运作模式。

2. 斜坡安全管理机构的职能

斜坡安全管理机构的主要职能应包括：

（1）制定细致、可行的斜坡安全管理工作程序；

（2）对本地区各类斜坡进行登录造册，组织专业单位或专家对本地区斜坡进行综合评估；设定"岩土工程控制区（地段）"范围；制定本地区滑坡、崩塌地质灾害防治规划；

（3）协同有关部门确定负责在斜坡交付使用后进行斜坡安全维护的责任人，即斜坡责任人；

（4）参与本地区各类工程建设的城市用地规划、选址及生态建设区划，为斜坡地区工程建设提供岩土工程建议与基础性资料；

（5）负责组织审查核定"岩土工程控制区（地段）"所有斜坡工程的岩土工程勘察、岩土工程设计（如开挖或筑填工程、支护工程、场地平整工程、排水工程等）、岩土工程施工技术方案及质量安全技术措施；

（6）制定和推行斜坡安全、斜坡维护的有关法规和技术标准，提高斜坡地区工程建设的安全与质量水平；

（7）发布已滑动和危险性斜坡名录，制定需要治理斜坡的（年度）序次计划，检查、督促斜坡的安全维护、治理工作；

（8）负责组织和建立滑坡、崩塌地质灾害防治的公众教育系统与活动；

（9）为政府部门提供滑坡、崩塌地质灾害的咨询与紧急服务，会同气象、国土资源及建设主管部门协商发布滑坡、崩塌地质灾害的预警警报；负责组织对危险斜坡的紧急维修工程；

（10）逐步建立并管理本地区斜坡管理信息系统；

（11）组织有关斜坡安全新理论及新技术的研究与推广。

7.1.4 斜坡安全管理目标

通过斜坡安全管理系统的建立和有效运行，利用科学的评估分析方法以及管理信息系统，制定切合实际的管理制度及预警机制，最大限度地降低滑坡、崩塌地质灾害风险，缓解滑坡、崩塌地质灾害对城镇和人类生命财产的威胁与损失，从根本上达到防灾减灾的目的。

7.2 城镇规划与土地利用的岩土工程控制

7.2.1 岩土工程控制区（地段）的划分

土地是各种建设工程的载体，从工程利用与开发的角度而言，土地既是资源，又可能是制约。滑坡、崩塌地质灾害易发的斜坡地区就属于环境质量差和环境敏感易损有制约影响的地区，当土地利用超过其自身能承受的强度时，就必然会导致环境能力与土地利用失衡而诱发滑坡、崩塌地质灾害。因此，通过城镇土地利用规划，以及严格的岩土工程控制，科学地控制和合理利用土地资源，是保障斜坡地区建设工程安全的根本措施。

所谓岩土工程控制区（地段）就是存在滑坡、崩塌地质灾害风险较高的区域或地段，在此区域或地段内进行工程建设时，必须采取必要的岩土工程措施，以消除或减轻滑坡、崩塌地质灾害风险。斜坡安全管理机构对在此区域或地段内进行的工程建设进行规划管理。

1. 岩土工程控制区（地段）划分的目的和必要性

控制新发展区的滑坡、崩塌地质灾害风险，最有效的方法是实行规划控制，避免在高危险地区进行建设。即使在无法避免的情况下也可以通过规划方案的调整，使重要建筑物避开高危险区。在规划阶段就要充分考虑滑坡、崩塌地质灾害的风险，包括天然斜坡的风险和因建设增加的风险，制定相应的措施来降低或消除滑坡、崩塌地质灾害的风险。实践证明如在建设后再考虑滑坡、崩塌地质灾害的风险，其治理费用将更大，且效果不显著。因此斜坡安全管理机构一项重要职责是向土地规划部门提供资料和意见，使规划部门在土地规划阶段，就对规划发展用地进行筛选和控制，从根本上达到防灾减灾的目的。

为了更有效地管理和控制滑坡、崩塌地质灾害易发区的土地规划与利用，提高斜坡地区的建设安全，斜坡安全管理机构应根据当地的具体情况划定岩土工程控制区（地段），一方面对土地的规划利用提供宏观指导，一方面有针对性地对工程建设进行减灾防灾控制，真正做到预防为主，降低风险，减少工程建设费用。

2. 岩土工程控制区（地段）划分的原则

岩土工程控制区（地段）划分，应在对斜坡危险程度评估和危险性分区的基础上进行，并根据当地经济条件综合确定。对于滑坡、崩塌地质灾害发生频繁、规模较大、治理难度很大、治理费用很高的危险斜坡地区，原则上应划为建设用地禁止区；灾害规模不大、治理较易的地区应划为建设用地限制区；无滑坡、崩塌地质灾害的地区及稳定斜坡地区原则上应划为建设用地非限制区。建设用地禁止区与建设用地限制区统称为岩土工程控制区（地段）。在建设用地非限制区内进行工程建设，应遵循现有的工程建设审批程序和管理规定，无需进行岩土工程控制。

7.2.2　岩土工程控制区（地段）的限制规定

在建设用地限制区内进行工程建设，应在可行性研究阶段进行可行性研究勘察，按照现行的《岩土工程勘察规范》GB 50021—2001（2009 年版）、《建筑边坡工程技术规范》GB 50330—2013 等国家、行业及地方规范的有关要求，进行不良地质作用与地质灾害勘察，对可能发生的滑坡、崩塌地质灾害进行评价，提出地质灾害防治建议。地质灾害防治工程应作为工程建设不可分割的一部分，地质灾害防治方案应符合现行有关标准的规定，且必须得到斜坡安全管理机构的审查批准。斜坡安全管理机构有权对地质灾害防治工程的施工进行监管，并参与关键工序及工程的最终验收。

在建设用地禁止区内，原则上禁止进行各类工程建设与开发。如确有特殊理由需要进行工程建设或开发的，必须首先由具有甲级资质的专业单位和注册工程师，对拟用场地提出专门可行性技术报告，包括专门的不良地质作用和地质灾害的勘察报告，以及滑坡、崩塌地质灾害的风险评估，并应进行两个以上（包括至少一个禁止区外）可用场地的社会效益及经济效益对比分析。所有专门可行性技术报告应由岩土工程审查机构审查通过后提交斜坡安全管理机构审批，凡经审查认为不适宜进行的建设项目，斜坡安全管理机构有权予以否决。

随着资料的不断更新以及社会经济的发展，斜坡安全管理机构将不定期对岩土工程控制区（地段）的范围及管理细则进行修正，并通过适当的形式向社会公布。

任何个人、企业、团体违反管理规定，对公众利益和社会环境造成损害者，都应被禁止和受到相应法规的处罚。

7.2.3　岩土工程控制区（地段）工程建设申报程序及申报内容

在岩土工程控制区（地段）的工程建设申报程序与一般工程建设申报程序基本一致，所不同的是在岩土工程控制区（地段）内进行工程建设，在建设项目前期应对滑坡、崩塌地质灾害进行专门的勘察、评估和申报，政府主管部门在立项审批时应征求斜坡安全管理机构的意见，滑坡、崩塌地质灾害防治工程作为工程建设不可分割的一部分，应与主体工程同步实施。其中滑坡、崩塌地质灾害防治方案必须得到斜坡安全管理机构的审查批准。

7.3　已有斜坡的调查评估与安全管理

所谓已有斜坡，是指天然斜坡和斜坡安全管理机构成立前已经存在的人工斜坡。由于历史的原因，目前我国极少有城市对其管辖区域内影响工程建设及公众安全的斜坡进行过系统的调查及拥有较齐全的资料，已有斜坡是否安全、风险程度如何等底数不清。而造成重大人身伤亡及经济损失的滑坡、崩塌地质灾害很多发生在已建成的斜坡上。其主要原因有斜坡建造的安全度不足、斜坡年久失修、后期的人为因素改变了斜坡周围的环境等。对已有斜坡没有系统的跟踪管理，缺乏斜坡使用期间有效的检查、维修和管理是斜坡建成后发生破坏，造成重大人身伤亡及经济损失的根本原因。要对已有斜坡进行有效管理，最基本的是掌握每一个斜坡的详细资料，因此，已有斜坡的调查与稳定性评估是滑坡、崩塌地质灾害防治和安全管理的基础工作。

7.3.1 已有斜坡的调查

已有斜坡的调查应按照由面到点的顺序进行，即先根据最新的地形图、航空影像、卫星影像、地质图等资料进行斜坡识别。结合当地已有的勘察成果和工程经验，确定可能发生滑坡、崩塌地质灾害且灾害发生后对公众的生命及财产安全构成威胁的斜坡，应对其进行登记造册，而后逐一进行现场调查，并进行必要的工程地质测绘或勘察，以获取必要的地质资料和周围环境（如市政管线、建筑物等情况）资料。对已有人工斜坡除收集斜坡的地理位置、大小、形状、照片、工程地质条件、水文地质条件、周围环境等资料外，还应收集斜坡的设计图纸、建造年代、竣工资料、检查维修记录等资料，并应进行必要的现场校核。对于资料收集不全或没有基础资料的人工斜坡，应进行必要的勘察。

根据调查收集的资料及勘察资料，为每一个斜坡建立档案，逐步建立斜坡管理信息系统。

7.3.2 已有斜坡工程的勘察

对于没有基础资料或基础资料不全，无法进行斜坡稳定性评价的已有斜坡，应进行勘察工作。除斜坡体的勘察工作与新建斜坡工程的勘察一样外，还应重点查明已有斜坡工程支挡结构的结构形式、基础埋深、几何尺寸、斜坡护面及排水系统情况、支挡系统的损坏情况等，全面掌握支挡系统的结构构造和当前工作状态。综合斜坡体与支挡系统的勘察成果，对已有斜坡进行稳定性评价，需要时提出采取必要措施的建议。

对已有斜坡支挡系统的勘察，可采用井探、坑探、槽探、物探、钻探取芯等手段。勘察时应尽量减小对已有斜坡坡体及支挡系统的扰动和破坏。探井、探坑、探槽等在勘探后应及时封填密实；对支挡结构钻探取芯后应及时回填钻孔，并采取适当措施，使支挡结构不因钻探取芯而降低强度和安全度；勘察工作中破坏的护面及排水系统应及时修复。

7.3.3 已有斜坡的稳定性评价

应由符合资格要求的岩土工程师根据资料对已有斜坡进行稳定性评价，提出评价报告。稳定性评价可采用定性及定量两种方式。除高度不大、规模小、破坏后果轻微的斜坡可只采用定性评价外，对一般斜坡均应采取定性与定量相结合的方式进行综合评价。

定性评价的主要方法有经验法、工程地质类比法、统计法等；定量评价一般采用极限平衡法，有经验的地区可采用数值法、概率分析方法等。

进行定量计算时，首先应根据斜坡水文地质、工程地质、岩土体结构特征等确定斜坡可能破坏的边界及破坏模式，然后根据实际情况选择相应的参数指标及计算方法。对于土质斜坡和规模较大的碎裂结构岩质斜坡可采用圆弧滑动面法计算；对可能产生平面滑动的斜坡可采用平面滑动面法计算；对可能产生折线滑动的斜坡可采用折线滑动面法计算；对结构复杂的岩质斜坡可采用赤平极射投影法和实体比例投影法分析计算，也可采用数值计算法计算。在地震多发区必须考虑地震影响和地下水孔隙水压力、渗透压力的影响。

人工斜坡的稳定性验算，其稳定安全系数应根据斜坡的重要性（包括斜坡高度、破坏后果等）、破坏方式及所采用的计算方法，根据现行有关规范确定。

7.3.4 斜坡治理计划

根据已有斜坡稳定性评价结果，结合危险斜坡破坏可能产生的后果，以及社会及公众承受风险的能力，对已有斜坡进行风险评估。所谓风险可以理解为发生不幸事件的或然率与最终导致某种严重后果的或然率两者的乘积。按照风险的高低，将危险斜坡进行排序，综合考虑政府及社会的经济承受能力、斜坡加固工程对社会秩序的影响程度、有资质单位的工程承担能力等因素，合理制定危险斜坡的治理计划。

7.3.5 危险斜坡的安全管理

斜坡安全管理机构应制定详细的行政管理措施来规范和管理危险斜坡的安全，其主要手段是依据规定的程序向危险斜坡责任人发出"危险斜坡整治令"，限令危险斜坡的斜坡责任人在限定的期限内，进行斜坡的勘察和所需的加固工程。在斜坡责任人不遵从命令或不能寻获以及紧急情况下，斜坡安全管理机构可无需再行通知斜坡责任人，组织安排命令所指明的或必须的所有工程或勘察工作，并组织实施必须的加固工程。斜坡安全管理机构有权向有关斜坡责任人追讨上述斜坡安全管理机构代为进行或组织进行的工程费用。

斜坡安全管理机构一般在下列情况发出"危险斜坡整治令"：

（1）斜坡安全管理机构制订危险斜坡的治理计划后，根据计划安排向危险斜坡的斜坡责任人发出"危险斜坡整治令"，要求危险斜坡的斜坡责任人在限定的期限内，进行斜坡的勘察、设计和所需的加固工程。

（2）斜坡定期检查发现需要维修加固时，斜坡安全管理机构会向斜坡责任人发出"危险斜坡整治令"，要求其在限定的期限内予以维修加固。

（3）在紧急情况下，如发现有明显滑坡、崩塌迹象时，斜坡安全管理机构及时向斜坡责任人发出"危险斜坡整治令"，要求其立即采取有效措施予以加固。

为了防患于未然，"危险斜坡整治令"不一定都是针对危险斜坡发出的，如果斜坡的护面及排水系统有严重缺陷或边坡荷载增加，不及时修复可能变得危险时，斜坡安全管理机构亦可发出"危险斜坡整治令"。各地斜坡安全管理机构可根据当地的实际情况，制定发出"危险斜坡整治令"的准则及具体的行政管理措施。

7.4 新建斜坡工程的管理

7.4.1 新建斜坡工程的勘察

1. 勘察内容

进行斜坡岩土工程勘察前应先进行资料收集、工程地质测绘和调查。负责勘察工作的工程师在充分研究已有资料及现场调查的基础上，拟定工程地质测绘及勘察工作方案。

资料的收集包括水文、气象、地震和人类活动资料，以及场地平面图、地形图、地质图、航空影像、卫星影像、场地及其周围已有的勘察资料等。

调查的范围应涵盖斜坡可能的破坏边界及斜坡破坏可能影响的区域。调查的内容应包括地表水、地下水、泉和湿地的分布，树木的异态，工程设施的变形，当地治理滑坡、崩塌地质灾害的经验，周围的建筑物及市政设施等情况。

工程地质测绘应查明斜坡的形态、坡角、结构面产状和性质等。斜坡勘察工作量的布置应根据斜坡及周围环境确定，综合考虑斜坡高度、岩土特性、地质构造、地形地貌特征以及斜坡风险高低等因素，并应符合《建筑边坡工程技术规范》GB 50330—2013 等国家、行业及地方现行的有关标准的要求。

勘察工作结束后，探井、探坑、探槽等应及时封填密实，根据需要选取部分钻孔埋设地下水和斜坡变形监测设备，其余钻孔应及时封堵，以减小勘察工作对斜坡稳定性的影响。

2. 勘察技术要点

勘察工作常用的方法有钻探、坑探、井探、槽探及物探等。

（1）坑探、井探、槽探技术要点

坑探、井探、槽探一般适用于了解构造线、破碎带宽度、不同地层岩性的分界线、岩脉宽度及其延伸方向等。探槽的挖掘深度较浅，一般在覆盖层小于 3m 时使用，其长度根据所需了解的地质条件和需要决定，宽度和深度则根据覆盖层的性质、厚度和施工安全决定。土质较软易塌时，挖掘宽度需适当加大，甚至侧壁需挖成斜坡形；当覆盖层较薄、土质密实时，宽度亦可相应减小至便于工作时止。

探井、探坑能直接观察地质情况，详细描述岩性和分层，利用探井能取出接近实际的原状结构的岩土试样。因此，在地质条件复杂地区常采用。但探井存在着速度慢、劳动强度大和不太安全等缺点。探井平面面积不宜太大，以便于操作和取样即可。当岩性较松软、井壁易坍塌时需采取支护措施。

（2）钻探技术要点

钻探是了解斜坡地层结构与空间分布，查找坡体失稳原因，查找滑动面（带），进行稳定分析的重要手段。钻探有人工钻探和机械钻探。人工钻探适用于了解浅部土层，有小口径麻花钻钻探、小口径勺形钻钻探和洛阳铲钻探；机械钻探根据破碎岩土方法的不同可分为回转钻探、冲击钻探、振动钻探和冲洗钻探。钻探的方法应根据具体的地形、地质、环境条件及技术要求确定，并应符合《建筑工程地质勘探与取样技术规程》JGJ/T 87—2012 等国家、行业及地方现行的有关标准的规定。

（3）取样技术要点

《岩土工程勘察规范》GB 50021—2001（2009 年版）根据土试样受扰动的程度，将土试样质量分为 4 个等级，同时给出了获取不同质量等级土试样的取样工具和取样方法。斜坡勘察工作中，应根据地层的性质及其需要测定的特性指标，确定所需土试样的等级及适宜的取样方法。土试样的保存及运输等还应符合国家、行业及地方现行的有关标准的规定。岩石试样的采取应根据工程需要确定，并应符合《建筑工程地质勘探与取样技术规程》JGJ/T 87—2012 等国家、行业及地方现行的有关标准的规定。

（4）地球物理勘探技术要点

地球物理勘探方法有很多，是一种低耗高效的勘探技术。电法勘探、地震勘探、面波勘探及多波映像技术等已广泛用于斜坡、地下工程、地基工程中疑难岩土工程勘探。现代物探技术的发展，勘探精度不断提高，服务面日益拓宽，传统的推断性方法，已开始向定性与半定量化发展。在斜坡地区的岩土工程勘察可用于：

1) 探查斜坡地区的地基持力层、赋存的较弱易滑夹层（滑动面）与破碎带；

2) 通过实测的波速参数，反演计算斜坡设计所需的岩土各种物理力学参数；

3) 斜坡加固效果检测；

4) 对斜坡与路面质量进行无损检测；

5) 探测斜坡地区地下水及验算饱和砂土层液化的临界波速值，进行地震液化判别；

6) 评价斜坡与挡土墙的稳定性。

在制定勘探方案及判释试验结果时，需要由有经验的物探专业人员负责。地球物理勘探成果判释时，应考虑其多解性，区分有用信息与干扰信号，需要时应采用多种方法探测，进行综合判释，并利用已知物探参数和钻孔资料验证。

（5）室内试验技术要点

室内试验是利用勘探采取的岩土试样，获取岩土体物理力学性质指标的工作。为保证试验的准确性和可比较性，需要有严谨规范的试验标准及操作规程和制度，试验应严格执行国家、行业及地方现行的有关标准的规定。

负责勘察工作的工程师应根据现场实际情况，合理选择试验方法及试验条件，以达到尽量模拟岩土体实际受力状态，使试验结果更符合实际情况。

3. 岩土工程勘察质量监管

斜坡安全管理机构应配合当地工程建设主管部门，进行岩土工程勘察质量的监管。勘察质量的好坏，取决于勘察工艺手段、设备及从业人员的素质等多种因素。因此勘察质量监管就要从这些因素控制入手。

（1）从业人员的要求

从业人员的素质是影响勘察质量的关键因素。勘察工作的负责人及物探、室内试验、钻探、现场编录等专项负责人，必须由符合资格要求的人员担任，且应持证上岗。所有其他从业人员，均应接受相应的岗位培训，做到队伍专业化。

（2）设备性能要求

勘察工作中所用的设备应能满足勘察工作的要求，原位测试及取样设备必须完好无损；钻杆及套管应配套齐全；各种量测工具齐全且准确；室内试验及物探设备必须处于可正常使用状态，且应按规定定期校准，应逐步推行物探及试验室的质量认证制度，以保证物探及试验工作的质量。

（3）勘探工艺要求

根据实际情况选用合适的勘探工艺方法或标准，不仅能保证勘探质量，还能加快勘探工作进度。另外积极研究开发新的勘探工艺、勘探手段是提高勘探质量与效率的前提条件。

（4）勘察成果要求

勘察成果以勘察报告的形式提交，勘察报告应给出斜坡工程设计、治理所需的工程地质条件、水文地质条件、岩土体特征及物理力学性质指标、气象及水文条件、斜坡可能的破坏范围边界、破坏模式等，对斜坡进行稳定性和危害性评价，并对斜坡工程设计、施工、监测提出合理的建议。

（5）勘察报告的审查

勘察报告使用前必须提交斜坡安全管理机构指定的审查机构审查，审查通过后方可使用。各地审查机构可根据当地的具体情况以及国家、行业及地方现行的有关标准，制定当地的审查要点和审查标准。

7.4.2 新建斜坡工程设计

1. 斜坡工程设计的内容与安全标准

（1）斜坡工程设计的内容

对于滑坡、崩塌地质灾害防治工程的岩土工程设计，其内容应包括滑坡、崩塌地质灾害形成和发生的机理及潜在危险性的分析与评价，斜坡或危岩体的稳定性分析，危险斜坡或危岩体的加固方案选择，加固体系的稳定性分析，排水系统设计以及相应的设计图纸，另外在斜坡工程竣工时还应编制和提交"斜坡安全使用及维护须知"。

（2）斜坡工程设计的安全标准

滑坡、崩塌地质灾害防治等工程设计标准应与被保护对象——主体工程设计标准一致。要求滑坡、崩塌地质灾害防治等工程的设计使用寿命应不低于主体工程的设计使用寿命，滑坡、崩塌地质灾害防治等工程设计稳定安全系数应符合国家、行业及地方现行的有关标准、规范的要求。

2. 斜坡工程设计要点

（1）滑坡、崩塌地质灾害形成及发生机理分析

根据勘察报告、地质灾害危险性评估报告以及建设场地的环境地质、气象、水文等资料，结合现场考察的情况，对滑坡、崩塌地质灾害的形成和发生机理、潜在危害性、危险斜坡特征及危险性进行分析，确定影响斜坡或危岩体稳定的主要因素。对斜坡或危岩体的可能破坏形式及其稳定性状态做出定性判断，确定其破坏的边界范围及破坏的地质模型。

（2）斜坡或危岩体的稳定性分析

在设计中稳定性分析方法应根据斜坡类型及可能的破坏形式进行选择，所选用的方法应能模拟这种破坏形式。

对于土质斜坡和较大规模的破碎结构岩质斜坡宜采用圆弧滑动法进行分析计算；对于可能产生平面滑动的斜坡宜采用平面滑动法进行分析计算；对于可能产生折线滑动的斜坡宜采用折线滑动法进行分析计算；对于结构复杂的岩质斜坡，可配合采用赤平极射投影法和实体比例投影法进行分析计算；当斜坡破坏机制复杂时，宜结合数值分析法进行分析计算。

（3）危险斜坡或危岩体的加固方案选择

危险斜坡或危岩体的加固方案应根据现场条件、工程需要以及工程造价等因素，因地制宜，合理确定。目前常用的方法有放坡、挡土墙、锚喷、抗滑桩、加筋土以及多种支护措施的组合，如锚杆挡土墙、抗滑桩加锚杆形成的桩锚支护体系等。在条件允许时宜优先考虑放坡方案，使斜坡尽量处于自然稳定状态。对于填土坡可采用挡土墙、加筋土等支护方案，也可采用锚喷支护方案。对于削土坡及滑坡治理则可采用抗滑桩、锚喷及桩锚支护等方案。

对于一些开挖后未出现整体变形的岩质斜坡，可以采用破裂面（带）灌浆改善岩体的整体稳定状态，防止地表水的入渗，减少岩体风化，增加其稳定性。

（4）加固体系的稳定性分析

对加固体系除进行受力和结构内力验算外，还应进行整体稳定性验算，包括整体滑动、水平滑移、倾覆及承载力验算等。验算时应注意合理考虑施工荷载和斜坡使用过程中的附加荷载，如坡顶的道路、建筑物、堆料以及施工机械等荷载。

（5）排水系统设计

水在滑坡、崩塌地质灾害的形成和发生中起着关键的作用，多数滑坡、崩塌地质灾害都发生在暴雨季节，因此排水系统的设计是滑坡、崩塌地质灾害防治工程设计不可或缺的内容。排水系统包括地表排水系统和地下排水系统。地表排水工程措施应首先针对地表水，将地表水拦截在坡体之外，或将危险斜坡坡体上的地表水快速排出，减少地表水入渗。地表排水系统应能满足在最大降雨强度下地表水的排泄需要。地表排水系统的设计应考虑汇水面积、最大降雨强度、地面坡度、植被情况、斜坡地层特征等因素，原则上应以最直接的导向将地表径流导离斜坡区域，从造价和维护方面考虑，设计中应尽量减少地面排水渠的数量及长度。在斜坡的外围应设置地表截水沟，以阻止或减少斜坡范围外的地表水进入坡体。在坡体范围内应设置坡面排水沟，排水沟多呈树枝状布设，主沟与次沟相结合。支护结构前、分级平台和斜坡坡角处应设置排水沟。

地下排水系统应能保证使地下水位不超过设计验算所取用的地下水位标准。根据斜坡水文地质与工程地质条件，可选择排水盲沟、大口管井、水平排水管、排水截槽等，支护结构上应设泄水孔，泄水孔应优先设置于裂隙发育渗水严重的部位或含水层的位置。

（6）斜坡安全使用及维护须知

设计者根据设计计算所采用的假设条件、施工情况、现场环境等编写"斜坡安全使用及维护须知"，说明斜坡使用中的注意事项，对斜坡的使用与维护提出要求。"斜坡安全使用及维护须知"的主要内容参见附录 G。

3. 斜坡工程设计质量监管

滑坡、崩塌地质灾害防治工程设计质量的优劣，主要取决于设计单位的技术管理水平和设计人员的素质、经验等因素。因此斜坡工程设计质量监管就要从这些因素控制入手。

（1）对设计人员的要求

设计人员的素质、经验是影响设计质量的最关键因素。设计工作的负责人必须由符合资格要求的岩土工程师担任，且应持证上岗。

（2）对设计单位的要求

设计单位的技术管理水平对设计质量同样至关重要，设计单位必须具备相应的岩土工程设计资质并应建立完善的质量管理体系。

（3）对设计成果的要求

斜坡安全管理机构除对斜坡工程设计单位的资质和设计负责人的资格进行审查外，还应根据斜坡工程的重要性，组织相应的部门或专家对设计成果进行技术审查，审查通过后方可进行斜坡工程的施工。

7.4.3 斜坡工程施工的技术要求与安全管理

1. 施工技术要求

由于斜坡工程的专业性强、施工技术要求高，施工单位必须高度重视。施工前应根据设计要求、现场的环境条件以及当地的气候条件、地形特征、地质条件等，确定科学合理的施工工艺、施工工序与施工顺序，制定合理可行的施工方案；施工过程中材料质量的控制与检验、工序的控制与检验等，都必须严格按照国家及地方现行的有关规定执行。施工过程中应进行必要的变形监测，对重要的工程实行信息化施工；鉴于岩土工程的复杂性和地质条件的变异性及不确定性，开工前除进行常规的技术交底外，在整个岩土工程施工期间，设计单位应派驻现场代表，发现现场情况与假设的设计计算条件有较大差异时，应及时调整设计方案。

排水工程是提高斜坡稳定性的重要措施之一。排水工程施工不宜在雨季进行。如果无法避免，开挖应从排水设施的最低点向最高点进行，且分段施工。每完成一段，在其邻近部分开挖之前，就应进行衬砌，防止雨水侵蚀和沟渠底部渗水。开挖出来的弃土，应运送到不影响排水设施的地方。

支挡工程类型繁多，按其功用和结构特征，支挡工程措施可分为挡土墙、抗滑桩、预应力锚杆（索）、加筋土等类型。施工方案应根据不同的支护措施及施工时斜坡的稳定状态科学合理地制定，为减小施工对斜坡稳定的影响，一般宜采用分段施工或间隔施工的措施。

2. 施工质量监管

斜坡工程的施工质量与安全的可靠性，主要取决于施工单位的技术保障能力、施工设备与工艺的先进性、施工人员的素质及工程经验、施工过程的控制与监管、检验与验收、岩土工程勘察设计单位的配合等因素。

（1）斜坡工程施工单位必须具备相应的施工能力与施工资质，并应建有完善的质量管理体系。

（2）施工项目负责人必须具备一定的岩土工程专业知识，具有较丰富的岩土工程施工经验。

（3）施工单位于开工前必须进行细致的施工准备，根据设计要求和现场条件，确定科学合理的施工工艺、施工工序与施工顺序，完成详细的施工方案并报斜坡安全管理机构审批。

（4）斜坡安全管理机构组织有关专家，对重要或复杂斜坡工程的施工方案进行审查和论证，并配合有关行政主管部门进行关键工序及工程竣工的检验与验收工作。

3. 工程竣工验收与移交

斜坡防治工程是一项专业性极强的工作，它涉及岩土工程、地质、防灾等相关专业，而且斜坡的变形破坏也涉及自然的、人为的多种因素。斜坡防治工程竣工后，建设单位应组织岩土工程、地质、防灾及监理等相关部门专家对斜坡防治工程进行验收，针对斜坡的施工情况，提出斜坡使用中的建议。斜坡安全管理机构应配合验收工作。

斜坡工程竣工时，设计单位应提交"斜坡安全使用及维护须知"给斜坡的责任单位或责任人，同时提供一份报斜坡安全管理机构备案。

斜坡工程竣工并通过验收后，所有资料除按国家和地方现行的有关规定送交政府主管部门备案外，斜坡责任单位或责任人亦应妥善保管斜坡档案资料。

在斜坡正式投入使用后，斜坡责任单位或责任人应定期巡视、维护并将每次巡视维护的情况记录在案。当斜坡出现变形、坡体开裂等异常情况时，应立即报告政府主管部门，同时采取必要的措施防止造成生命和财产的损失。

7.5　斜坡的安全维护

7.5.1　斜坡安全维护的要求

定期检查和妥善维修斜坡，可以保障斜坡表面排水系统和斜坡护面等设施状况良好，维持斜坡的稳定性，降低发生滑坡、崩塌地质灾害的机会，是贯彻"预防为主"方针的有力措施。坚持对斜坡进行良好的维护，能有效地减少斜坡因安全状况恶化而须进行加固治理的工程费用。

斜坡安全维护包括斜坡的检查、维修和加固，涉及政府有关管理部门、斜坡责任人、相关技术单位和公众，是一个社会性的工作，需要各方面的共同努力才能真正做好。斜坡安全管理机构应在当地政府的统一领导下，协同有关部门确定斜坡安全维护的责任人，即斜坡责任人。

岩土工程设计人员在移交岩土工程开发、治理项目设计资料时，应提供"斜坡安全使用及维护须知"。

斜坡责任人有责任和义务对其责任范围内的斜坡及支护结构进行妥善维护，应明确专人负责实施检查、维修及必要的加固工程，应按"斜坡安全使用及维护须知"的要求对斜坡进行检查，并填写"斜坡检查记录表"（参见附录 H）。发现斜坡护面、排水系统有损坏、堵塞等情况应及时维修。发现斜坡及周围出现不安全迹象或存在威胁斜坡安全的不利因素时，应咨询专家意见，采取相应的加固措施或进一步的详勘、治理等必要行动，向斜坡安全管理机构报案。

斜坡安全管理机构应督促斜坡责任人对斜坡进行维护，通过公众教育系统向斜坡责任人和相关人员提供斜坡维修的技术及程序方面的咨询，对斜坡的加固工程进行监管。

社会公众应自觉爱护斜坡，不随意在斜坡上挖方和堆填，不破坏斜坡上的设施，对维护不善的斜坡或发现斜坡有异常情况时，有义务向政府主管部门报告。

7.5.2　斜坡的安全检查

斜坡的安全检查分常规检查和专业检查两类，常规检查宜每年进行两次，分别在当地的雨季前后进行，或根据当地情况由斜坡安全管理机构确定时限，检查人员应具备滑坡、崩塌和斜坡维护的基本知识。专业检查宜每 3～5 年进行一次，或根据当地情况由斜坡安全管理机构确定时限，当斜坡因安全原因需要时，也应适时进行专业检查，专业检查应由有资格的岩土工程师进行。

1. 常规检查

常规检查主要检查斜坡的地面排水设施、护面及斜坡周围的状况，其目的是确保斜坡安全性不会恶化，以及鉴定斜坡的风险程度是否在增高。检查人员应结合"斜坡安全使用及维护须知"制定检查纲要，明确检查重点。检查工作应及时，记录应翔实，检查时必须核查上一次检查所提出建议的执行情况，检查中发现需进行维修的内容应在检查记录中明确提出处理意见，若发现斜坡及周围有异常现象或存在检查人员认为对斜坡安全有影响但又不能确定的因素时，应及时向斜坡责任人汇报，斜坡责任人应及时与有关部门联系，采取相应的跟进行动。检查记录应妥善存档保管以备查询和检查。

常规检查的主要内容有：

（1）通道

所有的坡级、沟渠和排水廊道都应设置通道以便检查和维修。所有新建斜坡工程的设计应包括设置适当的通道。为避免闲人闯入及破坏，通道应安装锁闸。常规检查应记录是否有良好的维修通道，公众是否不易进入通道，检查人员是否能到达坡顶、坡脚及坡级等。

（2）监测设备

应检查所有安装在斜坡上的监测设备及工作环境，以确保其在制造商规定的条件下运行。

检查人员还应汇总所有监测结果，判断读数是否可以接受，提出是否需要新增监测设备的建议。如监测设备的读数显示斜坡实际情况比设计考虑的情况严重，应建议斜坡责任人向专家咨询意见。

（3）斜坡表面

应检查不透水坡面状况、坡面植被状况、人工支护状况、坡脚护栏及坡脚挡墙状况，检查斜坡周围环境地表开裂状况等。

检查是否有显示斜坡破坏的位移迹象，详细记录裂缝的位置、长度、宽度以及相对位移，对于新裂缝应在合适的地点设置监测器或仪表量测点。

检查草植被覆盖的斜坡表面是否有冲蚀痕迹，记录冲蚀痕迹的位置、深度及范围。

岩石斜坡当节理表现为张性时，应设置监测器或仪表量测点监测其渐进位移，密节理的岩石可能表现出整体恶化，每次检查时拍摄岩面的彩色照片有助于评估斜坡情况的恶化范围。

检查斜坡上及附近的渗流迹象，记录来自渗流源、排水孔以及水平排水斜管的水流情况，在可能的情况下，检查能显示内部冲蚀的固体物质运动情况。

（4）支挡结构

检查支挡结构是否有明显位移，近期有无结构沉降、裂缝及倾斜，排水孔是否通畅，排水能力是否足够，支挡结构是否受植被的不良影响。

（5）排水系统

检查地面排水系统的水流情况，记录排水系统损坏、开裂、淤塞及正在恶化的位置和范围；当周围有建设工程时，应调查建设工程的情况，有些工程可能在斜坡责任范围以外，但其产生的淤泥和岩屑可能堵塞斜坡的排水系统。

坡体内的水平排水斜管应安装测压计，每次检查时记录每个排水管的流量，建立与当地降雨量及测压计读数的关系，当记录到的流量增加时，应检查排水管附近是否有管线设施漏水的任何迹象；如测压计的读数显示地下水位上升，但同时排水管的流量减少，即意味着水平排水斜管的有效性正在降低，应建议实施改善排水系统的措施或增设排水管。

检查排水廊道结构的损坏迹象，记录流入水流的位置和流速，将其与总的排水量进行比较，当水流量增加，但并非直接由降雨引起时，应检查流入廊道水的位置，以找出是否有污水管及输水管渗漏的迹象。

（6）管线设施

雨水管、污水管和输水管道是最可能影响斜坡稳定性的管线设施，其他管线如电话线槽、电缆线槽和废弃管道也可能将水引入斜坡，从而降低斜坡的稳定性，应检查所有管线设施的渗漏或水流迹象，如怀疑在斜坡附近的输水管道和污水管有渗漏，应要求有关机构检测输水管道和污水管。

2. 专业检查

专业检查应考虑周围环境的变化对斜坡的影响，检查可能导致斜坡破坏的任何成因，评估斜坡及支挡结构的整体状况，查寻竣工后可能产生的不稳定情况，复核常规检查结果。岩土工程师应根据实际情况，制定专业检查的实施方案，专业检查完成后，岩土工程师应提供斜坡安全性评价及提出是否需进行相关工程的咨询报告。专业检查的有关资料应作为斜坡档案资料的一部分提交斜坡安全管理机构并纳入斜坡数据资料库统一管理。

7.5.3 斜坡的维修加固

斜坡的维修可在常规检查时由检查人员进行，小型加固工程可由有经验的技术人员负责，大、中型加固工程应由有相应资质的施工单位和注册岩土工程师负责承担。

1. 斜坡的维修

斜坡的一般例行维修内容及方法参见附录 I。

（1）斜坡护面的维修

斜坡护面的维修主要是防止水的渗入。

应除去坡面不适宜的植物，修补或更换因树根作用受损坏的刚性护面。

由块石加水泥砂浆铺砌的护面，其裂缝通常沿着块石间的接缝处发展，应清理和修补受到影响的接缝。

应剥除受地下水流潜蚀的刚性斜坡护面，并查明和切断水流源，或者用水平排水斜管将水流引出地面，再铺好护面。

应修整受到冲蚀的草植被斜坡，如有需要可用填土。填土应水平成层并压实，必要时，应将受冲蚀区整平和分坡级，避免在过高的垂直坡面上填土。

在岩石斜坡做局部护面以防止水进入张开的节理，必要时为利于渗流的导出，应设置排水孔。

（2）排水系统

应清除地表排水系统和水平排水斜管排水口的堵塞物、排水管内的淤积物，以及清洗或更换内部滤层。

如果排水系统可能受到源于附近工程场地冲土的堵塞，应采取设置拦污栅、沉砂池、集水坑等防护措施。

如排水廊道出现损坏迹象，应征询专家的维修建议，在获得建议之前，不得做出修缮措施。

大型修补工程不应在雨季进行，若需重建某段沟渠时，应在旱季进行。如若重建的沟渠的容量增加了，其下游的沟渠可能需要重新建造修补。

对管线设施的维修应遵照专门的技术要求执行，或联系有关专业单位进行。

2. 斜坡的加固

斜坡的加固工程应遵循相应的规定进行，开工前应向斜坡安全管理机构申报。小型加固工程应由岩土工程设计人员提供加固方案，由有经验的技术人员负责组织和监督实施，竣工报告应妥善存档保管以备检查。大、中型加固工程应按本章7.4.2、7.4.3的有关要求进行设计和施工，若需勘察时，应按本章7.4.1的有关要求进行。所有设计方案、施工方案应得到斜坡安全管理机构的批准，所有竣工资料应交斜坡安全管理机构存档备案。

7.5.4　斜坡安全维护的监督

斜坡安全管理机构应制定斜坡维护检查计划，在雨季前对斜坡进行巡查，对有较高风险的斜坡进行重点抽查。检查手段可采用现场踏勘、资料检查等。检查的重点是斜坡现状，斜坡责任人是否按时限进行斜坡维护，是否进行了要求的跟进工程，是否按要求报送有关资料，以及存档资料是否齐全等。对未进行斜坡维护工作或维护不善的斜坡责任人督促其改进，对未进行专业检查或未按要求进行斜坡维修、加固工程的斜坡责任人给予警告，必要时，斜坡安全管理机构可委托有关人员进行相应的工程，其费用由斜坡责任人承担。

7.5.5　斜坡范围内市政设施及工程施工的管理

当需要在已有或已建成的斜坡上进行市政设施或其他工程建设时，施工前其设计及施工方案必须得到斜坡安全管理机构的审核批准。坡脚的开挖、坡顶及坡面的堆载与弃渣、穿越斜坡的上下水管道布置等必须予以高度重视，做到设计合理并严格控制实施过程，对上下水管道应有运行监控措施。

7.6　斜坡的应急抢险

7.6.1　应急抢险指挥体系

斜坡的应急抢险应在当地政府的统一组织和指挥下，按照应急预案的规定进行。应急抢险指挥体系应由当地政府、斜坡安全管理机构、城镇建设主管部门、气象部门、公安部门、卫生部门以及各施工单位、斜坡责任人等组成。各地斜坡安全管理机构应设立斜坡应急抢险指挥部，明确指挥部成员及其职责。斜坡安全管理机构应急抢险指挥部的主要职责是及时了解掌握滑坡、崩塌地质灾害情况，根据情况需要向当地政府有关部门报告；组织专家开展滑坡、崩塌地质灾害调查，提出应急措施建议，为灾害控制和治理提供技术支持。

7.6.2 紧急事故的处置程序

当出现滑坡、崩塌地质灾害情况后，应立即向当地政府主管部门报告，当地政府根据需要启动应急预案，组织指挥各相关部门投入抢险工作，必要时联系军队和武警部队参加应急救援。斜坡安全管理机构应急抢险指挥部应立即开展工作，协调指挥抢险救援，组织有关专家指导现场抢险工作，协助当地政府提出应急对策方案。

7.6.3 应急预案的制定

在当地政府的组织和领导下，斜坡安全管理机构应会同有关部门，根据当地实际情况制定滑坡、崩塌地质灾害的紧急预案，建立滑坡、崩塌地质灾害应急值班制度，向公众公布紧急报案电话，随时准备应对滑坡、崩塌地质灾害的发生。

第8章　日本建筑抗震改造技术

8.1　日本建筑物抗震诊断与改造

8.1.1　地震灾害的严重性与抗震技术的必要性

1. 地震发生的时间和地点目前尚难科学预报

到目前为止，地震发生的时间和地点的预报仍然十分困难，因此，地震灾害尤其巨大。表 8-1 是 1989 年以后造成重大灾害的地震统计。

1989 年以后造成重大灾害的地震统计

表 8-1

发生年月	名称	强度	震度	受害
1989 年 1 月	钏路海上地震	M7.8	6	死亡 2,全部倒塌 12,倒塌一半 73
1993 年 7 月	北海道西南海上地震	M7.8	6	死亡 2,全部倒塌 601,倒塌一半 401
1994 年 10 月	北海道东部海上地震	M8.1	6	死亡 2,全部倒塌 12,倒塌一半 348
1994 年 12 月	远离三陆的海上地震	M7.5	6	死亡 3,全部倒塌 72,倒塌一半 429
1995 年 1 月	兵库县南部地震	M7.2	7	死亡 6437,全部倒塌 104906,倒塌一半 144742
2000 年 10 月	鸟取西部地震	M7.3	6 强	死亡 0,全部倒塌 431,倒塌一半 3068
2001 年 3 月	芸予地震	M6.7	5 强	死亡 2,全部倒塌 69,倒塌一半 558
2003 年 5 月	宫城县海上地震	M7.0	6 弱	死亡 0,全部倒塌 2,倒塌一半 21
2003 年 7 月	宫城县北部地震	M6.2	6 强	死亡 0,全部倒塌 1247,倒塌一半 3698
2003 年 9 月	十胜海上地震	M9.0	6 弱	死亡 0,全部倒塌 104,倒塌一半 345
2004 年 10 月	新潟县中越地震	M6.8	7	死亡 51,全部倒塌 3185,倒塌一半 13715
2005 年 3 月	福冈县西部海上地震	M7.0	6 弱	死亡 1,全部倒塌 133,倒塌一半 244
2005 年 7 月	千叶县西北部地震	M6.0	5 强	死亡 0,全部倒塌 0,倒塌一半 0
2005 年 8 月	宫城县海上地震	M7.2	6 弱	死亡 0,全部倒塌 1,倒塌一半 0
2011 年 3 月	3・11 东日本大地震	M9.0	6 强	死亡 15885,全部倒塌 6400,倒塌一半 76000
2016 年 4 月	熊本地震	M7.3	7	死亡 49,全部倒塌 2102,倒塌一半 2297

2. 抗震技术的功能

（1）保护房屋租住人员或办公楼内员工的生命财产安全；

（2）维护、提高建筑物的资产价值；

（3）最大限度地缩短因地震而中断的工作时间；

（4）不给周围住户及街区带来危害。

8.1.2 需要进行抗震评估的建筑物

1.1981 年以前建造的建筑物

1981 年 6 月 1 日颁布了修订的建筑设防标准，新的建筑设防标准提高了结构的设防水平。根据震害调查，按照以前标准建造的建筑物，其抗震能力不能满足抵御大地震的要求。

2. 结构布局不合理的建筑物

（1）平面布局不合理

平面形状是 L 形、〕形、雁字形、细长条形的建筑，如图 8-1 所示；

上下两层，柱子和墙距离过大，抗震墙布局和位置不合理的建筑物。

（2）横断面布局不合理

一层只有宽阔停车场的底层架空柱商店等的建筑物；

上层与下层结构不同（上层是钢筋混凝土、下层是钢骨钢筋混凝土）的建筑物。

（3）年久失修的建筑物

墙壁上出现裂纹的建筑物。

3. 其他

（1）建筑物周围

加固地震发生时的避难通道"走廊和避难楼梯"；应采取措施防止供水设备（高架水箱）掉落。

（2）在地基不稳的地区，地震时容易发生摇晃，可能造成重大伤亡。

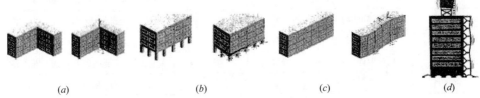

图 8-1　结构布局不合理的建筑物形式

（*a*）L 形；（*b*）底层架空柱；（*c*）细长条状；（*d*）高层建筑

8.1.3 建筑物的抗震鉴定

1. 抗震鉴定的概念

对建筑物的抗震性能进行评价，并确定其是否需要抗震加固。1981 年颁布的新的抗震规范，对设防标准做了重大修改，在此之前建设的建筑物应进行抗震性能鉴定。

2. 抗震鉴定的流程

（1）调查准备。为进行抗震性能鉴定搜集必要的信息。例如设计图纸、计算书、改建、扩建的记录资料。

（2）实地调查。实地调查结构构件、非结构构件、仪器设备的现状。混凝土和钢筋抽样取芯调查。

（3）抗震性能调查。根据"调查准备"和"实地调查"的结果评价建筑物的抗震性能。

（4）抗震性能鉴定。抗震性能鉴定应委托给具有建筑物结构设计一级资质或该建筑所在地的设计事务所。

3. 抗震鉴定的费用

依据建筑物的形状和结构、鉴定内容、有无设计图纸、有无实地调查以及调查结果与设计图纸是否一致确定抗震性能鉴定费用，一般为 500～2000 日元/m²。

8.1.4 建筑物的抗震改造

1. 抗震改造费用

因建筑物结构、规模、改造和加固的工作量不同而有所不同。一般情况下，设计、工程监理和改造工程（仅主体结构工程）合计费用为 15000～50000 日元/m²。

2. 抗震改造计划的认定

接受抗震改造计划认定的建筑物，根据建筑标准法可以享受特殊政策。

3. 选择合适的抗震改造技术

现有建筑物的抗震改造技术包括"传统的抗震加固技术"、"消能减震加固技术"和"隔震加固技术"3种，见表 8-2。应根据建筑物结构特征、抗震性能、加固目标和计划等确定选用的加固技术。

现有建筑物抗震改造技术内容及适用范围 表 8-2

抗震改造技术	传统的抗震加固技术 ·增加抗震墙 ·新增支撑 ·外挂框架 柱和梁加固	传统的抗震加固技术是一种适用于中低层建筑物、限制较少的加固技术。旨在通过抗震墙、支撑加固件、外挂框架等提高建筑物的抗震能力,通过加固柱和梁提高建筑物的延性。具有工期短、成本低的优点。但在住户不迁出的条件下施工,会增加施工难度,有时也影响加固后的使用	传统的抗震加固方法 ·内部支撑加固 ·外部支撑加固 ·外挂框架加固 ·增加开孔抗震墙 ·加固 RC 抗震墙 ·腰墙、挂墙衬 ·梁加固 ·柱加固 ·支撑加固
	消能减震加固技术 ·黏滞阻尼器 ·黏弹性阻尼器 ·形状记忆合金阻尼器等	消能减震加固技术适用于中高层建筑物加固。通过消能减震器等装置消耗地震传给建筑物的地震能量从而减轻结构的地震反应。工期和成本的投入较多,但加固时住户不必迁出,加固后也不影响使用效果	消能减震加固效果示意图 无消能减震阻尼器(无加固) 层间安装有消能减震阻尼器

抗震改造技术	隔震加固技术 · 基础隔震 · 中间层隔震	隔震加固技术是一种能够确保具有很好抗震性能的加固法。通过将隔震装置安装在基础或层间来大幅度减小地面传来的地震力。加固技术的工期和成本投入比较大,但加固时住户不必迁出,加固后建筑物的使用效果很好	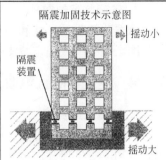

4. 为推动抗震改造计划采取的措施和提供的支持

（1）来自地方公共团体的指导和信息发布。

（2）关于建筑用地交易行业法（宅地建物取行业法）修改的重要内容说明。

（3）辅助制度概要。

（4）融资制度概要。

（5）税制概要。

（6）抗震改造支援中心。

8.2　日本住房和建筑物抗震改造现状与促进法的修订概况

日本对部分建筑物抗震改造法进行了修订,由日本国土交通省于 2006 年 1 月 26 日颁布实施。

8.2.1　住宅和建筑物抗震改造现状

1. 阪神和淡路大地震受灾情况

阪神和淡路大地震死亡人数大约 90％是由住宅的倒塌引起（见表 8-3）。1981 年以前的建筑物受损严重。

地震中死亡人数统计结果　　　　　　　　　　　　　　表 8-3

项目	死亡人数(百分比)
因房屋、家具等的倒塌导致被压死亡人数	4831(88％)
烧死人数(火烧尸体)及疑似数	550(10％)
其他	121(2％)
合计	5502(100％)

注：1. 本表源自 1995 年度《警察白皮书》；

2. 2003 年 12 月 25 日死亡人数 6434 名、全部倒塌房屋数大约 10.5 万户（消防厅）。

2. 住宅和建筑物抗震改造现状与目标

（1）抗震化现状

现有住宅总数（大约）4700 万户,其中 1150 万户（25％）抗震性能不能满足要求；特殊建筑物总数大约 36 万栋,其中约 9 万栋（25％）抗震性能不能满足要求。

（2）今后 10 年内的抗震改造目标

住宅目标：抗震改造率大约 75％～90％。

特殊建筑物目标：抗震改造率大约 75%～90%。

（3）为达到目标需要的户数（见表 8-4）

为达到目标需要的户数 表 8-4

目前住宅实现抗震改造户数		实现目标需要的户数
改造大约 5 万户/年	⇒	大约改造 10 万～15 万户/年
改建大约 40 万户/年		大约改建 45 万～50 万户/年
目前特殊建筑物实现抗震改造栋数		实现目标所需要的栋数
大约改造 1000 栋/年	⇒	大约改造 3000 栋/年
大约改建 1000 栋/年		大约改建 2000 栋/年

3. 抗震改造业绩（见表 8-5）

抗震改造业绩 表 8-5

	住宅（包括共同住宅）	特殊建筑物
总计	大约 4700 万户	大约 17.3 万栋
抗震诊断业绩累计	大约 26 万户	大约 4.7 万栋
其中国库补助	大约 21 万户	62 栋
抗震改造业绩累计	大约 1 万户	大约 1.2 万栋
其中国库补助	54 户（独户：14 户）（共同住宅：40 户）	61 栋

注：2005 年 3 月 31 日前。

4. 参加抗震评估和改造讲座的人数（见表 8-6）

参加抗震评估和改造讲座的人数 表 8-6

讲座分类	人数（名）
木结构	29400
钢筋水泥结构	23800
钢结构	12200
钢骨钢筋混凝土结构	1700
其他抗震评估和改造讲座	6700
参加讲座总人数	73800

8.2.2 修订抗震改造促进法的要点

1. 推进有计划地抗震改造

国家制定基本方针，地方公共团体制定抗震改造计划。

2. 加强对建筑物的指导

对阻塞道路的住宅等进行指导和提示。

地方公共团体指导对象增加学校、身边无子女家庭等（目前的指导对象只限于商场、剧场等数目不确定场所所在的建筑物）。

公布不听从地方公共团体指示的特殊建筑物。

命令易倒塌的高危特殊建筑物按照建筑标准法进行改造。

3. 增加救援措施

抗震改造计划认定对象中增加经过一定改造的抗震改造工程等。

抗震改造救援中心提供抗震改造信息等。

8.2.3 修订抗震改造促进法基本方针概要

1. 促进建筑物抗震评估及改造的基本内容

住宅、建筑物业主应积极参与。国家及地方公共团体应为他们提供最大限度的支持。从灾害发生的角度加强公共建筑物的抗震功能。

相关行政厅（努力）对所有特殊建筑物实施指导、提示。对不符合规范的、具有一定规模的建筑物进行指导，仍然不符合规范的公开其结果。对极其危险的建筑物，根据建筑标准法对其进行劝告或命令。

采取防止承重墙倒塌及窗玻璃、顶棚掉落等措施，防止地震发生时被困在电梯内的措施。

2. 制定建筑物抗震评估及改造内容

到 2015 年，住宅及特殊建筑物抗震改造率至少分别达到现有建筑的 75％和 90％（这期间，需要对大约 100 万户住宅和 3 万栋特殊建筑物进行抗震改造）。

为了实现抗震改造目标，5 年内需要对至少 100 万余户的住宅、10 年内对 150 万～200 万余户的住宅、5 年内对 3 万余栋特殊建筑物和 10 年内对 5 万余栋特殊建筑物进行抗震评估。

3. 实施建筑物抗震评估及改造的技术指标

公布建筑物抗震评估和改造的技术指标。

新增建筑物占地面积规定。

4. 普及启蒙教育

提供防止地震灾害的地图信息，通过町内会议开展启蒙和普及教育。

5. 制定都道府县抗震改造促进计划的基本内容

迅速制定都道府县抗震改造促进计划。

制定抗震改造目标，特别是与相关部局合作制定对学校、医院、厅舍等公共建筑物迅速实施抗震评估并公布评估结果的抗震改造目标。

作为地震发生时保障通行的道路，划定紧急运输道路、避难道路等。特别是紧急运输道路中联系各灾害发生地设施的道路，作为灾害发生时的重要道路，2015 年度前完成划定沿途建筑物抗震改造所需要的道路。

规定对建筑物业主的帮助制度、公布详细的防止地震灾害地图、设置咨询窗口、分发宣传手册、提供信息、举办讲座、启蒙、普及、召开町内会议等相关支持措施。

希望在所有市町村制定抗震改造促进计划。内容以都道府县计划为准，根据本地区固有的情况制定。

8.3 日本建筑抗震修复加固 SRF 技术

8.3.1 基本概念

1. 定义

SRF 加固技术（Super Reinforcement with Flexibility，超高延性加固技术）是一种用

中等强度的粘结材料（聚氨基甲酸酯类）粘贴高延性的聚酯增强材料的加固技术。

2. 特点

SRF 加固技术具有基层处理简单、工序少、材料重量轻、价格便宜等优点，特别是所用的材料没有毒性和刺激性，加固后结构的延性能够得到极大的提高。

3. 材料参数与加固效果

SRF 与其他加固材料的比较见表 8-7 和图 8-2；与其他加固技术的比较见表 8-8。

SRF 与其他加固材料性能的比较　　　　　　　　　　　　表 8-7

比较内容		SRF	碳纤维 (200g/m²)	钢板 (4.5mm 厚)	钢板 (1.0mm 厚)	钢筋
材料自身的参数	弹性模量(GPa)	6.3	235	220		210
	屈服强度(MPa)	63	—	325		325
	断裂强度(MPa)	580	3400	400		440
	断裂应变(%)	17	1.5	20		20
	厚度(mm)	4	0.44	4.5	1	1.26
加固效果指标	拉力系数(N/m)	25200	25850	999000	220000	264600
	屈服力系数	252	149～299	1462	325	400
	断裂力系数	2320	374	1800	400	554
	有效应变	0.5	0.5	0.5	0.5	0.5
	延性系数	34	3	40	49	40

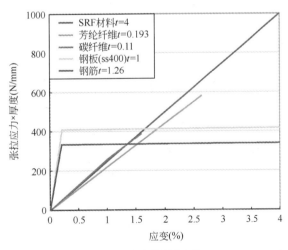

图 8-2　加固效果比较

SRF 加固技术与其他加固技术的比较　　　　　　　　　　表 8-8

比较内容	钢筋混凝土加固	钢板加固	碳纤维加固	高延性加固（SRF）
开发年代	1855 年	1974 年	1980 年	2000 年
补强材料	钢筋	钢板＋树脂	各种高强度的纤维材料＋高强度的粘结树脂	高延性的聚酯增强材料＋中等强度的粘结材料（聚氨基甲酸酯类）

比较内容	钢筋混凝土加固	钢板加固	碳纤维加固	高延性加固（SRF）
施工方法	钢筋设置＋浇筑混凝土	用树脂包钢板	用树脂包裹纤维材料	用中等强度的聚氨基甲酸酯粘贴高延性的聚酯增强材料，必要的时候可以设置螺栓等锚固
主要特征			缺点:加固成本高，树脂有毒性	具有基层处理简单、工序少、材料重量轻、价格便宜等优点，特别是所用的材料没有毒性和刺激性，加固后结构的延性能够得到极大的提高

8.3.2　一般规定与计算设计方法

（1）SRF 加固技术不受轴压比限制，可适用于任意轴压比的柱子。

（2）可以只对柱子或墙构件局部进行加固。

（3）SRF 加固技术的计算设计方法参考缠绕碳纤维布抗震加固计算设计方法，但需要按照表 8-7 提供的材料参数或具体材料参数进行设计。

8.3.3　施工方法

（1）在柱子和墙体均需要加固时，考虑到墙体具有一定的安全性，优先加固柱子。

（2）加固后可以采用纤维板、砂浆或者涂漆等一般性装饰，也可以采用石材进行加固。

（3）胶粘剂采用聚亚胺酯系产品，对人体无害。

（4）SRF 加固技术的施工方法见图 8-3。

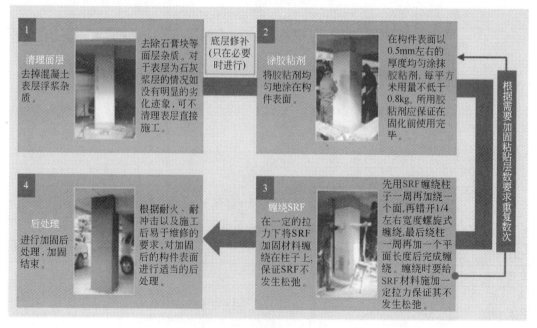

图 8-3　SRF 加固技术的施工方法

8.3.4　造价

每个柱子的工程总费用约为 20 万～50 万日元。

8.3.5　SRF 技术加固效果的验证试验

独立行政法人国家防灾科学技术研究所和东京大学利用该研究所的大型振动台共同进行了偏心鸡腿式桩基（墙壁偏向一侧，一层楼部分墙壁少，倒塌危险性高的结构）模拟地震振动台试验。试验模型为 2 个 6 层钢筋混凝土楼房的小比例模型（见图 8-4），在第一层的一侧进行 SRF 加固，施加实际发生的地震地面运动。未进行加固的钢筋混凝土结构在遭受神户海洋气象台采集的地震地面运动记录的第 3 个波时达到极限，在遭受智利地震地面运动的第 4 个波时发生了倒塌；采用 SRF 加固的模型经受住了 JR 鹰取站的地震地面运动、智利地震地面运动的第 2 个波和各种震级为 7 级的地震地面运动，即使施加了共计 7 次大地震地面运动，也能保持稳定的振动，没有发生倒塌。

试验结果表明（见表 8-9），即使受到阪神大震灾的鹰取波（125kine），也具有竖向承载力和水平抗震能力。

无加固的试验模型在受到第 4 个波振动时，柱子发生严重损坏，楼层倒塌，而进行了 SRF 加固的试验模型，在受到阪神大地震的鹰取波时，即使在 1/23 的大变形时，也具有竖向承载力和水平抗震能力（见图 8-5）。通过本振动台试验，实际验证了经过 SRF 加固的柱子能大幅度提高延性，具有良好吸

图 8-4　振动台试验模型

收地震能量的能力。此外，经过 SRF 加固的柱子即使发生大的变形，轴向也几乎不收缩，虽然在其柱子端部发生了混凝土变成粒状的情况，形成了塑性铰，但除此之外的部分，没有见到大的损伤。结果显示出它具有钢板或连续纤维加固不具备的优良抗震性能。

SRF 加固技术的试验结果　　　　　　　　　　　　　　表 8-9

波次	地震名	无加固	SRF 加固
第 1 波	宫城县海面地震	无伤。弹性状态	无伤。弹性状态
第 2 波	Centro 波×1	无伤。大致弹性状态	无伤。大致弹性状态
第 3 波	阪神大震灾第 1 次×2	支柱有剪切裂缝，耐力下降	超过弹性域，但见不到明显的损伤
第 4 波	智利地震第 1 次	加震中，轴方向急速变形，丧失轴耐力。楼层倒塌	塑性化增进，但还维持着耐力。轴方向变形没变化
第 5 波	阪神大震灾第 2 次		刚性下降，变形加剧。轴方向变形没变化
第 6 波	智利地震第 2 次		水平方向的变形进一步加剧，但在轴方向仍然稳定
第 7 波	智利地震第 3 次		支柱两端形成塑性铰，但还保持有轴耐力，不倒塌

第4个波时,柱子严重
损坏,墙壁倒塌。

即使经历第7个波地震
时,柱子也没有损坏,且
墙壁也没有明显的损伤。

在第7次波加震后,经SRF加固柱子的内部情况。

图 8-5　试验过程中柱子损坏情况

8.4　日本学校建筑设施抗震性能评估与加固（重建）计划指南

8.4.1　概述

为确保地震发生时学生的人身安全，同时考虑将学校作为当地居民的应急避难场所，如何提高学校设施的抗震性能并将学校设施建设成为避难场所是十分重要的课题。

到目前为止，有关学校设施的抗震性能，教育部要求地方公共团体采用安全度系数、增加设计地震荷载的设计方法。对于新抗震规范实施（昭和 56 年，即 1981 年）以前的学校建筑设施，应紧急采取抗震性能评估和抗震加固措施。

教育部 2002 年 5 月全国公立学校设施抗震修复状况紧急调查结果表明，采用 1981 年以前的规范建设的建筑物，其通过抗震性能评估的只有 30%，据估计全体公立学校设施抗震性能不能满足要求的达到 40% 以上。

鉴于此，2002 年 10 月召开了"学校设施的抗震性能调查研究合作伙伴会议"，在相关调查研究的成果上，紧急召集地方公共团体和学校设施管理者重新讨论抗震对策，有关结果于 2003 年 4 月发布报告"关于学校建筑设施抗震性能评估与加固计划指南"。包括：

制定有关学校建筑设施抗震性能评估和加固的基本思想；叙述基于抗震优先级调查；介绍基于抗震性能评估结果的学校建筑设施抗震加固紧急度判断方法；阐述学校建筑设施抗震性能评估和加固计划实施的办法；给出注意事项。今后，要切实并灵活地使用本指南，管理学校建筑设施的抗震性能评估与加固。

8.4.2　学校建筑设施抗震性能评估和加固计划制定的基本思想

1. 学校建筑设施抗震性能评估和加固的必要性

（1）确保学生的安全及教育活动尽早恢复

学校设施作为学生每天大多数时间的学习、生活场所，确保其安全性是极其重要的。因此，在地震发生时，为了保证学生的生命安全，并且使灾后教育活动能尽早恢复，必须充分考虑学校建筑设施的抗震性能，使建筑设施和设备的损失达到最小。

（2）学校是非常灾害发生时当地居民的应急性避难场所

学校设施是与当地居民最切身相关的公共设施，它不仅是学生学习生活的地方而且对当地居民来说也是学习及交流的场所，并且在地震等灾害发生时还要保证其作为当地居民应急性避难场所。为此，学校建筑设施应具备相关功能以保证灾难发生时能发挥作用。

（3）制定学校建筑设施抗震性能目标

对于学校建筑设施，考虑到要确保地震发生时学生的生命安全，以及作为受灾后应急避难场所等功能，要进行与新增建筑、改建、抗震加固等有关的整合，采用重要度系数和设计地震力的增加等措施，从而确保其抗震性能。

2. 既有学校建筑设施抗震性能评估和加固计划制定的基本方针

（1）倒塌或严重毁坏带来灾难后果的学校建筑设施优先实施抗震性能评估和加固的对策

为了防止在地震发生时学生人身受到伤害，进行抗震优先级调查及基于抗震性能评估的紧急实施力度调查，正确把握各个学校建筑设施的抗震性能，同时考虑该地域潜在的地震大小，对倒塌和严重毁坏危险度大的建筑设施进行重建或抗震加固。

（2）考虑学校建筑设施特点的抗震性能评估

以学校建筑设施的抗震性能评估为基准，根据各个学校建筑设施特性的不同，选择合适的评估方法。

对于钢筋混凝土框架结构的校舍，一般来说宜按照 2001 年修订版《既存钢筋混凝土建筑物的抗震评估基准·同解说》（（财）日正式建筑防灾协会）的第 2 次评估处理。

室内运动场的抗震性能评估，应按照《室内运动场等的抗震性能评估基准》（1996 年版）（文部科学省大臣官房文教设施部）进行评估。

（3）抗震性能评估结果和抗震计划的公布

学校建筑设施抗震的重要性及急迫性，需要财政部局、建设部局、防灾部局的行政人员，以及教职员、监护人和当地居民等有关人员的理解。

为此，地方公共团体的所有者，在所管辖学校设施的抗震优先级调查、抗震性能评估结果和抗震计划制定公布后，有必要对其内容进行广泛的讨论，听取各方的意见。

（4）学校建筑设施非结构构件的抗震性能检查和抗震对策

建立地方公共团体的组织者和专业人士组成的专家组，参考"学校建筑设施的非结构构件抗震性能检查的调查研究（报告书）"（（公司）日本建筑学会），对室内运动场和校舍等建筑的顶棚木材、机电设备、外壁和内壁等的非结构构件进行紧急抗震性能检查，提出抗震对策。

（5）学校建筑设施质量提高的实施计划

地方公共团体的组织者，在推动提高所管辖的学校建筑设施抗震性能过程中，按照《学校建筑设施改善指南》，讨论学校建筑设施质量提高的问题，并把该问题列入学校建筑设施规划·筹划的综合改善中。

（6）抗震性能评估和加固计划的制定

地方公共团体的组织者，对管辖内的新抗震标准实施（1981 年）以前建设的学校建筑设施，依次进行抗震优先级调查、抗震性能评估、抗震加固或重建及其他的抗震对策，制定实施进度计划。

8.4.3 既有学校建筑设施抗震性能评估和加固计划的制定

1. 计划制定的要点

（1）建立组织

为了顺利迅速地推动学校建筑设施抗震评估和加固计划的实施，需要当地的公共机构（如教育委员会、财政厅、建设厅、灾害管理机构和其他的政府官员），会同有关的建筑与结构专家，以及设计人员和教职员联合成立委员会。

此外，建筑与结构专家应成立特别委员会，制定"计划"的具体内容和对策。

（2）制定计划

制定既有学校建筑设施抗震性能评估和加固计划的基本流程如图 8-6 所示。

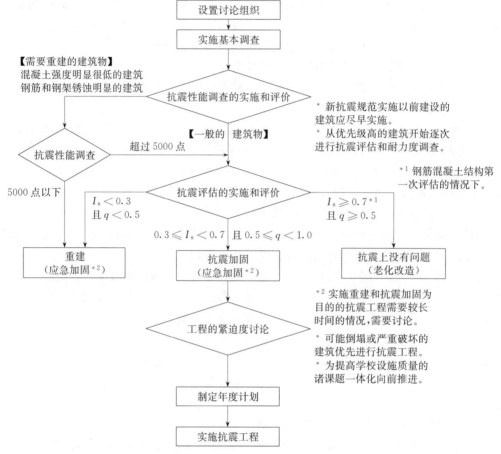

图 8-6 既有学校建筑设施的抗震性能评估和加固（重建）计划制定流程图

注：本流程是抗震计划制定一般流程的示例。

在抗震计划制定时，要避免地震和余震发生时的人员受伤，把建筑物等的损伤降低到最低程度，特别应重视对可能倒塌和严重毁坏危险度大的学校建筑设施抗震性能的评估和加固。

在选择具体的抗震加固方法时，通过多种施工方法的比较，以及工程费和工程单价的论证，制定合理的抗震计划。

（3）制定抗震计划目标

制定抗震计划应明确一定的时间内完成的具体目标。

2. 基本调查

（1）建筑设施实际状态调查

对各个学校建筑设施的建造年代、面积、房屋数量、过去是否进行过抗震性能评估和抗震等级调查、是否进行过抗震加固以及地震和火灾等受灾经历等基本信息进行调查。

（2）确认设计图纸

需要确认各个学校建筑设施是否保存了设计图纸（设计·结构）、结构计算书、地基调查资料等。若没有设计书，则要进行现场调查，制作平面图、剖面图及其他必要的图纸。如果有设计图纸，也要对照确认该设计图纸和实际建筑物的状况。

（3）活动断层等资料的收集

当该地域周边处于活动断层位置时，应收集地震受害调查结果等资料，预测该地域可能发生的地震大小。

可参考"概观全国的地震动预测地图"。

（4）确认指定避难设施的状况

各个学校设施中，需要确认哪些作为地震等灾害发生时的避难设施。

（5）把握撤销与合并计划

从中长期性的角度研究抗震计划，把握管辖的学校的撤销与合并·转用计划和市镇村合并计划等。

3. 抗震优先级调查的实施和评价

（1）抗震优先级调查的目的

抗震优先级调查的目的是针对学校数量较多的情况下，优先从哪个学校开始进行抗震性能调查和评估。

（2）抗震优先级调查的注意事项

在管辖的学校设施较少的情况下，可以省略抗震优先级调查，直接进行抗震性能调查和评估。

对于砌体结构的低层建筑物，省略本调查，根据1次评估结果确认抗震性能。如果评估结果是 $I_s \geqslant 0.9$，可判定为"抗震上问题少"；当 $I_s < 0.9$ 时，继续进行第2次评估，根据"抗震性能评估的实施及抗震紧迫度的判断"判定抗震的紧迫度排序。

兵库县南部地震中受害极为严重的轻质预制混凝土板屋顶的室内运动场，对于这类建筑，应按照"文教设施的抗震性能等的调查研究（报告书）"（（公司）日本建筑学会），对"（3）③抗震性能优先级调查的评价方法"的优先级排位 R_p 作为①，紧急地实施抗震性能评估。

对于钢结构的室内运动场，应采取措施防止梁端部的支座（滚轴支座等）滑落。对纵向没有钢结构的情况，要按照"（4）③抗震性能优先级调查的评价方法"的优先级排位 S_p 作为①的情况，紧急地实施抗震性能评估。

除钢筋混凝土校舍及钢结构室内运动场以外，对如木结构、砌体结构、钢筋混凝土结构等学校建筑设施，各方面专家应联合讨论抗震性能评估的优先级问题。

（3）钢筋混凝土校舍的抗震性能优先级调查

1）抗震性能优先级调查的实施方法

关于钢筋混凝土校舍的抗震性能优先级调查，根据建筑物的建设年代及层数，按表8-10中Ⅰ～Ⅴ分类，其次按表8-11的补充条款进行分析。

①基本分类

根据建筑物的建设年代及层数分为以下5类（1971年）（见表8-10）。

建筑物分类　　　　　　　　　　　　　　　　表8-10

分　类	相符合的建筑物
Ⅰ	1971年以前建成的3层以上的建筑
Ⅱ	1971年以前建成的2层建筑和1972年以后建成的4层以上的建筑
Ⅲ	1971年以前建成的平房和1972年以后建成的3层建筑
Ⅳ	1972年以后建成的2层建筑
Ⅴ	1972年以后建成的平房

再者，关于平衡框架的建筑物，不管建设年代及层数，都归于Ⅰ分类。

②补充条款

对于调查的建筑物，按下列5项分析，结果按A、B、C分类。

对于c和d，按设计图纸进行判断，如果没有图纸则要根据现场调查判断。校舍平面不是单一走廊形式的情况，分为B类。

对于b、c和d 3个项目进行最下层调查。对4层以上的建筑物的最下层和最上面2层进行调查，以评价最低的层为标准进行分类。

a. 混凝土强度

对于该建筑物结构部位的混凝土进行强度测试，并和原设计基准强度进行比较，按表8-11进行分类。

混凝土强度分类　　　　　　　　　　　　　　　表8-11

分　类	A	B	C
强度试验值/设计基准强度	1.25以上	A、C以外	1.0以下

强度测试，每层各取3个左右的混凝土核心进行试验，以各抗压强度平均值的最小值作为强度试验值。关于混凝土核心的取样方法，参考2001年修订版《既有钢筋混凝土建筑物的抗震评估基准·同解说》中的"2.5.1混凝土材料的调查"。

强度试验值为13.5N/mm² 以下或者为设计基准强度的3/4以下的情况，以下b～e调查省略，在"③抗震性能优先级调查的评价方法"的优先级R_p定为①。

b. 老化

对于柱、梁等的主要结构部位老化状况（钢筋腐蚀、裂纹等）的调查，根据调查结果按表8-12分类。对于老化的状况，根据目测调查判断，参考"公立学校建筑物的耐力量度简略调查说明书1"、"钢筋混凝土造（2）保存度"，如表8-13、表8-14所示。

老化程度的分类　　　　　　　　　　　　　　　表8-12

分　类	A	B	C
程　度	钢筋锈蚀度和裂缝共同评价1	A、C情况以外	钢筋锈蚀度和裂缝共同评价

钢筋锈蚀度评价 表 8-13

评 价	1	2	3
程 度	没有特别的问题	有生锈	钢筋暴露及锈蚀膨胀

裂缝评价 表 8-14

评 价	1	2	3
程 度	几乎不可见	有裂缝,但宽度未达 1mm	有 1mm 以上宽度裂缝

a) 钢筋锈蚀度

柱、梁、墙的调查,采用最低评价。

b) 裂缝

柱、梁、墙的调查,采用最低评价。

c. 平面布置

对建筑物的开间方向及房檩长度方向的结构布置调查,结果按表 8-15 分类。

开间方向的布置,有无单跨形式(开间方向只有两个柱子);房檩长度方向的布置,按各柱距的长度,按表 8-15 分类。

开间跨数及柱距分类 表 8-15

分 类	A	B	C
开间跨数	没有单跨	A、C 以外	一半以上单跨
长向柱距	跨度 4.5m 以下		一半以上跨度大于 6m

d. 抗震墙的设置

抗震墙设置的调查,根据结果按表 8-16 分类。

下层无墙结构的有无、开间墙的间隔及各墙有无分类 表 8-16

分 类	A	B	C
下层无墙结构	无	A、C 以外	有
开间墙的间隔及有无隔墙	9m 以下有双隔墙		12m 以上无隔墙

注:隔墙,只有一侧有的情况也作为无隔墙。

对于下层无墙结构(是指在一个结构中,2 层以上有抗震墙,正下层没有抗震墙的情况)并且是 3 层以上的建筑物进行调查,2 层的建筑物无需进行调查。

对开间方向配置抗震墙的情况进行调查,隔墙和双隔墙也要进行调查。

e. 估计地震烈度

调查该建筑物地域的估计烈度,根据结果按表 8-17 进行分类。如果估计烈度不能确定,则分为 B 类。

估计烈度的分类 表 8-17

分 类	A	B	C
烈 度	5 度以下	不到 6 度	6 度以上

2) 抗震性能优先级调查的汇总

按表 8-18 汇总抗震性能优先级调查的结果。

抗震性能优先级调查结果汇总 表 8-18

分 类		评价项目	评价等级
基本分类		建设年代( )层数( )	Ⅰ Ⅱ Ⅲ Ⅳ Ⅴ
补充条款	混凝土强度	设计基准强度( )强度试验值( )	A B C
	老化	筋腐蚀度( )开裂( )	A B C
	平面布置	开间跨数( )长方向跨度( )	A B C
	隔墙的设置	下层无墙结构( )开间墙间隔( )隔墙有无( )	A B C
	估计烈度	估计烈度( )	A B C

3) 抗震性能优先级调查的评价方法

按照抗震性能优先级调查结果汇总表，遵从以下流程图（见图 8-7），进行修正（A 进行优先级降低的优先级修正，C 提高优先级的修正），最终得到该建筑物的优先级排位 R_p。轻质预制混凝土板屋顶的室内运动场，优先级 R_p 应为①。

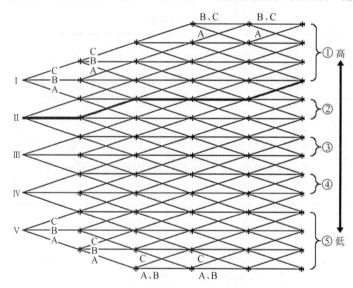

图 8-7 修正条款优先级的评价流程图

注：1. 图 8-7 中的粗线，在基本分类Ⅱ的建筑物，修正条款的分类分别为混凝土强度 B，老化 C，
平面布置 B，抗震墙的配置 B，估计烈度 C，修正后优先级成为①（最优先）；

2. 调查多层时，根据各层调查优先级，最后采用其中优先级高的排位。

（4）钢结构室内运动场的抗震性能优先级调查

1) 抗震性能优先级调查的实施方法

钢结构室内运动场的抗震性能优先级的调查，按如下①～⑦的条款进行分析。对②～⑥的条款，根据代表性的部位（柱子、大房梁、墙壁钢筋、屋檐横梁）的目测调查评估，必要时采用照片记录。目测调查应尽量大范围的调查。

①钢结构框架的抗震性能 I_{SB}

a. 计算方法

建筑物纵向为钢结构框架的情况，根据公式(8-1)计算其抗震性能 I_{SB}。对该种情况以外的情况，取 A 类。

$$I_{SB}=C_{yi}\times 1.3/(A_iF_{esi})$$ (8-1)

没有结构计算书的情况：$C_{yi}=0.25$；

有结构计算书的情况：$C_{yi}=0.22\times(f/\sigma)_{min}$。

$(f/\sigma)_{min}$ 是对钢筋短期容许应力度和地震作用时应力度的比值（富余度），从结构计算书得到。如果计算多根钢筋，应采用最小值。

A_i 为建筑标准法第 88 条中的 A_i，F_{esi} 同第 82 条第 4 点中的 F_{esi}。如果符合下情况，可以采用以下数值：

钢结构平房：$A_iF_{esi}=1.0$；

钢结构 2 层建筑：（第二层）$A_iF_{esi}=1.4$；（第一层）$A_iF_{esi}=1.0$；

RS（指钢筋混凝土和钢框架混合，上部为结构钢框架，下部为钢筋混凝土的结构）复合结构的 2 层建筑：$A_iF_{esi}=2.0$。

b. 评价等级

根据计算出的 I_{SB} 值，按表 8-19 进行分类。

I_{SB}值的分类　　　　　　　　　　　　　　　　　　表 8-19

分　　类	A	B	C
I_{SB}值	0.7 以上	0.3～0.7	0.3 以下

②钢材腐蚀度 F

a. 计算方法

根据柱中部和柱脚的测试点，计算出平均值 F。

柱脚没有暴露，则腐蚀度的状况，按照《既有钢框架学校建筑物的耐力量度测量方法》（修订版）"3.2.4 钢材腐蚀度"目测进行判断。

$$F=0.5(f_{轴组}+f_{柱脚})$$ (8-2)

$f_{轴组}$ 为中间材料的腐蚀度，$f_{柱脚}$ 为露出柱脚的腐蚀度。对于没有露出柱脚的情况（或无法确认的情况）$F=f_{轴组}$。腐蚀度的区分见表 8-20。

腐蚀度的区分　　　　　　　　　　　　　　　　　　表 8-20

没　　有	1.0	部分生锈	0.6
有点锈	0.8	缺陷锈	0.4

b. 评价等级

根据计算出的 F 值，按表 8-21 进行分类。

F 值的分类　　　　　　　　　　　　　　　　　　表 8-21

分　　类	A	B	C
F 值	0.8 以上	0.6～0.8	0.6 以下

③屈曲状况 N

a. 计算方法

根据代表性的中间部材，区分局部屈曲和整体屈曲，计算出相乘值 N。屈曲状况参考《既有钢框架学校建筑物的耐力量度测量方法》（修订版）"3.2.5 屈曲状况"目测进行调查判断。

$$N = n_{局部} \times n_{全体} \tag{8-3}$$

$n_{局部}$ 代表部材的局部屈曲，$n_{全体}$ 代表部材的整体屈曲。屈曲状况区分见表 8-22。

屈曲状况区分　　　　　　　　　　　　　　　　表 8-22

没　有	1.0	明　显	0.6
轻　微	0.8		

b. 评价等级

根据计算出的 N 值，按表 8-23 进行分类。

N 值的分类　　　　　　　　　　　　　　　　表 8-23

分　类	A	B	C
N 值	0.7 以上	0.5~0.7	0.5 以下

④熔接状况

a. 计算方法

对有代表性的框架结构梁柱交接处的熔接状况进行调查，计算出 M 值。

熔接状况参考《既有钢结构学校建筑物的耐力量度测量方法》（修订版）"3.2.8 连接方式"目测计算。

$$M = \min(m_0, m_1, m_2, \cdots, m_n) \tag{8-4}$$

m_n 代表框架结构梁柱熔接处的熔接状况，以各调查值的最小值作为 M 值。熔接状况区分见表 8-24。

熔接状况区分　　　　　　　　　　　　　　　　表 8-24

没有异常	1.0	有破损**	0.4
有变形*	0.7		

* 对翼缘没有完全熔透的情况，焊接缝整体形状有变形；

** 对翼缘没有完全熔透，焊接缝整体形状有变形，有下陷，有重叠，以及有未处理的凹坑。翼缘的隔板有脱落，以及钢板覆盖导致 H 形断面的型钢无法判断隔板的情况，都归为有破损一类。

b. 评价等级

根据计算出的 M 值，按表 8-25 进行分类。

M 值的分类　　　　　　　　　　　　　　　　表 8-25

分　类	A	B	C
M 值	1.0	0.7	0.4

⑤结构安全性

取代表性的中间部材，按表 8-26 中的 3 项进行调查，并按表 8-27 进行分类。如果任何一项符合就作为 C 类。

危险性相关项目检查 表 8-26

1	代表性的中间部材结点,设计图纸和现状在承载能力方面有出入(构件的脱落,断面尺寸和螺丝数量的差异等)
2	代表性的中间部材结点,有锈蚀和屈曲以外的显著变形损伤,断面缺损或钢表面龟裂
3	结构长方向上,支撑框架拆除了一部分

结构安全性分类 表 8-27

分 类	A	C
危险性有无	不能认可	认可

⑥涉及落下物的安全性

在室内运动场中,对表 8-28 中的项目进行调查,并按表 8-29 进行分类。如果有一处被确认,就分为 C 类。

倾倒、落下等危险性事例 表 8-28

1	墙面(向面外倾倒)
2	屋顶的木材(或小房梁等)(由于在结点破坏,落下等)
3	混凝土中埋入钢材的锚固处(柱脚、梁锚固处)(由于损伤导致混凝土剥落)
4	墙壁上的加工木材、吊绳、顶棚木材等(落下等)
5	地板支撑木材(移动、倾倒等)

分 类 表 8-29

分 类	A	C
危险性有无	不能认可	认可

⑦估计烈度

对建筑物所在地区的地震估计烈度进行调查,其结果按照表 8-30 进行分类。如果无法估计烈度,则归于 B 类。

分 类 表 8-30

分 类	A	B	C
烈 度	5 度以下	不到 6 度	6 度以上

2)抗震性能优先级调查的汇总

抗震性能优先级调查的汇总按表 8-31 填写。

抗震性能优先级调查汇总 表 8-31

分 类	评价项目	评价等级
钢结构框架的抗震性能	$I_{SB}=(\quad)$	A B C
钢结构腐蚀度	$F=(\quad)$	A B C
屈曲状况	$N=(\quad)$	A B C

分　类	评价项目	评价等级
熔接状况	$M=$（　　）	A B C
结构安全性	（　　）	A 　 C
涉及落下物的安全性	（　　）	A 　 C
估计烈度	（　　）	A B C

3）抗震性能优先级调查的评价方法

按照抗震性能优先级调查汇总表，根据公式（8-5）算出优先级指标 P，从而得到该建筑物的抗震性能评估调查的优先级排位 S_p。见表 8-32。

对于屋顶房梁没被固定在支持构件上（滚动支承等），并且没有防止落下措施的结构，以及房檩的长度方向的钢结构部分只以非刚接连接的建筑物，其优先级排位 S_p 作为①。上述 1）中抗震性能优先级调查的实施方法的⑥项涉及落下物等安全性是 C 的情况，需要该地方尽快实施详细的调查，紧急地确定恰当的对策。

$$优先级指标 P=（B 的数量）+5×（C 的数量） \tag{8-5}$$

钢结构屋内运动场的优先级评价 表 8-32

优先级指标 P	优先级等级 S_p
21～35	①高
16～20	②
11～15	③
6～10	④
0～5	⑤低

8.4.4　抗震性能评估计划的实施及抗震改造紧迫度的判断

1. 基于抗震性能优先级调查结果的抗震性能评估实施方法

按照 8.4.2 及 8.4.3 叙述的抗震性能优先级调查的优先级排位，从优先级高的建筑物开始进行抗震性能评估并实施抗震性能的调查。在这种情况下，实施的抗震性能调查，主要考虑建筑物重建。对于钢筋混凝土校舍及钢结构室内运动场，基于抗震性能优先级调查结果的优先级排位出来后，哪个更加优先，要通过学校建筑设施的抗震性能的专门论证后，考虑各个建筑物的抗震性能优先级调查结果，对该建筑物进行综合判断。

对于有轻质预制混凝土板屋顶的室内运动场，按照"文教设施的抗震性能等的调查研究（报告书）"（（公司）日本建筑学会）进行抗震性能的评价和优先名次的判断。

对于钢结构室内运动场，屋顶房梁没被固定在支持构件上（滚动支承等），并且没有落下防止措施的建筑物，要紧急确定必要的防止落下对策，并根据"下部结构体的抗震评估结果"、"2. 基于抗震性能评估结果和抗震改造紧迫度的判断方法"判定紧迫度排位。

对钢筋混凝土校舍及钢结构室内运动场以外的建筑，如木结构、砌体结构、钢骨钢筋混凝土结构等学校建筑设施，也和相关专家合作，迅速进行抗震性能评估并实施抗震度调查，确定恰当的措施。

2. 基于抗震性能评估结果的抗震改造紧迫度的判断方法

按照抗震性能评估的结果计算出结构抗震指标（I_s）以及承受水平荷载的指标（q 或 $C_{TU}S_D$），遵从以下方法，判断建筑物重建和抗震加固的紧迫度。

（1）基于钢筋混凝土校舍抗震性能评估结果的紧迫度判断

按照抗震性能评估的结果，重建抗震性能低的建筑物和抗震加固紧迫度判定高的建筑。抗震性能，原则上根据结构抗震指标（I_s 或 $C_{TU}S_D$）判定，不过决定时也要根据承受水平荷载的指标（q）进行修正。

关于结构抗震指标（I_s）的紧迫度判断，在各层、各方向（房檩的长度方向及张开间方向）中，采用最小的代表值时，I_s 值及 $C_{TU}S_D$ 值的分布状况、其他方向的富余度、除用于 I_s 值估计的强度指标和韧性指标以外的组合等修正原因也要考虑。

下面给出按照紧急度排位分类例子及紧急度排位的修正例子。

承载水平荷载指标（q 或 $C_{TU}S_D$），是采用根据被估计的最大值相对应的强度指标 $C_{TU}S_D$、I_s、F_0，同时，为了判定安全（I_s 值 0.7 以上），注意 q 值必须在 1.0 以上（$C_{TU}S_D$ 值 0.3 以上）。

1）紧迫度等级的分类例子

紧迫度指标以 I_s 值 0.1 分类，q 值 1.5 以上（$C_{TU}S_D$ 值 0.45 以上）的情况，修正 1 个等级的指标分类。q 值 1.0 以上 1.5 以下（$C_{TU}S_D$ 值 0.3 以上 0.45 以下的）的情况，根据 I_s 值和 q 值（$C_{TU}S_D$ 值）的组合进行线形修正。如图 8-8 所示。

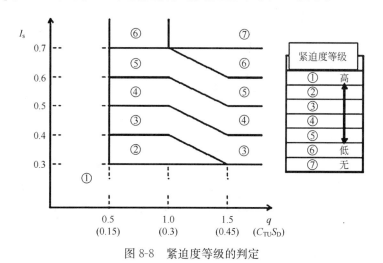

图 8-8　紧迫度等级的判定

2）紧迫度等级的修正例子

像下面的情况需要考虑按照实情，进行紧迫度等级的修正。

①混凝土强度的试验值为 13.5N/mm² 以下或只有设计基准强度的 3/4 以下，原则上紧迫度等级为①。

②对于底层缺少抗震墙的情况，开间缺少两面抗震墙抗震性能低的情况，S_D 指标的平面刚度为最低等级的情况，以及判断实际抗震性能比抗震指标更差的情况，紧迫度等级提高一级。

③在判断抗震性能指标时考虑到部分材料的脆性，像开间方向配置 5 的情况 $F=1.0$

（剪断的柱子），其抗震性能指标稍稍被过少估计，因此把紧迫度等级降低一级。

④当该建筑物所处的地区估计地震烈度在6度以上时，紧迫度等级提高一级。

如果估计烈度为7度，最好再提高一级的紧迫度。烈度7度的地域，或被确认距离断层5km以内的地域，建筑标准法中和第3种地基相当的堆积层厚的地域，以及悬崖地带和盆地边缘等地震动有被放大可能的地区。

在进行紧急度排位的判断时，估算 q 值，可以使用建筑基本法规定的必要的地域系数 Z，或者使用各地域能决定的数值。但是，考虑该地域的地震活动度和设定预计烈度的时候，地域系数 Z 为1.0。

⑤q 值在0.5（$C_{TU}S_D$值是0.15）以下的情况，根据 F 值大的推定 I_s 大，紧迫度等级定位①。在 q 值为0.5（$C_{TU}S_D$值是0.15）以上的情况下重新计算 I_s 值，重新判定紧迫度等级。

⑥如果2次评估和3次评估的结果不同，原则上采用2次评估的等级。但可以考虑3次评估的结果修正紧迫度等级。

（2）钢结构室内运动场的抗震性能评估结果的紧迫度等级

按照抗震性能评估的结果，重建抗震性能低的建筑物和抗震加固紧迫度判定高的建筑。抗震性能，原则上选择结构抗震性能指标（I_s）以及承载水平荷载的指标（q）判定。

算出 I_s 值和 q 值进行组合，决定紧迫度等级。如果每层 I_s 值和 q 值的组合存在多个，从而产生多个紧迫度等级，最终采用等级最高的。

1）紧迫度等级的分类例子

以下对 I_s 值为0.1，q 值为0.5的情况进行等级分类。如图8-9所示。

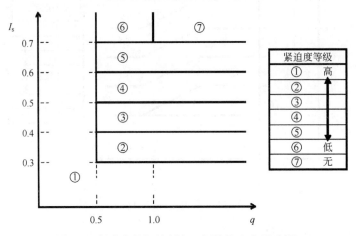

图8-9 紧迫度等级的判定（钢结构室内运动场）

2）紧迫度等级的修正例子

例如，下面的场合中，按照实际情况，考虑进行紧急度的排序。

①抗震性能优先级的调查中，在估计烈度以外的评价项目中，被认定为C等级的建筑物，其 I_s 值和 q 值无法反映出的情况下，按照危险性的实情，应该提高紧迫度的等级。

②如果该建筑物所在地域的预计烈度达到6度以上时，紧急度可以提高1个等级。这种情况下，使用 I_s 值以及 q 值估算的地域，系数 Z 为1.0。

如果估计烈度为 7 度，最好再提高一级的紧迫度。烈度 7 度的地域，或被确认距离断层 5km 以内的地域，建筑标准法中和第 3 种地基相当的堆积层厚的地域，以及悬崖地带和盆地边缘等地震动有被放大可能的地区。

在进行紧急度排位的判断时，估算 q 值，可以使用建筑基本法规定的必要的地域系数 Z，或者使用各地域能决定的数值。但是，考虑该地域的地震活动度和设定预计烈度的时候，地域系数 Z 为 1.0。

3. 选择重建还是抗震加固等的注意事项

抗震计划有重建和抗震加固两种。选择哪一种措施，地方公共团体等要根据这几点来决定：各个建筑物的抗震性能和耐用年数、对建筑物的有关人员的需要、事业需要的经费等勘察等。但是，在以下几种情况下，最好选择重建：抗震性能明显很低的情况下（紧急度①等级 I_s<0.3，q<0.5）、混凝土强度显著低的情况下（混凝土强度试验值在 13.5N/mm^2 以下，且在设计基准强度的 3/4 以下）、需要极多加固材料导致施工极为困难的情况下、抗震加固会显著恶化教育机能的情况下等。此外，在钢结构室内运动场，紧急度为①等级（I_s<0.3，q<0.5）的时候，也要注意中部钢材的替换和更新，改善抗震性能。

在实施抗震加固时，不能违背建筑基本法、消防法和其他现行法令，而且要注意该学校设施的撤销与合并、转用计划、该建筑物的历史价值、有关的市镇村合并等问题。

在既有学校设施中，对于教育环境的提高、信息环境的充实、降低与循环型社会对应的环境负荷、学校设施课题等都提出了改善其对应机能的要求。大规模改建的同时实施抗震加固，并提高质量。

8.4.5 制定抗震年度计划

1. 决定优先顺序

决定所管辖的学校设施进行抗震性能评估和加固（重建）的先后顺序时，要专门组织学校设施的抗震性能论证并设置相关部门，倒塌和发生严重损坏的紧急程度高的学校设施应当优先考虑，同时进行各个建筑物的抗震性能评估、整理有关学校设施质量提高方面的课题，综合性论证等也很重要。钢筋混凝土结构的校舍、钢结构室内运动场和轻质预置混凝土板屋顶的室内运动场等，按照抗震性能评估结果进行排位。关于哪个优先的问题，由学校设施抗震性能论证组织和专门部门，在对各个建筑物抗震性能评估结果的考察以及勘察建筑物需要的基础上，做出各种决定。

2. 工程量的估算

地方公共团体等，要想实现所管辖学校设施抗震性能达到要求这一目标，必要的土地面积以及经费等的估算、整体工程量的把握等都是十分重要的。

3. 计划时间的设定

地方公共团体等，要想迅速顺利地完成对地域实际状况、财政状况的勘察，并且快速完成所管辖学校设施抗震性能评估和加固（重建）计划的话，需要设定恰当的计划实施时间。

4. 制定年度计划的注意事项

制定年度计划时，确保抗震以外的其他事情的整合性、各个学校设施的耐用年限、恰当的抗震加固单位选择、考虑当地公共团体综合计划和地域防灾计划以及制定年度计划后尽快公布有关人员等。

8.4.6 抗震计划的实施

1. 选定恰当的抗震加固施工方法

学校设施的抗震加固计划中，确保儿童学生等的安全，考虑受灾后应急避难场所的功能、当地被预测的地震大小、重要度系数的采用和设计地震力的增减、抗震性能设计是十分必要的。

要达到学校设施的抗震加固，应有各种施工方法。注意施工费用，并根据各个建筑物特性和实际情况，选择对应的恰当材料。关于学校设施的结构特性，应参考文部科学省在2003年3月修订的《学校设施的抗震加强手册（RC结构校舍篇）》（2003修订版）以及《学校设施的抗震加强手册（钢结构室内运动场篇）》（2003修订版），其中记载了具体的抗震加固施工方法的选定和技术注意事项。

在实施抗震加固、提高学校设施的整体质量的时候，尽量参考"有关学校设施的抗震修复调查研究（报告书）"（（公司）日本建筑学会），其中记载了基本的想法以及具体的实施方法。

2. 非结构构件等的抗震修复方法

地方公共团体的组织者，需要在平时就注意维护管理学校设施，恰当进行设施和设备的检查与修复以及定期性维修。关于顶棚材料、各种器具、设备机器以及其他非结构构件等，把握抗震性能出现问题的构件、制定抗震修复计划和抗震修复前的紧急措施。对此应参考"有关学校设施的非结构构件等的抗震性能检查的调查研究（报告书）"（（公司）日本建筑学会）。

3. 应急加固

如果实施了抗震性能优先调查和抗震评估后，认为该建筑物的抗震性能非常低，但是重建和加固抗震性能需要较长时间，为确保儿童学生的安全，需要采取应急性的加固。

关于应急加固的具体方法，可以考虑参考文部省1999年3月汇总的《学校设施的应急修复手册》等。

附录 A 墙体截面抗震受剪极限承载力验算方法

A.1 水平地震作用标准值计算

（1）结构水平地震作用计算简图见图 A.1。基本烈度地震作用下结构的水平地震作用标准值可按下式确定：

$$F_{Ekb} = \alpha_{maxb} G_{eq} \qquad (A-1)$$

对于单层房屋：

$$F_{11} = F_{Ekb} \qquad (A-2)$$

对于两层房屋：

$$F_{21} = \frac{G_1 H_1}{G_1 H_1 + G_2 H_2} F_{Ekb} \qquad (A-3)$$

$$F_{22} = \frac{G_2 H_2}{G_1 H_1 + G_2 H_2} F_{Ekb} \qquad (A-4)$$

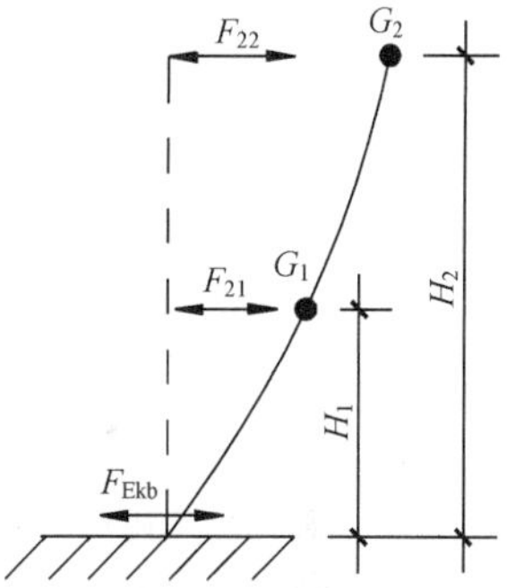

式中 F_{Ekb}——基本烈度地震作用下的结构总水平地震作用标准值，kN；

α_{maxb}——基本烈度地震作用下的水平地震影响系数最大值，可按表 A.1 采用；

F_{11}——单层房屋的水平地震作用标准值，kN；

F_{21}——两层房屋质点 1 的水平地震作用标准值，kN；

F_{22}——两层房屋质点 2 的水平地震作用标准值，kN；

G_{eq}——结构等效总重力荷载，kN；单层房屋应取总重力荷载代表值，两层房屋可取总重力荷载代表值的 95%；

G_1、G_2——分别为集中于质点 1 和质点 2 的重力荷载代表值，kN；应分别取结构和构件自重标准值与 0.5 倍的楼面活荷载、0.5 倍的屋面雪荷载之和；

H_1、H_2——分别为质点 1 和质点 2 的计算高度，m。

图 A.1 结构水平地震
作用计算简图

基本烈度水平地震影响系数最大值 α_{maxb}　　　　　　　　表 A.1

烈　　度	6	7	7(0.15g)	8	8(0.30g)	9
α_{maxb}	0.12	0.23	0.36	0.45	0.68	0.90

注：7 度（0.15g）指《建筑抗震设计规范》附录 A 中抗震设防烈度为 7 度，设计基本地震加速度为 0.15g 的地区；8 度（0.30g）指《建筑抗震设计规范》附录 A 中抗震设防烈度为 8 度，设计基本地震加速度为 0.30g 的地区。

（2）木楼盖、木屋盖等柔性楼、屋盖房屋，其水平地震剪力 V 可按抗侧力构件（即抗震墙）从属面积上重力荷载代表值的比例分配，从属面积按左右两侧相邻抗震墙间距的一半计算。

A.2 墙体截面抗震受剪极限承载力验算

墙体截面抗震受剪极限承载力，可按下列方法进行验算：

$$V_b \leqslant \gamma_{bE} \zeta_N f_{v,m} A \tag{A-5}$$

$$\zeta_N = \frac{1}{1.2}\sqrt{1 + 0.45\,\sigma_0/f_v} \tag{A-6}$$

$$\zeta_N = \begin{cases} 1 + 0.25\,\sigma_0/f_v \\ 2.25 + 0.17(\sigma_0/f_v - 5) \end{cases} \tag{A-7}$$

式中 V_b——基本烈度地震作用下墙体剪力标准值，kN；可按本附录 A.1 节（2）确定；

γ_{bE}——极限承载力抗震调整系数，承重墙可取 0.85，非承重墙（围护墙）可取 0.95；

$f_{v,m}$——非抗震设计的砌体抗剪强度平均值，N/mm^2；

A——抗震墙墙体横截面面积，mm^2；

ζ_N——砌体抗震抗剪强度的正应力影响系数；除混凝土小砌块砌体以外的砌体可按公式（A-6）计算，混凝土小砌块砌体可按公式（A-7）计算；

σ_0——对应于重力荷载代表值的砌体截面平均压应力，N/mm^2。

砌体抗剪强度平均值 $f_{v,m}$，可按下列方法计算：

对于砖砌体

$$f_{v,m} = 2.38\,f_v \tag{A-8}$$

对于毛石砌体

$$f_{v,m} = 2.70\,f_v \tag{A-9}$$

对于生土墙体

$$f_{v,m} = 0.125\,\sqrt{f_2} \tag{A-10}$$

式中 f_v——非抗震设计的砌体抗剪强度设计值，N/mm^2；砖和石砌体可按表 A.2 采用，土坯墙体可按表 A.3 采用；

f_2——砌筑泥浆的抗压强度平均值，N/mm^2。

非抗震设计的砖和石砌体抗剪强度设计值 f_v（N/mm^2）　　　　表 A.2

砌体种类	砌体砂浆强度等级					
	M10	M7.5	M5	M2.5	M1	M0.4
普通砖、多孔砖	0.17	0.14	0.11	0.08	0.05	0.03
小砌块	0.09	0.08	0.06	—	—	—
蒸压砖	0.12	0.10	0.08	0.06	—	—
料石、平毛石	0.21	0.19	0.16	0.11	0.07	0.04

非抗震设计的土坯墙抗剪强度设计值 f_v（N/mm^2）

砌筑泥浆抗压强度平均值 f_2	3.0	2.5	2.0	1.5	1.0(M1)	0.7(M0.7)	0.5
抗剪强度设计值 f_v	0.09	0.08	0.07	0.06	0.05	0.04	0.04

注：土坯的抗压强度平均值不应低于对应的砌筑泥浆的抗压强度平均值。

附录 B 砖木结构房屋抗震横墙间距 L 和房屋宽度 B 限值

当砖墙厚度满足抗震横墙厚度规定、墙体洞口水平截面面积满足抗震设计基本要求中的规定、层高不大于本附录下列表中对应值时，各类墙体房屋的抗震横墙间距 L 和对应的房屋宽度 B 的限值宜分别按表 B.1 和表 B.2 采用。抗震横墙间距和对应的房屋宽度满足表中对应限值要求时，房屋墙体的抗震承载力满足对应的设防烈度地震作用的要求。

（1）对横墙间距不同的木楼、屋盖房屋，最大横墙间距应小于表中的抗震横墙间距限值。表中分别给出房屋宽度的下限值和上限值，对确定的抗震横墙间距，房屋宽度应在下限值和上限值之间选取确定；抗震横墙间距取其他值时，可内插求得对应的房屋宽度限值。

（2）表中为"—"者，表示采用该强度等级砂浆砌筑墙体的房屋，其墙体抗震承载力不能满足对应的设防烈度地震作用的要求，应提高砌筑砂浆强度等级。

（3）当两层房屋 1、2 层墙体采用相同强度等级的砂浆砌筑时，实际房屋宽度应按第 1 层限值采用。

（4）当两层房屋 1、2 层墙体采用不同强度等级的砂浆砌筑时，实际房屋宽度应同时满足表中 1、2 层限值要求。

（5）墙厚为 240mm 的实心黏土砖墙木楼、屋盖房屋，与抗震横墙间距 L 对应的房屋宽度 B 的限值宜按表 B.1 采用。

抗震横墙间距和房屋宽度限值（240mm 实心黏土砖墙）（m）　　　　表 B.1

| 烈度 | 层数 | 层号 | 层高 | 抗震横墙间距 | 与砂浆强度等级对应的房屋宽度限值 | | | | | | | |
| | | | | | M2.5 | | M5 | | M7.5 | | M10 | |
					下限	上限	下限	上限	下限	上限	下限	上限
6	一	1	4.0	3~11	4	11	4	11	4	11	4	11
7	一	1	4.0	3~11	4	11	4	11	4	11	4	11
7 (0.15g)	一	1	4.0	3	4	9.9	4	11	4	11	4	11
				3.6~11	4	11	4	11	4	11	4	11
8	一	1	3.6	3	4	8.1	4	9	4	9	4	9
				3.6~8.4	4	9	4	9	4	9	4	9
				9	4.3	9	4	9	4	9	4	9
8 (0.30g)	一	1	3.6	3	4	4.7	4	6.9	4	9	4	9
				3.6	4	5.3	4	7.7	4	9	4	9
				4.2	4	5.8	4	8.4	4	9	4	9
				4.8	4.8	6.2	4	9	4	9	4	9
				5.4	5.4	6.6	4	9	4	9	4	9
				6	7	7	4	9	4	9	4	9
				6.6	—	—	4.1	9	4	9	4	9
				7.2	—	—	4.7	9	4	9	4	9
				7.8	—	—	5.3	9	4	9	4	9

烈度	层数	层号	层高	抗震横墙间距	与砂浆强度等级对应的房屋宽度限值							
					M2.5		M5		M7.5		M10	
					下限	上限	下限	上限	下限	上限	下限	上限
8 (0.30g)	一	1	3.6	8.4	—	—	6	9	4	9	4	9
				9	—	—	6.8	9	4	9	4	9
9	一	1	3.3	3	—	—	4	5.1	4	6	4	6
				3.6	—	—	4	5.7	4	6	4	6
				4.2	—	—	4	6	4	6	4	6
				4.8	—	—	4.7	6	4	6	4	6
				5	—	—	4.7	6	4	6	4	6
			3.0	3	—	—	4	5.6	4	6	4	6
				3.6~5	—	—	4	6	4	6	4	6
6	二	2	3.6	3~11	4	11	4	11	4	11	4	11
		1	3.6	3~9	4	11	4	11	4	11	4	11
7	二	2	3.6	3~11	4	11	4	11	4	11	4	11
		1	3.6	3	4	8	4	10.8	4	11	4	11
				3.6	4	9.2	4	11	4	11	4	11
				4.2	4	10.3	4	11	4	11	4	11
				4.8~8.4	4	11	4	11	4	11	4	11
				9	4.2	11	4	11	4	11	4	11
7 (0.15g)	二	2	3.6	3	4	7.2	4	10.2	4	11	4	11
				3.6	4	8.2	4	11	4	11	4	11
				4.2	4	9	4	11	4	11	4	11
				4.8	4	9.7	4	11	4	11	4	11
				5.4	4	10.3 4	11	4	11	4	11	
				6	4	10.9	4	11	4	11	4	11
				6.6~7.2	4	11	4	11	4	11	4	11
				7.8	4.3	11	4	11	4	11	4	11
				8.4	4.7	11	4	11	4	11	4	11
				9	5.1	11	4	11	4	11	4	11
				9.6	5.6	11	4	11	4	11	4	11
				10.2	6.1	11	4	11	4	11	4	11
				11	6.8	11	4	11	4	11	4	11
		1	3.6	3	4	4.3	4	6.1	4	7.9	4	9.6
				3.6	4	4.9	4	7	4	9	4	11
				4.2	4.5	5.5	4	7.8	4	10.1	4	11
				4.8	5.3	6	4	8.6	4	11	4	11
				5.4	—	—	4	9.3	4	11	4	11
				6	—	—	4.2	9.9	4	11	4	11

烈度	层数	层号	层高	抗震横墙间距	与砂浆强度等级对应的房屋宽度限值							
					M2.5		M5		M7.5		M10	
					下限	上限	下限	上限	下限	上限	下限	上限
7 (0.15g)	二	1	3.6	6.6	—	—	4.6	10.5	4	11	4	11
				7.2	—	—	5.1	11	4	11	4	11
				7.8	—	—	5.6	11	4	11	4	11
				8.4	—	—	6.1	11	4	11	4	11
				9	—	—	6.7	11	4	11	4	11
8	二	2	3.3	3	4	5.8	4	8.4	4	9	4	9
				3.6	4	6.5	4	9	4	9	4	9
				4.2	4	7.2	4	9	4	9	4	9
				4.8	4	7.7	4	9	4	9	4	9
				5.4	4	8.2	4	9	4	9	4	9
				6	4.4	8.6	4	9	4	9	4	9
				6.6	5	9	4	9	4	9	4	9
				7.2	5.7	9	4	9	4	9	4	9
				7.8	6.4	9	4	9	4	9	4	9
				8.4	7.3	9	4	9	4	9	4	9
				9	8.2	9	4	9	4	9	4	9
		1	3.3	3	—	—	4	4.8	4	6.3	4	7.8
				3.6	—	—	4	5.5	4	7.2	4	9
				4.2	—	—	4	6.1	4	8.1	4	9
				4.8	—	—	4.5	6.7	4	8.8	4	9
				5.4	—	—	5.2	7.2	4	9	4	9
				6	—	—	6	7.7	4	9	4	9
				6.6	—	—	6.8	8.1	4	9	4	9
				7	—	—	7.3	8.4	4	9	4	9
8 (0.30g)	二	2	3.3	3	—	—	4	4.9	4	6.6	4	8.3
				3.6	—	—	4	5.5	4	7.4	4	9
				4.2	—	—	4	6	4	8.1	4	9
				4.8	—	—	4.7	6.5	4	8.7	4	9
				5.4	—	—	5.7	6.9	4	9	4	9
				6	—	—	6.8	7.2	4	9	4	9
				6.6	—	—	—	—	4.6	9	4	9
				7.2	—	—	—	—	5.3	9	4	9
				7.8	—	—	—	—	6.1	9	4	9
				8.4	—	—	—	—	6.9	9	4	9
				9	—	—	—	—	7.9	9	4	9

烈度	层数	层号	层高	抗震横墙间距	与砂浆强度等级对应的房屋宽度限值							
					M2.5		M5		M7.5		M10	
					下限	上限	下限	上限	下限	上限	下限	上限
8 (0.30g)	二	1	3.3	3	—	—	—	—	—	—	4	4.4
				3.6	—	—	—	—	—	—	4	5.1
				4.2	—	—	—	—	—	—	4.6	5.7
				4.8	—	—	—	—	—	—	5.5	6.2
				5.4	—	—	—	—	—	—	6.4	6.7
				6～7	—	—	—	—	—	—	—	—

（6）墙厚为 240mm 的蒸压砖墙木楼、屋盖房屋，与抗震横墙间距 L 对应的房屋宽度 B 的限值宜按表 B.2 采用。

抗震横墙间距和房屋宽度限值（240mm 蒸压砖墙）（m）　　　　表 B.2

烈度	层数	层号	层高	抗震横墙间距	与砂浆强度等级对应的房屋宽度限值					
					M5		M7.5		M10	
					下限	上限	下限	上限	下限	上限
6	一	1	4.0	3～9	4	9	4	9	4	9
7	一	1	4.0	3～9	4	9	4	9	4	9
7(0.15g)	一	1	4.0	3～9	4	9	4	9	4	9
8	一	1	3.6	3～7	4	7	4	7	4	7
8(0.30g)	一	1	3.6	3	4	5	4	6.4	4	7
				3.6	4	5.5	4	7	4	7
				4.2	4	6	4	7	4	7
				4.8	4.4	6.5	4	7	4	7
				5.4	5.5	6.8	4	7	4	7
				6	6.7	7	4.1	7	4	7
				6.6	—	—	4.8	7	4	7
				7	—	—	5.2	7	4	7
9	一	1	3.0	3	—	—	4	5.2	4	6
				3.6	—	—	4	5.7	4	6
				4.2	—	—	4	6	4	6
				4.8	—	—	4.4	6	4	6
				5	—	—	4.7	6	4	6
6	二	2	3.6	3～9	4	9	4	9	4	9
		1	3.6	3～7	4	9	4	9	4	9
7	二	2	3.6	3～9	4	9	4	9	4	9
		1	3.6	3～7	4	9	4	9	4	9

烈度	层数	层号	层高	抗震横墙间距	与砂浆强度等级对应的房屋宽度限值					
					M5		M7.5		M10	
					下限	上限	下限	上限	下限	上限
7(0.15g)	二	2	3.3	3	4	8.1	4	9	4	9
				3.6~8.4	4.2	9	4	9	4	9
		1	3.3	3	4	4.9	4	6.2	4	7.5
				3.6	4	5.6	4	7.1	4	8.6
				4.2	4	6.2	4	7.9	4	9
				4.8	4.2	6.7	4	8.6	4	9
				5.4	4.9	7.3	4	9	4	9
				6	5.5	7.7	4	9	4	9
				6.6	6.2	8.2	4.4	9	4	9
				7	6.7	8.4	4.7	9	4	9
8	二	2	3.0	3	4	6.6	4	7	4	7
				3.6	4	7	4	7	4	7
				4.2	4	7	4	7	4	7
				4.8	4	7	4	7	4	7
				5.4	4	7	4	7	4	7
				6	4	7	4	7	4	7
				6.6	4	7	4	7	4	7
				7	4.3	7	4	7	4	7
		1	3.0	3	—	—	4	4.9	4	6.1
				3.6	—	—	4	5.6	4	6.9
				4.2	—	—	4	6.2	4	7
				4.8	—	—	4.2	6.8	4	7
				5	—	—	4.4	6.9	4	7

附录C　木结构房屋抗震横墙间距 L 和房屋宽度 B 限值

当围护墙厚度满足抗震横墙厚度规定、墙体洞口水平截面面积满足抗震设计基本要求中的规定、层高不大于本附录下列表中对应值时，各类围护墙木结构房屋的抗震横墙间距 L 和对应的房屋宽度 B 的限值宜分别按表 C.1～表 C.4 采用。抗震横墙间距和对应的房屋宽度满足表中对应限值要求时，房屋墙体的抗震承载力满足对应的设防烈度地震作用的要求。

（1）对横墙间距不同的木楼、屋盖房屋，最大横墙间距应小于表中的抗震横墙间距限值。表中分别给出房屋宽度的下限值和上限值，对确定的抗震横墙间距，房屋宽度应在下限值和上限值之间选取确定；抗震横墙间距取其他值时，可内插求得对应的房屋宽度限值。

（2）表中为"—"者，表示采用该强度等级砂浆（泥浆）砌筑墙体的房屋，其纵、横向墙体抗震承载力不能满足对应的设防烈度地震作用的要求，应提高砌筑砂浆（泥浆）强度等级。

（3）当两层房屋1、2层墙体采用相同强度等级的砂浆（泥浆）砌筑时，实际房屋宽度应按第1层限值采用。

（4）当两层房屋1、2层墙体采用不同强度等级的砂浆（泥浆）砌筑时，实际房屋宽度应同时满足表中1、2层限值要求。

（5）表中一层房屋适用于穿斗木构架、木柱木屋架和木柱木梁房屋，两层房屋适用于穿斗木构架和木柱木屋架房屋。

（6）墙厚为240mm的实心黏土砖围护墙房屋，与抗震横墙间距 L 对应的房屋宽度 B 的限值宜按表 C.1 采用。

抗震横墙间距和房屋宽度限值（240mm 实心黏土砖墙）（m）　　　　表 C.1

烈度	层数	层号	层高	抗震横墙间距	与砂浆强度等级对应的房屋宽度限值							
					M2.5		M5		M7.5		M10	
					下限	上限	下限	上限	下限	上限	下限	上限
6	一	1	4.0	3～11	4	11	4	11	4	11	4	11
7	一	1	4.0	3～8.4	4	9	4	9	4	9	4	9
				9	4	9	4	9	4	9	4	9
7 (0.15g)	一	1	4.0	3～8.4	4	9	4	9	4	9	4	9
				9	4.5	9	4	9	4	9	4	9
8	一	1	3.6	3～6.6	4	7	4	7	4	7	4	7
				7	4.1	7	4	7	4	7	4	7

烈度	层数	层号	层高	抗震横墙间距	与砂浆强度等级对应的房屋宽度限值							
					M2.5		M5		M7.5		M10	
					下限	上限	下限	上限	下限	上限	下限	上限
8 (0.30g)	一	1	3.6	3	4	5.5	4	7	4	7	4	7
				3.6	4	6.1	4	7	4	7	4	7
				4.2	4.4	6.6	4	7	4	7	4	7
				4.8	5.8	7	4	7	4	7	4	7
				5.4	—	—	4	7	4	7	4	7
				6	—	—	4.1	7	4	7	4	7
				6.6	—	—4.9	7	4	7	4	7	
				7	—	—	5.6	7	4	7	4	7
9	一	1	3.3	3~4.2	—	—	4	6	4	6	4	6
				4.8	—	—	4.8	6	4	6	4	6
				5	—	—	5.2	6	4	6	4	6
6	二	2	3.6	3~11	4	11	4	11	4	11	4	11
		1	3.6	3~9	4	11	4	11	4	11	4	11
7	二	2	3.6	3~9	4	9	4	9	4	9	4	9
		1	3.6	3~6.6	4	9	4	9	4	9	4	9
					4.2	9	4	9	4	9	4	9
7 (0.15g)	二	2	3.6	3	4	8.6	4	9	4	9	4	9
				3.6~6	4	9	4	9	4	9	4	9
				6.6	4.4	9	4	9	4	9	4	9
				7.2	5.2	9	4	9	4	9	4	9
				7.8	6	9	4	9	4	9	4	9
				8.4	7	9	4	9	4	9	4	9
				9	8.2	9	4	9	4	9	4	9
	一	1	3.6	3	4	5.2	4	7.4	4	9	4	9
				3.6	4.2	5.9	4	8.4	4	9	4	9
				4.2	5.2	6.6	4	9	4	9	4	9
				4.8	6.5	7.2	4	9	4	9	4	9
				5.4	—	—	4.3	9	4	9	4	9
				6	—	—	5	9	4	9	4	9
				6.6	—	—	5.8	9	4	9	4	9
				7	—	—	6.3	9	4.2	9	4	9

烈度	层数	层号	层高	抗震横墙间距	与砂浆强度等级对应的房屋宽度限值							
					M2.5		M5		M7.5		M10	
					下限	上限	下限	上限	下限	上限	下限	上限
8	二	2	3.3	3	4	6.8	4	7	4	7	4	7
				3.6~4.8	4	7	4	7	4	7	4	7
				5.4	4.6	7	4	7	4	7	4	7
				6	5.7	7	4	7	4	7	4	7
				6.6	7	7	4	7	4	7	4	7
				7	—	—	4	7	4	7	4	7
		1	3.3	3	—	—	4	5.8	4	7	4	7
				3.6	—	—	4	6.6	4	7	4	7
				4.2	—	—	4.2	7	4	7	4	7
				4.8	—	—	5.2	7	4	7	4	7
				5.4	—	—	6.3	7	4	7	4	7
				6	—	—	—	—	4.6	7	4	7
8 (0.30g)	二	2	3.3	3	—	—	—	—	—	—	—	—
				3.6	—	—	4	7	4	7	4	7
				4.2	—	—	4	7	4	7	4	7
				4.8	—	—	4	7	4	7	4	7
				5.4	—	—	4	7	4	7	4	7
				6	—	—	4	7	4	7	4	7
				6.6	—	—	4	7	4	7	4	7
				7	—	—	—	—	—	—	—	—
		1	3.3	3	—	—	—	—	4.2	4.2	4	5.4
				3.6	—	—	—	—	—	—	4	6.1
				4.2	—	—	—	—	—	—	4.6	6.7
				4.8	—	—	—	—	—	—	5.7	7
				5.4	—	—	—	—	—	—	7	7
				6	—	—	—	—	—	—	—	—

（7）墙厚为240mm的蒸压砖围护墙房屋，与抗震横墙间距 L 对应的房屋宽度 B 的限值宜按表 C.2 采用。

抗震横墙间距和房屋宽度限值（240mm 蒸压砖墙）（m）　　　　　　表 C.2

烈度	层数	层号	层高	抗震横墙间距	与砂浆强度等级对应的房屋宽度限值					
					M5		M7.5		M10	
					下限	上限	下限	上限	下限	上限
6	一	1	4.0	3~9	4	9	4	9	4	9

烈度	层数	层号	层高	抗震横墙间距	与砂浆强度等级对应的房屋宽度限值					
					M5		M7.5		M10	
					下限	上限	下限	上限	下限	上限
7	一	1	4.0	3～7	4	7	4	7	4	7
7(0.15g)	一	1	4.0	3～7	4	7	4	7	4	7
8	一	1	3.6	3～6	4	6	4	6	4	6
8(0.30g)	一	1	3.6	3	4	5.8	4	6	4	6
				3.6～4.2	4	6	4	6	4	6
				4.8	5.3	6	4	6	4	6
				5.4	—	—	4	6	4	6
				6	—	—	4.7	6	4	6
9	一	1	3.0	3	4	4.5	4	6	4	6
				3.6	4.9	4.9	4	6	4	6
				4.2	—	—	4	6	4	6
				4.8	—	—	4.8	6	4	6
				5	—	—	5.3	6	4	6
6	二	2	3.6	3～9	4	9	4	9	4	9
		1	3.6	3～7	4	9	4	9	4	9
7	二	2	3.3	3～7	4	7	4	7	4	7
		1	3.3	3～6	4	7	4	7	4	7
7(0.15g)	二	2	3.3	3～6.6	4	7	4	7	4	7
				7	4.1	7	4	7	4	7
		1	3.3	3	4	5.9	4	7	4	7
				3.6	4	6.6	4	7	4	7
				4.2	4.3	7	4	7	4	7
				4.8	5.3	7	4	7	4	7
				5.4	6.4	7	4.2	7	4	7
				6	—	—	5.9	7	4	7
8	二	2	3.0	3	4	6	4	6	4	6
				3.6	4	6	4	6	4	6
				4.2	4	6	4	6	4	6
				4.8	4	6	4	6	4	6
				5.4	4	6	4	6	4	6
				6	4.5	6	4	6	4	6
		1	3.0	3	4	4.5	4	5.9	4	6
				3.6	5.1	5.1	4	6	4	6
				4.2	—	—	4.1	6	4	6
				4.8	—	—	5	6	4	6
				5	—	—	5.4	6	4	6

（8）墙厚不小于表中对应值的生土围护墙房屋，与抗震横墙间距 L 对应的房屋宽度 B 的限值宜按表 C.3 采用。

抗震横墙间距和房屋宽度限值（生土墙）（m）　　　　　表 C.3

烈度	层数	层号	层高	房屋墙体厚度类别	抗震横墙间距	与砂浆强度等级对应的房屋宽度限值			
						M0.7		M1	
						下限	上限	下限	上限
6	一	1	4.0	①②③④	3～6	4	6	4	6
	二	2	3.0	①②③④	3～6	4	6	4	6
		1	3.0		3～4.5	4	6	4	6
7	一	1	4.0	①②③④	3～4.5	4	6	4	6
7(0.15g)	一	1	4.0	①	3	4	6	4	6
					3.3	4.7	6	4	6
					3.6	5.4	6	4	6
					3.9	—	—	4.3	6
					4.2	—	—	4.8	6
					4.5	—	—	5.3	6
				②	3	4.1	6	4	6
					3.3	4.6	6	4	6
					3.6	5.3	6	4	6
					3.9	5.9	6	4.2	6
					4.2	—	—	4.6	6
					4.5	—	—	5.1	6
				③	3～4.2	4	6	4	6
					5	4.4	6	4	6
				④	3～4.5	4	6	4	6
8	一	1	3.3	①	3	5.3	6	4	6
					3.3	—	—	4.1	6
				②	3	5.1	6	4	6
					3.3	5.9	6	4	6
				③④	3～3.3	4	6	4	6
8(0.30g)	一	1	3.0	①②	3～3.3	—	—	—	—
				③	3	—	—	4.6	6
					3.3	—	—	5.3	6
				④	3	—	—	4	5.1
					3.3	—	—	4	5.5

注：墙体厚度分别指：①外墙 400mm，内横墙 250mm；②外墙 500mm，内横墙 300mm；③外墙 700mm，内横墙 500mm；④内外墙均为 400mm。

（9）对料石围护墙房屋和毛石围护墙房屋，与抗震横墙间距 L 对应的房屋宽度 B 的限值宜按表 C.4 采用。

抗震横墙间距和房屋宽度限值（石墙）（m）

表 C.4

烈度	层数	层号	层高	房屋墙体类别	抗震横墙间距	与砂浆强度等级对应的房屋宽度限值							
						M2.5		M5		M7.5		M10	
						下限	上限	下限	上限	下限	上限	下限	上限
6	一	1	4.0	①②③	3～11	4	11	4	11	4	11	4	11
7	一	1	4.0	①②③	3～9	4	9	4	9	4	9	4	9
7(0.15g)	一	1	4.0	①②	3～9	4	9	4	9	4	9	4	9
			3.6	③	3～9	4	9	4	9	4	9	4	9
8	一	1	3.6	①②	3～6	4	6	4	6	4	6	4	6
8(0.30g)	一	1	3.6	①②	3～6	4	6	4	6	4	6	4	6
6	二	2	3.5	①②	3～11	4	11	4	11	4	11	4	11
		1	3.5		3～7	4	11	4	11	4	11	4	11
7	二	2	3.5	①	3～9	4	9	4	9	4	9	4	9
		1	3.5		3～6	4	9	4	9	4	9	4	9
	二	2	3.3	②	3～9	4	9	4	9	4	9	4	9
		1	3.3		3～6	4	9	4	9	4	9	4	9
7(0.15g)	二	2	3.5	①	3～9	4	9	4	9	4	9	4	9
		1	3.5		3	4	7.8	4	9	4	9	4	9
					3.6	4	8.9	4	9	4	9	4	9
					4.2～5.4	4	9	4	9	4	9	4	9
					6	4.6	9	4	9	4	9	4	9
	二	2	3.3	②	3～9	4	9	4	9	4	9	4	9
		1	3.3		3	4	8.2	4	9	4	9	4	9
					3.6～5.4	4	9	4	9	4	9	4	9
					6	4.3	9	4	9	4	9	4	9
8	二	2	3.3	①	3～6	4	6	4	6	4	6	4	6
		1	3.3		3～3.6	4	6	4	6	4	6	4	6
					4.2	4.1	6	4	6	4	6	4	6
					4.8	5	6	4	6	4	6	4	6
					5	5.3	6	4	6	4	6	4	6

烈度	层数	层号	层高	房屋墙体类别	抗震横墙间距	与砂浆强度等级对应的房屋宽度限值							
						M2.5		M5		M7.5		M10	
						下限	上限	下限	上限	下限	上限	下限	上限
8(0.30g)	二	2	3.3	①	3	4	5.9	4	6	4	6	4	6
					3.6~4.2	4	6	4	6	4	6	4	6
					4.8	4.9	6	4	6	4	6	4	6
					5.4	6	6	4	6	4	6	4	6
					6	—	—	4	5	4	6	4	6
		1	3.3		3	—	—	4.1	5.7	4	6	4	6
					3.6	—	—	5.2	6	4	6	4	6
					4.2	—	—	—	—	4	6	4	6
					4.8	—	—	—	—	4.5	6	4	6
					5	—	—	—	—	4.7	6	4	6

注：表中墙体类别指：①240mm厚细、半细料石砌体；②240mm厚粗料、毛料石砌体；③400mm厚平毛石墙。

附录 D 生土结构房屋抗震横墙间距 L 和房屋宽度 B 限值

当生土墙厚度满足抗震横墙厚度规定、墙体洞口水平截面面积满足抗震设计基本要求中的规定、层高不大于本附录下列表中对应值时，生土结构房屋的抗震横墙间距 L 和对应的房屋宽度 B 的限值宜分别按表 D.1 和表 D.2 采用。抗震横墙间距和对应的房屋宽度满足表中对应限值要求时，房屋墙体的抗震承载力满足对应的设防烈度地震作用的要求。

（1）对横墙间距不同的木楼、屋盖房屋，最大横墙间距应小于表中的抗震横墙间距限值。表中分别给出房屋宽度的下限值和上限值，对确定的抗震横墙间距，房屋宽度应在下限值和上限值之间选取确定；抗震横墙间距取其他值时，可内插求得对应的房屋宽度限值。

（2）表中为"—"者，表示采用该强度等级泥浆砌筑墙体的房屋，其墙体抗震承载力不能满足对应的设防烈度地震作用的要求，应提高砌筑泥浆强度等级。

（3）当两层房屋 1、2 层墙体采用相同强度等级的泥浆砌筑时，实际房屋宽度应按第 1 层限值采用。

（4）当两层房屋 1、2 层墙体采用不同强度等级的泥浆砌筑时，实际房屋宽度应同时满足表中 1、2 层限值要求。

（5）多开间生土结构房屋，与抗震横墙间距 L 对应的房屋宽度 B 的限值宜按表 D.1 采用。

抗震横墙间距和房屋宽度限值（多开间生土结构房屋）（m）　　　表 D.1

烈度	层数	层号	层高	房屋墙体厚度类别	抗震横墙间距	与砂浆强度等级对应的房屋宽度限值			
						M0.7		M1	
						下限	上限	下限	上限
6	一	1	4.0	①②③④	3~6.6	4	6.6	4	6.6
	二	2	3.0	①②③④	3~6.6	4	6.6	4	6.6
		1	3.0		3~4.8	4	6.6	4	6.6
7	一	1	4.0	①②③④	3~4.8	4	6.6	4	6.6
7(0.15g)	一	1	4.0	①	3	4	6.6	4	6.6
					3.3	4	6.6	4	6.6
					3.6	4.4	6.6	4	6.6
					3.9	4.9	6.6	4	6.6
					4.2	5.3	6.6	4	6.6
					4.5	5.8	6.6	4.3	6.6
					4.8	6.2	6.6	4.6	6.6

烈度	层数	层号	层高	房屋墙体厚度类别	抗震横墙间距	与砂浆强度等级对应的房屋宽度限值			
						M0.7		M1	
						下限	上限	下限	上限
7(0.15g)	一	1	4.0	②	3	4	6.6	4	6.6
					3.3	4.2	6.6	4	6.6
					3.6	4.6	6.6	4	6.6
					3.9	5.1	6.6	4	6.6
					4.2	5.5	6.6	4.1	6.6
					4.5	6	6.6	4.4	6.6
					4.8	6.4	6.6	4.8	6.6
				③	3～4.2	4	6.6	4	6.6
					4.5	4.3	6.6	4	6.6
					4.8	4.6	6.6	4	6.6
				④	3～4.8	4	6.6	4	6.6
8	一	1	3.3	①	3	4.4	6	4	6
					3.3	5	6	4	6
				②	3～3.3	4	6	4	6
				③	3～3.3	4	6	4	6
				④	3～3.3	4	6	4	6
8(0.30g)	一	1	3.0	①②	3～3.3	—	—	—	—
				③	3	—	—	4.9	6
					3.3	—	—	5.6	6
				④	3	—	—	4	5.1
					3.3	—	—	4	5.5

注：墙体厚度分别指：①外墙 400mm，内横墙 250mm；②外墙 500mm，内横墙 300mm；③外墙 700mm，内横墙 500mm；④内外墙均为 400mm。

（6）单开间生土结构房屋，与抗震横墙间距 L 对应的房屋宽度 B 的限值宜按表 D.2 采用。

抗震横墙间距和房屋宽度限值（单开间生土结构房屋）（m）　　　表 D.2

烈度	层数	层号	层高	房屋墙体厚度类别	抗震横墙间距	与砂浆强度等级对应的房屋宽度限值			
						M0.7		M1	
						下限	上限	下限	上限
6	一	1	4.0	①②③④	3～6.6	4	6.6	4	6.6
	二	2	3.0	①②③④	3～6.6	4	6.6	4	6.6
		1	3.0		3～4.8	4	6.6	4	6.6
7	一	1	4.0	①②③④	3～4.8	4	6.6	4	6.6
7(0.15g)	一	1	4.0	①②③④	3～4.8	4	6.6		6.6

续表

烈度	层数	层号	层高	房屋墙体厚度类别	抗震横墙间距	与砂浆强度等级对应的房屋宽度限值			
						M0.7		M1	
						下限	上限	下限	上限
8	一	1	3.3	①	3	4	5.2	4	6
					3.3	4	5.6	4	6
				②	3	4	6	4	6
					3.3	4	5.8	4	6
				③	3~3.3	4	6	4	6
				④	3~3.3	4	6	4	6
8(0.30g)	一	1	3.3	①	3	—	—	—	—
					3.3	—	—	4	4.2
				②	3	—	—	4	4.3
					3.3	—	—	4	4.6
				③	3	—	—	4	4.7
					3.3	4	4	4	5
				④	3	—	—	4	4.9
					3.3	4	4.2	4	5.2

注：墙体厚度分别指：①墙厚为300mm；②墙厚为400mm；③墙厚为500mm；④墙厚为600mm。

附录 E 石结构房屋抗震横墙间距 *L* 和房屋宽度 *B* 限值

当石墙厚度满足抗震横墙厚度规定、墙体洞口水平截面面积满足抗震设计基本要求中的规定、层高不大于本附录下列表中对应值时，石结构房屋的抗震横墙间距 *L* 和对应的房屋宽度 *B* 的限值宜分别按表 E.1 和表 E.2 采用。抗震横墙间距和对应的房屋宽度满足表中对应限值要求时，房屋墙体的抗震承载力满足对应的设防烈度地震作用的要求。

（1）对横墙间距不同的木楼、屋盖房屋，最大横墙间距应小于表中的抗震横墙间距限值。表中分别给出房屋宽度的下限值和上限值，对确定的抗震横墙间距，房屋宽度应在下限值和上限值之间选取确定；抗震横墙间距取其他值时，可内插求得对应的房屋宽度限值。

（2）表中为"—"者，表示采用该强度等级泥浆砌筑墙体的房屋，其墙体抗震承载力不能满足对应的设防烈度地震作用的要求，应提高砌筑泥浆强度等级。

（3）当两层房屋 1、2 层墙体采用相同强度等级的砂浆砌筑时，实际房屋宽度应按第 1 层限值采用。

（4）当两层房屋 1、2 层墙体采用不同强度等级的砂浆砌筑或 1、2 层采用不同形式的楼（屋）盖时，实际房屋宽度应同时满足表中 1、2 层限值要求。

（5）表中墙体类别指：①240mm 厚细、半细料石砌体；②240mm 厚粗料、毛料石砌体；③400mm 厚平毛石墙。

（6）多开间石结构木楼、屋盖房屋，与抗震横墙间距 *L* 对应的房屋宽度 *B* 的限值宜按表 E.1 采用。

抗震横墙间距和房屋宽度限值（多开间石结构木楼、屋盖房屋）（m）　　　表 E.1

烈度	层数	层号	层高	房屋墙体类别	抗震横墙间距	与砂浆强度等级对应的房屋宽度限值							
						M2.5		M5		M7.5		M10	
						下限	上限	下限	上限	下限	上限	下限	上限
6	一	1	4.0	①②	3~11	4	11	4	11	4	11	4	11
			3.6	③	3~11	4	11	4	11	4	11	4	11
7	一	1	4.0	①②	3~11	4	11	4	11	4	11	4	11
			3.6	③	3~11	4	11	4	11	4	11	4	11
7(0.15g)	一	1	4.0	①②	3~11	4	11	4	11	4	11	4	11
			3.6	③	3~11	4	11	4	11	4	11	4	11
8	一	1	3.6	①②	3~7	4	7	4	7	4	7	4	7
8(0.30g)	一	1	3.6	①②	3~7	4	7	4	7	4	7	4	7
					6.6~7	4.3	7	4	7	4	7	4	7

烈度	层数	层号	层高	房屋墙体类别	抗震横墙间距	与砂浆强度等级对应的房屋宽度限值							
						M2.5		M5		M7.5		M10	
						下限	上限	下限	上限	下限	上限	下限	上限
6	二	2	3.5	①②	3～11	4	11	4	11	4	11	4	11
		1	3.5		3～7	4	11	4	11	4	11	4	11
7	二	2	3.5	①	3～11	4	11	4	11	4	11	4	11
		1	3.5		3～7	4	11	4	11	4	11	4	11
7	二	2	3.3	②	3～11	4	11	4	11	4	11	4	11
		1	3.3		3～7	4	11	4	11	4	11	4	11
7(0.15g)	二	2	3.5	①	3～11	4	11	4	11	4	11	4	11
		1	3.5		3	4	7.8	4	11	4	11	4	11
					3.6	4	8.9	4	11	4	11	4	11
					4.2	4	9.9	4	11	4	11	4	11
					4.8	4	10.8	4	11	4	11	4	11
					5.4	4	11	4	11	4	11	4	11
					6	4	11	4	11	4	11	4	11
					6.6	4.4	11	4	11	4	11	4	11
					7	4.7	11	4	11	4	11	4	11
	二	2	3.3	②	3～11	4	11	4	11	4	11	4	11
		1	3.3		3	4	8.2	4	11	4	11	4	11
					3.6	4	9.3	4	11	4	11	4	11
					4.2	4	10.3	4	11	4	11	4	11
					4.8～6	4	11	4	11	4	11	4	11
					6.6	4.1	11	4	11	4	11	4	11
					7	4.3	11	4	11	4	11	4	11
8	二	2	3.3	①	3～7	4	7	4	7	4	7	4	7
		1	3.3		3	4	6	4	7	4	7	4	7
					3.6	4	6.8	4	7	4	7	4	7
					4.2	4	7	4	7	4	7	4	7
					4.8	4.5	7	4	7	4	7	4	7
					5	4.7	7	4	7	4	7	4	7

烈度	层数	层号	层高	房屋墙体类别	抗震横墙间距	与砂浆强度等级对应的房屋宽度限值							
						M2.5		M5		M7.5		M10	
						下限	上限	下限	上限	下限	上限	下限	上限
8(0.30g)	二	2	3.3	①	3	4	5.9	4	7	4	7	4	7
					3.6	4	6.9	4	7	4	7	4	7
					4.2	4	7	4	7	4	7	4	7
					4.8	4.6	7	4	7	4	7	4	7
					5.4	5.4	7	4	7	4	7	4	7
					6	6.3	7	4	7	4	7	4	7
					6.6~7	—	—	4	7	4	7	4	7
		1	3.3		3	—	—	4	5	4	6.2	4	7
					3.6	—	—	4.3	5.7	4	7	4	7
					4.2	—	—	5.1	6.4	4	7	4	7
					4.8	—	—	6.1	7	4.4	7	4	7
					5	—	—	7.1	7	4.7	7	4	7

（7）单开间石结构木楼、屋盖房屋，与抗震横墙间距 L 对应的房屋宽度 B 的限值宜按表 E.2 采用。

抗震横墙间距和房屋宽度限值（单开间石结构木楼、屋盖房屋）(m)　　表 E.2

烈度	层数	层号	层高	房屋墙体类别	抗震横墙间距	与砂浆强度等级对应的房屋宽度限值									
						M1		M2.5		M5		M7.5		M10	
						下限	上限	下限	上限	下限	上限	下限	上限	下限	上限
6	一	1	4.0	①②	3~11	4	11	4	11	4	11	4	11	4	11
			3.6	③	3~11	4	11	4	11	4	11	4	11	4	11
7	一	1	4.0	①②	3~11	4	11	4	11	4	11	4	11	4	11
			3.6	③	3~11	4	11	4	11	4	11	4	11	4	11
7 (0.15g)	一	1	4.0	①②	3	4	8.8	4	11	4	11	4	11	4	11
					3.6	4	10	4	11	4	11	4	11	4	11
					4.2~11	4	11	4	11	4	11	4	11	4	11
			3.6	③	3~11	4	11	4	11	4	11	4	11	4	11
8	一	1	3.6	①②	3~7	4	7	4	7	4	7	4	7	4	7
8 (0.30g)	一	1	3.6	①②	3	4	4.1	4	7	4	7	4	7	4	7
					3.6	4	4.6	4	7	4	7	4	7	4	7
					4.2	4	5.1	4	7	4	7	4	7	4	7
					4.8	4	5.5	4	7	4	7	4	7	4	7
					5.4	4	5.6	4	7	4	7	4	7	4	7
					6	4	6.2	4	7	4	7	4	7	4	7
					6.6	4	6.5	4	7	4	7	4	7	4	7
					7	4	6.7	4.3	7	4	7	4	7	4	7

烈度	层数	层号	层高	房屋墙体类别	抗震横墙间距	M1		M2.5		M5		M7.5		M10	
						下限	上限	下限	上限	下限	上限	下限	上限	下限	上限
6	二	2	3.5	①②	3～11	4	11	4	11	4	11	4	11	4	11
		1	3.5		3～7	4	11	4	11	4	11	4	11	4	11
7	二	2	3.5	①	3～11	4	11	4	11	4	11	4	11	4	11
		1	3.5		3	4	7.5	4	11	4	11	4	11	4	11
					3.6	4	8.6	4	11	4	11	4	11	4	11
					4.2	4	9.6	4	11	4	11	4	11	4	11
					4.8	4	10.6	4	11	4	11	4	11	4	11
					5.4～7	4	11	4	11	4	11	4	11	4	11
	二	2	3.3	②	3～11	4	11	4	11	4	11	4	11	4	11
		1	3.3		3	4	7.8	4	11	4	11	4	11	4	11
					3.6	4	8.9	4	11	4	11	4	11	4	11
					4.2	4	10	4	11	4	11	4	11	4	11
					4.8～7	4	11	4	11	4	11	4	11	4	11
7 (0.15g)	二	2	3.5	①	3	4	6.5	4	10.6	4	11	4	11	4	11
					3.6	4	7.4	4	11	4	11	4	11	4	11
					4.2	4	8.2	4	11	4	11	4	11	4	11
					4.8	4	8.9	4	11	4	11	4	11	4	11
					5.4	4	9.5	4	11	4	11	4	11	4	11
					6	4	10	4	11	4	11	4	11	4	11
					6.6	4	10.6	4	11	4	11	4	11	4	11
					7.2～11	4	11	4	11	4	11	4	11	4	11
		1	3.5	③	3	—	—	4	6.4	4	9.4	4	11	4	11
					3.6	4	4.5	4	7.4	4	10.8	4	11	4	11
					4.2	4	5.1	4	8.3	4	11	4	11	4	11
					4.8	4	5.6	4	9.1	4	11	4	11	4	11
					5.4	4	6.1	4	9.9	4	11	4	11	4	11
					6	4	6.5	4	10.6	4	11	4	11	4	11
					6.6	4	6.9	4	11	4	11	4	11	4	11
					7	4	7.2	4	11	4	11	4	11	4	11
		2	3.3	②	3	4	6.9	4	11	4	11	4	11	4	11
					3.6	4	7.7	4	11	4	11	4	11	4	11
					4.2	4	8.5	4	11	4	11	4	11	4	11
					4.8	4	9.2	4	11	4	11	4	11	4	11
					5.4	4	9.9	4	11	4	11	4	11	4	11
					6	4	10.4	4	11	4	11	4	11	4	11
					6.6～11	4	11	4	11	4	11	4	11	4	11
	二	1	3.3	③	3	4	4.1	4	6.7	4	9.8	4	11	4	11
					3.6	4	4.8	4	7.7	4	11	4	11	4	11
					4.2	4	5.3	4	8.6	4	11	4	11	4	11
					4.8	4	5.9	4	9.5	4	11	4	11	4	11
					5.4	4	6.3	4	10.3	4	11	4	11	4	11
					6	4	6.8	4	11	4	11	4	11	4	11
					6.6	4	7.2	4	11	4	11	4	11	4	11
					7	4	7.5	4	11	4	11	4	11	4	11

烈度	层数	层号	层高	房屋墙体类别	抗震横墙间距	与砂浆强度等级对应的房屋宽度限值									
						M1		M2.5		M5		M7.5		M10	
						下限	上限	下限	上限	下限	上限	下限	上限	下限	上限
8	二	2	3.3	①	3	4	5.1	4	7	4	7	4	7	4	7
					3.6	4	5.7	4	7	4	7	4	7	4	7
					4.2	4	6.3	4	7	4	7	4	7	4	7
					4.8	4	6.8	4	7	4	7	4	7	4	7
					5.4~7	4	7	4	7	4	7	4	7	4	7
		1	3.3	①	3	—	—	4	4.5	4	7	4	7	4	7
					3.6	—	—	4	5.7	4	7	4	7	4	7
					4.2	—	—	4	6.3	4	7	4	7	4	7
					4.8	4	4	4	7	4	7	4	7	4	7
					5	4	4.2	4	7	4	7	4	7	4	7
8 (0.30g)	二	2	3.3	①	3	—	—	4	4.9	4	7	4	7	4	7
					3.6	—	—	4	5.6	4	7	4	7	4	7
					4.2	—	—	4	6.2	4	7	4	7	4	7
					4.8	—	—	4	6.7	4	7	4	7	4	7
					5.4~7	—	—	4	7	4	7	4	7	4	7
		1	3.3		3	—	—	—	—	4	4.1	4	5.1	4	5.8
					3.6	—	—	—	—	4	4.8	4	5.9	4	6.6
					4.2	—	—	—	—	4	5.3	4	6.6	4	7
					4.8	—	—	—	—	4	5.9	4	7	4	7
					5	—	—	—	—	4	6	4	7	4	7

附录 F 砂浆配合比参考表

砂浆配比参考表 F.1～表 F.3。

水泥砂浆配合比参考表（32.5 级水泥）　　　　　　　　表 F.1

砂浆强度等级	用量（kg/m³）与比例	配比								
		粗砂			中砂			细砂		
		水泥	砂子	水	水泥	砂子	水	水泥	砂子	水
M1	用量	195	1500	270	200	1450	300	205	1400	330
	比例	1	7.69	1.38	1	7.25	1.50	1	6.83	1.61
M2.5	用量	207	1500	270	213	1450	300	220	1400	330
	比例	1	7.25	1.30	1	6.81	1.41	1	6.36	1.50
M5	用量	253	1500	270	260	1450	300	268	1400	330
	比例	1	5.93	1.07	1	5.58	1.15	1	5.22	1.23
M7.5	用量	276	1500	270	285	1450	300	294	1400	330
	比例	1	5.43	0.98	1	5.09	1.05	1	4.76	1.12
M10	用量	305	1500	270	315	1450	300	325	1400	330
	比例	1	4.92	0.89	1	4.60	0.95	1	4.31	1.02
M15	用量	359	1500	270	370	1450	300	381	1400	330
	比例	1	4.18	0.75	1	3.92	0.81	1	3.67	0.87

混合砂浆配合比参考表（32.5 级水泥）　　　　　　　　表 F.2

砂浆强度等级	用量（kg/m³）与比例	配比								
		粗砂			中砂			细砂		
		水泥	石灰	砂子	水泥	石灰	砂子	水泥	石灰	砂子
M1	用量	157	173	1500	163	167	1450	169	161	1400
	比例	1	1.10	9.53	1	1.02	8.87	1	0.95	8.26
M2.5	用量	176	154	1500	183	147	1450	190	140	1400
	比例	1	0.88	8.52	1	0.80	7.92	1	0.74	7.40
M5	用量	204	126	1500	212	118	1450	220	110	1400
	比例	1	0.62	7.35	1	0.56	6.84	1	0.50	6.36
M7.5	用量	233	97	1500	242	88	1450	251	79	1400
	比例	1	0.42	6.44	1	0.36	5.99	1	0.31	5.58
M10	用量	261	69	1500	271	59	1450	281	49	1400
	比例	1	0.26	5.75	1	0.22	5.35	1	0.17	4.98

<h1 style="text-align:center">混合砂浆配合比参考表（42.5级水泥）</h1>

表 **F.3**

砂浆强度等级	用量（kg/m³）与比例	配 比								
		粗 砂			中 砂			细 砂		
		水泥	石灰	砂子	水泥	石灰	砂子	水泥	石灰	砂子
M1	用量	121	209	1500	125	205	1450	129	201	1400
	比例	1	1.73	12.40	1	1.64	11.60	1	1.56	10.86
M2.5	用量	135	195	1500	140	190	1450	145	185	1400
	比例	1	1.44	11.11	1	1.36	10.36	1	1.28	9.66
M5	用量	156	174	1500	162	168	1450	168	162	1400
	比例	1	1.12	9.62	1	1.04	8.95	1	0.96	8.33
M7.5	用量	178	152	1500	185	145	1450	192	138	1400
	比例	1	0.85	8.43	1	0.78	7.84	1	0.72	7.29
M10	用量	199	131	1500	207	123	1450	215	115	1400
	比例	1	0.66	7.54	1	0.59	7.00	1	0.53	6.51

附录 G "斜坡安全使用及维护须知"的主要内容

"斜坡安全使用及维护须知"应包括下列主要内容：

（1）斜坡的位置、范围、高度等；

（2）斜坡的支护形式；

（3）斜坡使用注意事项，如坡顶堆载的限制、坡脚的保护、排水系统的维护、坡顶及斜坡周围集水的限制；

（4）斜坡上埋设的监测设施的分布及使用方法；

（5）斜坡检查的频度及重点检查部位；

（6）斜坡护面的简单维修方法及维修质量标准；

（7）斜坡破坏的前兆特征；

（8）斜坡破坏可能威胁的范围；

（9）斜坡出现险情时的应急措施。

附录 H 斜坡检查记录表

斜坡检查记录表（1）

检查记录				
斜坡编号				
斜坡位置（地址）				
检查日期			天气	
上次专业检查日期 下次专业检查指定日期				

项　　目	位置编号	是否需要进行工程		竣工日期
		需要	不需要	
清理积存在排水渠的杂物				
修理斜坡及支挡结构顶部及底部破裂或损毁的排水渠或路面				
修补或更换破裂或损毁的斜坡护面				
清除斜坡表面的杂物及造成斜坡护面及排水渠严重破裂的植物				
修理砌石墙的勾缝				
清理淤塞的疏水孔				
其他指定工程（具体说明）				
其他发现（如有需要，可续于另页）				

是否需要立即进行专业检查①？（需要/不需要）
是否需要立即安排调查及维修带水设施？（需要/不需要）

①如发现破损或不正常的情况，例如裂缝逐渐拓宽、地面下陷、砌石墙隆起或变形或顶部平台下陷等，应向符合资格的专业岩土工程师报告。

例行检查记录
斜坡编号
斜坡位置（地址）
场地平面图（加注编号以显示需要进行维修工程项目的位置）
检查人员姓名： 机构： 签署：　　　日期： 下次检查指定日期： 斜坡责任人或其授权代表姓名： 机构： 签署：　　　日期：
安排维修工程人员姓名： 机构： 签署：　　　日期： 进行维修工程人员姓名： 机构： 签署：　　　日期：

注：如有需要，可另加页绘制场地平面图。

例行斜坡检查记录
斜坡编号
斜坡位置（地址）
记录照片（加注评语、日期和编号）

注：1. 如有需要，可另加页以容纳更多照片；
　　2. 应在同一位置，拍摄维修工程前及后的记录照片。

附录 I 斜坡维修工程的内容与方法

斜坡维修工程的内容与方法见表 I.1。

斜坡维修工程的内容与方法 表 I.1

维修项目	维修内容与方法	备 注
地面排水系统 （如排水渠及排水井）	1. 清除堆物、堆草和其他障碍物； 2. 使用水泥或（软质）防水填料修理小裂缝； 3. 重修严重破裂的排水渠	1. 工程可能涉及场地以外的排水系统，以防泥石阻塞； 2. 如大树根已损毁排水渠，可适当地除去影响水渠的根，但小心不要危害树的稳定性。另一方法是将排水渠移开
疏水孔和地面排水管	1. 清除疏水孔和排水管出水部位的阻塞物（如堆草和泥石）； 2. 用竿探查较深的阻塞物	在斜坡上，不宜用排水管，因为水管容易淤塞。现存的排水管，若发现漏水或严重淤塞，应改用排水渠
（硬质）斜坡护面 （如灰泥和喷浆混凝土）	1. 清除堆草； 2. 修补出现裂缝或剥落的部位； 3. 修补受侵蚀的部分； 4. 更换与泥土剥落的斜坡护面	1. 出现裂缝的（硬质）斜坡护面，应予修补，做法是沿着裂缝开挖一槽，并以类似的斜坡护面物料或软性防水材料填补； 2. 如果大树的根已损毁护面，护面应予更换，并装植树圈
植物护面	1. 用压实的泥土修复侵蚀部位，然后再重新种植； 2. 在植物已枯萎的地方重新种植	浅层侵蚀如不影响现有地面排水渠的性能，只需把受侵蚀部分削去，无需回填
岩坡及孤石	1. 封密张开的节理或在局部地方加上护面，以防止雨水渗入； 2. 清除疏松的碎石； 3. 清除堆草	应除去导致岩石节理扩张的树根
结构性护面	1. 修理砌石墙表面受损的灰泥接缝； 2. 修复已破裂和剥落的混凝土表层，并更换接缝上损坏的填料和防水填料	墙出现持续的损毁情况时（例如不断扩展的裂缝），应向负责维修检查的工程师报告

注：为维修工程提供安全及有效的通道非常重要。

参 考 文 献

[1] 陈寿梁，魏琏．抗震防灾对策．郑州：河南科学技术出版社，1988．

[2] 中国建筑科学研究院．《建筑抗震鉴定标准》GB 50023—2009．北京：中国建筑工业出版社，2009．

[3] 中国建筑科学研究院．《建筑抗震加固技术规程》JGJ 116—2009．北京：中国建筑工业出版社，2009．

[4] 中国建筑科学研究院．《建筑抗震设计规范》GB 50011—2010．北京：中国建筑工业出版社，2010．

[5] 四川省建筑科学研究院．《混凝土结构加固设计规范》GB 50367—2006．北京：中国建筑工业出版社，2006．

[6] 吴英健．建筑物抗震加固．长春：长春出版社，1991．

[7] 王广军．震损建筑修复加固的设计与施工．北京：地震出版社，1994．

[8] 中国建筑科学研究院，等．《镇（乡）村建筑抗震技术规程》JGJ 161—2008．北京：中国建筑工业出版社，2008．

[9] 中国建筑科学研究院．《建筑地基处理技术规范》JGJ 79—2012．北京：中国建筑工业出版社，2012．

[10] 中国建筑科学研究院．《既有建筑地基基础加固技术规范》JGJ 123—2012．北京：中国建筑工业出版社，2012．

[11] 中华人民共和国建设部．《建筑地基基础设计规范》GB 50007—2011．北京：中国计划出版社，2012．

[12] 中国建筑科学研究院，等．《建筑桩基技术规范》JGJ 94 —2008．北京：中国建筑工业出版社，2008．

[13] 王罗春，赵由才．建筑垃圾处理与资源化．北京：化学工业出版社，2004．

[14] 中国工程建设标准化协会标准．《叠层橡胶支座隔震技术规程》CECS 126—2001．北京：中国标准出版社，2001．

[15] 中国建筑标准设计研究所．建筑结构隔震构造详图 03SG610-1．北京：中国建筑工业出版社，2003．

[16] 李宏男，李忠献，祁皑，等．结构振动与控制．北京：中国建筑工业出版社，2005．

[17] 周云．耗能减震加固技术与设计方法．北京：科学出版社，2006．